全国医药高职高专护理类专业"十二五"规划教材

医护应用写作

主 编 毕劲莹

中国医药科技出版社

内 容 提 要

本书是全国医药高职高专护理类专业"十二五"规划教材之一，依照教育部教育发展规划纲要等相关文件要求，紧密结合卫生部执业护士资格考试特点、基本要求和课程特点编写而成。

全书共分八章，主要介绍医用礼仪类文书写作，医用职业文书写作，医护工作计划、总结和调查报告等事务类文书，医用管理公文，医学新闻和科普，临床护理文书，医疗文书，医学论文，医学写作常见错别字、错用词、不规范医学术语等内容，在编排上，每章前提出学习目标，选取具有代表性的医学应用文种和医用范文，并在此基础上辅以能力训练，从而达到学练同步的效果。

本书适合医药卫生高职高专、函授及自学高考等护理类专业相同层次不同办学形式教学使用，也可作为医药行业培训和自学用书。

图书在版编目（CIP）数据

医护应用写作/毕劭莹主编．—北京：中国医药科技出版社，2013.7
全国医药高职高专护理类专业"十二五"规划教材
ISBN 978 - 7 - 5067 - 6198 - 7

Ⅰ．①医…　Ⅱ．①毕…　Ⅲ．①护理学 – 应用文 – 写作 – 高等职业教育 – 教材
Ⅳ．①H152.3

中国版本图书馆 CIP 数据核字（2013）第 163434 号

美术编辑　陈君杞
版式设计　郭小平

出版　中国医药科技出版社
地址　北京市海淀区文慧园北路甲 22 号
邮编　100082
电话　发行：010 - 62227427　邮购：010 - 62236938
网址　www.cmstp.com
规格　787 × 1092mm¹/₁₆
印张　16¾
字数　334 千字
版次　2013 年 7 月第 1 版
印次　2019 年 7 月第 2 次印刷
印刷　三河市腾飞印务有限公司
经销　全国各地新华书店
书号　ISBN 978 - 7 - 5067 - 6198 - 7
定价　35.00 元

全国医药高职高专护理类专业"十二五"规划教材
建设委员会

编委会

《医护应用写作》

编写说明

当前，我国医药高等职业教育教学已步入了一个新的发展阶段，教育部门高度重视，依托行业主管部门规范指导，各学术团体和高等院校也开展了更加深入的医药高等职业教育教学改革的研究。为贯彻落实《国家中长期教育改革和发展规划纲要（2010~2020年）》和全国医学教育工作会议精神，结合我国"十二五"规划关于医疗卫生改革的战略和政策，适应最新颁布的护士执业资格考试新大纲的要求，推动高质量教材进课堂，2012年9月，在卫生计生委人才交流服务中心的指导下，中国医药科技出版社联合中华预防医学会公共卫生教育学会职教分会，在总结"十一五"期间教材建设经验的基础上，组织泰山护理职业学院、广西卫生职业技术学院、北京卫生职业学院、廊坊卫生职业学院、通辽职业学院、济南护理职业学院等十余所院校，启动了全国医药高职高专护理类专业"十二五"规划教材的编写工作。

《国家中长期教育改革和发展规划纲要（2010~2020年）》提出当前我国职业教育应把提高质量作为重点，到2020年，我国职业教育要形成适应经济发展方式转变和产业结构调整要求、体现终身教育理念、中等和高等职业教育协调发展的现代职业教育体系。作为重要的教学工具，教材建设应符合纲要提出的要求，符合行业对于医药职业教育发展的要求、符合医药职业教育教学实际的要求。根据全国医药行业的现状和对护理高技能型人才的需求，医药高职高专教学公共核心知识体系和课程体系的建立、精品课程与精品教材的建设，成为全国医药高职高专院校护理类专业教学改革和教材建设亟待解决的任务。

在编写过程中我们坚持以人才市场需求为导向，以技能培养为核心，以医药高素质实用技能型人才培养必需知识体系为要素，规范、科学并符合行业发展需要为该套教材的指导思想；坚持"技能素质需求→课程体系→课程内容→知识模块构建"的知识点模块化立体构建体系；坚持以行业需求为导向，以国家相关执业资格考试为参考的编写原则；坚持尊重学生认知特点、理论知识适度、技术应用能力强、知识面宽、综合素质较高的编写特点。

本套教材根据全国医药高职高专院校护理类专业教学基本要求和课程要求进行编写，涵盖了护理类专业教学的所有重点核心课程和若干选修课程，可供护理及其相关专业教学使用。欢迎广大读者特别是各院校师生提出宝贵意见。

全国医药高职高专护理类专业"十二五"
规划教材建设委员会
2013 年 6 月

前言 / PREFACE

应用文写作已成为现代社会人们工作、生活必不可少的重要需要。无论是在校学习，还是毕业后的求职、工作、述职、交往、生活，每个人都必须学会而且写好应用文。作为 21 世纪的医学生，如果不具备良好的医学应用文写作基本功，就很难胜任将来的工作，也难以成为一名在职场游刃有余的、合格的人才。熟练掌握工作、生活所需要的规范、标准的应用文种，已是衡量学生素质的重要标准之一。

为了"满足学生职业生涯发展的需求"，为了"服务于学生的生活和交流，服务于学生的专业学习，服务于学生的就业，服务于学生的终身发展"，尽快让医学生热爱以后从事的医学工作，适应医学工作、生活的需要，熟悉工作中必备的医用语文知识，较顺利地通过医用语文关（包括能用口头或书面语言明确表达规范和准确的显性医用语文，还包括如态度、作风、品格等隐形医用语文），就要加强与医学相关的应用文体的学习，加强对医学生医学应用文写作基础的教育、培养和训练。为此我们组织了部分多年从事应用文写作教学的教师编写了此教材。

本教材最大限度的体现医用性和时代性。在文种选择上，突出了医学生日常文体写作的需要和以后就业、工作的写作应用，既为医学生在校的学习和生活提供切实的帮助，又为其走向社会后的写作实践打下基础。通过诸如医用礼仪类文书，医用职业文书，医护工作计划、总结和调查报告等事务类文书，医用管理公文，医学新闻和科普，临床护理文书，医疗文书，医学论文，医学写作常见错别字、错用词、不规范医学术语等与医学应用文写作相关知识的学习，在掌握好基本文体的格式、读写要领前提下，引导学生将所学的记叙、议论、说明等语言表达方式，主题、材料、结构等各种文章要素，有取舍地、融会贯通地运用到医学应用文的学习和写作中来，培养由基础到专业应用，由浅入深，由易到难地从广度到深度学习、了解、运用医学应用文的语言、语体和文种，逐步形成有医用特色的应用文知识体系。

在编写过程中强调了实践、应用，选取具有代表性的医学应用文种知识、写作技法和医用范文，范文示例大多数进行了例文简析，并在此基础上辅以能力训练，从而达到学练同步的效果。

本教材由毕劭莹担任主编，总体统稿、审稿。编写分工：第一章张潇潇、李丽，

1

第二章陈亦蕾，第三章张潇潇，第四章王征，第五章李秀花，第六章毕劭莹，第七章毕劭莹、严爱民、杨卫丽，第八章毕劭莹、朱菲菲、孔诗君，附录一、附录二毕劭莹。

本教材适用于三年制医学类中职、高职高专，三二连读医学类高职、医学成人大专学生使用，参考学时36～72学时，各学校可根据不同专业教学时数对教学内容进行灵活取舍组合。

本教材在编写过程中，参阅借鉴了各种教材，选用了相关书籍、报刊、杂志中的论文、例文，援引了部分网络资料，借鉴、改编了大量已有的例文，并得到了泰山护理职业学院、北京卫生职业学院、江西护理职业技术学院有关领导、老师的大力支持和帮助，在此一并表示衷心感谢！由于编写时间紧，参编者水平有限及分工编写的缘故，书中难免存在疏漏和不妥之处，恳请各位专家、使用者多提宝贵意见并给予批评指正。

编者

2013 年 3 月

目录 / CONTENTS

绪　　论

一、医学应用文的概念、特点和作用

（一）医学应用文的概念

医学应用文是医学工作者从事医学科学研究、临床治疗工作以及各级医药卫生行政部门、临床医疗、卫生防疫单位、各类医学教育培养机构在日常工作、学习、生活中经常使用的具有实用价值和规范格式的文体。它不但是医学科学和技术信息贮藏、交流的重要手段，是促进医学科技成果物化的重要形式，还是反映医学工作者专业技术水平与业务能力的重要标志。

（二）医学应用文的特点和作用

1. 医学应用文的特点

（1）实用性：医学应用文的写作需要针对日常工作、学习、生活中的实际问题，有明确的写作目的，并期待获得实用效果。因此，医学应用文要求内容务实、对象具体、有的放矢。

（2）规范性：医学应用文的种类繁多，但都有各自约定俗成或统一规定的格式规范，其标题、称谓、正文、术语等都有固定习惯用法，不能随意发挥。

（3）真实性：医学应用文所使用的材料必须是真实可靠、准确无误的，它所反映的情况、问题，叙述的事实是客观存在的，既不能凭空捏造，也不能夸大或缩小。

（4）特定性：医学应用文的作者及读者一般只限于特定范围（医药卫生系统、专业）内的单位和个人，非专业人员或无关人员一般没有必要也不容易或不被允许阅读。

（5）时效性：为了能够及时传递信息，有效解决实际问题，医学应用文往往是在特定的时间内处理特定的问题，因此具备较强的时效性。

2. 医学应用文的作用

（1）管理指导作用：医学应用文是发文机关的指导思想、政策具体化的书面形式，不同程度地规定了人们的行为方向和行动准则，具有权威性。一经公布、实施，就对特定范围内的受文单位及个人办理公务、开展各项工作等具有管理、指导作用。

（2）宣传教育作用：发文机关通过应用文向有关单位和人民群众广泛宣传党和国家的路线、方针、政策，推广先进经验，以便统一思想，提高认识，推动工作。特别是医学新闻类的应用文，其宣传教育的范围更广、影响更大。

（3）交流沟通作用：在经济全球化、一体化的今天，任何单位或个人都可以通过应用文进行交流、沟通，达到互相了解、信任，推动各项工作有序、顺利地进行，实现合作互助、共同发展的目的。

（4）凭证依据作用：上级机关在制定方针、政策或指导工作时，需要根据下级机关上报的报告、计划、总结、简报等材料。下级机关开展工作、处理问题、解决矛盾时，上级机关发布的有关文件，也是办事的重要依据。

二、医学应用文的类型和基本结构

（一）医学应用文的类型

一般来说，常用的医学应用文分以下几类：医用礼仪类文书，医学职业文书，医学管理类文书，医学事务类公文，医学新闻与医学科普，临床护理文书，临床医疗文书，医学论文等。

（二）医学应用文的基本结构

一般来说，医学应用文的基本结构包括标题、称谓、正文、落款，但根据具体文种还有所差别。

三、医学应用文语言的基本特点

（一）准确严密

医学应用文的语言要准确严密、字斟句酌，不能模棱两可、含糊其辞。要选用最恰当的词语确切地表述内容，做到含义确定、数据无误、事例准确。句子搭配必须遵守语法规范，标点符号的使用也要准确无误。

（二）简明质朴

医学应用文的语言要简明质朴、言简意赅。语句不能拖沓冗长，行文中一般避免滥用形容词和修辞手法。要选用大众化、浅显易懂的词语和公文中惯用的词语，忌用生僻、华丽的词语表达。

（三）适度得体

根据不同应用文的文体要求，使用不同的语言。一些特定用语，如称谓词、承转词、祈请词、受事词、结尾词等都要符合文体的应用场合。

四、学习医学应用文的意义和要求

（一）学习医学应用文的意义

1. 顺应时代发展的要求 随着时代的发展，医学科学技术水平的不断提高，要求从事医学应用文写作的人才数量、写作水平、写作能力与当前需要相适应。能否正确、规范地写作医学应用文，是影响各级医药卫生单位工作效率的重要因素。因此，学习医学应用文写作，不断提高医学应用文写作能力，是时代发展的必然要求。

2. 适应新技术发展的需要 知识的快速增长，新技术的飞速发展，需要把防治疾病的医学知识和医疗技术以语言文字为载体记录和传承下来。医学应用文以其实用价值和规范格式，成为这一需求的最佳载体。学习、掌握医学应用文，有助于及时传递医学信息，以保障各部门、各科室的工作协调有序。

3. 符合人才发展的需要 医学应用文写作是医务工作者的一项基本技能。为了总结、交流、推广、普及医学科学知识，医务工作者必须学习医学应用文写作。同时，作为记录、储存、传播信息的技术手段，医学应用文也是医学院校的人才培养内容之一，用以提高医学生的科学文化素质，以更好地为医疗卫生事业贡献力量。

（二）医学应用文的写作要求

1. 加强自身修养 要以马列主义、毛泽东思想、邓小平理论、"三个代表"重要思想和科学发展观为指导，贯彻执行党和政府的卫生工作方针与政策。要养成实事求是的科学态度和求真务实的工作、学习作风。

2. 提高业务能力　要掌握现代医学科学知识、技术，重视观察和实验，准确、详细、完整地做好各种实验数据和临床资料的记录，把感性认识提高到理性认识，在实践中不断提高自己的业务能力。

3. 提升语言文字水平　要写好医学应用文，还必须具备一定的语言文字、语法规范和写作学的基础知识。在认真学习医学应用文写作知识的同时，要敢于动笔、勤加练习，如此方能取得成效。

第一章

医用礼仪类文书写作

学习目标

1. 了解医用礼仪文书的概念、特点、结构及作用。
2. 掌握医用礼仪文书写法，能熟练写出规范的医用礼仪类文书，并能灵活运用于日常生活。

第一节　请柬、邀请书、聘书

一、请柬

（一）请柬的概念、特点和作用

请柬是单位、团体或个人邀请有关单位或个人出席某个会议或参加某项活动所使用的公关文书，是一种礼仪信函。

请柬的篇幅短小，内容言简意赅，一般写在特制的卡片上。

在现代社会中，请柬在我们的生活和工作中的使用是非常广泛的。大到公司庆典、企业开张、庆祝会、展览会，小到座谈联欢、婚宴寿庆，请柬无不起到联络感情、沟通信息的作用。

（二）请柬的结构和内容

请柬一般由标题、称谓、正文、落款四部分组成。

1. **标题**　居中标明"请柬"字样。有的邀请书采用公文式标题。

2. **称谓**　顶格写被邀请对象。单位名称需用全称，姓名后缀职务、职称或"先生"、"女士"、"小姐"。有时请柬放入信封，称谓写在信封上，那么请柬上就可不再写称谓。

3. **正文**　正文交代会议或活动的目的、内容、性质、时间、地点，文末写"敬请光临"、"恭候光临"等礼貌用语。

4. **落款**　签署发文单位名称或个人姓名。标明年月日。

【例文】

请 柬

谨定于×××× 年×月×日上午9时, 在××××医院住院楼广场举行"××× ×医院新住院大楼竣工典礼", 欢迎市中心医院李院长届时参加。如不能出席, 请赐复为盼。

诚邀您届时莅临指导。

××××医院 (印章)

××××年×月×日

(三) 相关知识

1. 请柬的特点

(1) 明确性: 发送对象是特定的单位或个人。

(2) 礼仪性: 请柬包含表达尊重、联络情感的意味, 具有礼仪性。

(3) 非保密性: 请柬的内容一般情况下是公开的。

2. 请柬写作注意事项 严谨准确; 充满敬意; 达雅兼备; 力求整洁。

二、邀请书

(一) 邀请书的概念和作用

邀请书与请柬一样, 都是单位、团体或个人邀请有关单位或个人出席某个会议或参加某项活动所使用的公关文书, 二者也都是礼仪信函。邀请书信息量比请柬大得多, 内容翔实, 但不如请柬那样讲究装帧, 礼仪色彩稍弱一些。

(二) 邀请书的结构和内容

邀请书一般由标题、称谓、正文、落款四部分组成。

1. 标题 邀请书的标题一般有两种方式构成。一是单独以文种名称组成, 如《邀请书》、《邀请信》。二是由发文原因和文种名称共同组成, 如《关于出席××会议的邀请书》。

2. 称谓 称呼要顶格写被邀请的单位或个人的名称或姓名, 也就是要写明主送对象。如"××单位:"、"××同志:"

3. 正文 邀请书的正文通常要求写出举办活动的内容、活动目的、活动时间、活动地点、活动方式、邀请对象以及邀请对象所从事的工作、担任的职务等。结尾处要求写上礼节性的问候语, 如"恳请光临"、"致以敬意"等。

4. 落款 署上发文单位名称或发文个人的姓名, 署上发文日期。邀请单位还应加盖公章, 以求慎重。

【例文】

×××× 医院建院 100 周年庆典邀请书

×× (单位):

×××× 医院建院 100 周年庆典将于 ×××× 年 × 月 × 日在医院住院部大楼广场举行。作为我院百年发展史上的一大盛事,本次庆典不仅回顾医院走过的百年历程,展现医院的辉煌成绩,届时还将有诸多国内外专家、学者莅临,并就医院管理、学科发展以及各专业领域医学诊疗技术的新进展等内容进行精彩的学术演讲。与此同时还将举行一系列精彩的庆祝活动:医学论坛——医界同仁相互交流工作体会,探讨研究心得;新老职工联谊活动——熟识旧友再会面,往来新朋齐相聚。

在此,诚邀各位同仁参加我们建院百年的庆典活动,来和我们共同见证医院百年的历程,期待下个百年的成长。

附:参加人员名单

×××× 医院 (印章)

×××× 年 × 月 × 日

(三) 邀请书写作注意事项

(1) 语言要含有尊敬之意,在用词上一定要礼貌。有些邀请书在开头还应解释一下自己不能亲自面邀的原因,以免引起不必要的误会。

(2) 邀请书提前发送,邀请书要使被邀人早些拿到,这样可以使他对各种事务有一个统筹的安排。

(3) 有效传输单位文化。

(四) 请柬与邀请书的区别

邀请书的内容比请柬复杂,邀请书要请被邀请者回告(填写并寄回回告单),或者直接在邀请书上附言,主要说明是否受邀、能否参加、能否办到邀请书上交代的事项和要求等。而请柬从内容到形式都极富礼仪特征,也就具有浓重的传统文化色彩。

三、聘书

(一) 聘书的概念和特点

1. 聘书的概念 聘书,也称聘请书。它一般指机关、团体、企事业单位聘请某些有专业特长或有威望的人完成某项任务或担任某项职务时所发的邀请性质的专用书信。

2. 聘书的特点

(1) 聘书要郑重严肃,对有关聘任的内容要交待清楚。同时聘书的书写要整洁、大方、美观。

(2) 聘书一般要短小精悍,篇幅不可太长,语言要简洁明了、准确流畅,态度要谦虚诚恳。

(3) 聘书是以单位名义发出的,所以一定得加盖公章,方视为有效。

（二）聘书的结构和写法

1. 标题 聘书往往在正中写上"聘书"或"聘请书"字样，已印制好的聘书标题常用烫金或大写的"聘书"或"聘请书"字样组成。

2. 称谓 聘请书上被聘者的姓名称呼可以在开头顶格写，然后再加冒号；也可以在正文中写明受聘人的姓名称呼。常见的印制好的聘书则大都在第一行空两格写"兹聘请×××……"。

3. 正文 首先，交待聘请的原因和请去所从事的工作，或所要去担任的职务。其次，写明聘任期限，如"聘期两年"、"聘期自×年×月×日至×年×月×日"。再次，聘任待遇。聘任待遇可直接写在聘书之上，也可另附详尽的聘约或公函写明具体的待遇，这要视情况而定。另外，正文还要写上对被聘者的希望。这一点一般可以写在聘书上，但也可以不写，而通过其他的途径使受聘人切实明白自己的职责。

4. 结尾 聘书的结尾一般写上表示敬意和祝颂的结束用语，如"此致敬礼"、"此聘"等。

5. 落款 落款要署上发文单位名称或单位领导的姓名、职务，并署上发文日期，同时要加盖公章。

【例文1】

聘　书

兹聘请×××教授任××省抗癌协会会长。（有效期××年×月×日至××年×月×日）

　　此聘

××省抗癌协会（印章）
××××年×月×日

【例文2】

聘　请　书

　　为提高我院的科研水平，本院成立了科研项目评估委员会，特聘请×××教授为该委员会学术顾问，指导我院的科研工作。

　　此致

敬礼

××医学院（印章）
××××年×月×日

第二节　感谢信、慰问信、答谢辞、表扬信

一、感谢信

（一）感谢信的概念和特点

1. 感谢信的概念　感谢信是表达感激之情的礼仪信函，是对单位或个人给予的关怀、帮助、支持、祝贺或勉励表示感谢的书信。

2. 感谢信的特点

（1）确指性：被感谢者是特定的单位或个人。

（2）事实性：写感谢信缘由为已成事实，时间、地点和事情真实。

（3）感激性：包蕴对对方的感激之情。

（二）感谢信的结构

感谢信的结构一般由标题、称谓、正文、结语、署名与日期五部分构成。

1. 标题　可只写"感谢信"三字；也可加上感谢对象。如"致××同志的感谢信"、"致××医院的感谢信"。

2. 称谓　写感谢对象的单位名称或个人姓名。如"××同志"、"××医院感染科"。

3. 正文　主要写两层意思，一是写感谢对方的理由，即"为什么感谢？"准确、具体、生动地叙述对方的帮助，交代清楚人物、时间、地点、事迹、过程、结果等基本情况，并在叙事基础上对对方的帮助作恰当、诚恳的评价，以揭示其精神实质、肯定对方的行为。在叙述和评价的字里行间要自然渗透感激之情。二是直接表达感谢之意，在叙事和评论的基础上直接对对方表达感谢之意，根据情况也可在表达谢意之后表示以实际行动向对方学习的态度。

4. 结语　一般用"此致敬礼"或"再次表示诚挚的感谢"之类的话，也可自然结束正文，不写结语。

5. 署名与日期　写感谢者的单位名称或个人姓名和写信的时间。

【例文】

感　谢　信

××医院：

　　我是一位骨性关节炎患者，今年74岁。我怀着无比感激的心情给你们写这封信，衷心地表达我对贵院李副院长，骨科黄主任，以及骨科全体医护人员在我住院治疗期间对我的精心治疗，精心护理，使我得以完全康复的感激之情。你们高尚的医德、精湛的技艺、优良的作风、全心全意为患者考虑、满腔热情为人民服务的精神，令我终身难忘。我只想以我治病的切身经历告诉世人，告诉广大患者，什么样的医院才是最好的医院，什么样的医师才是最值得信赖的医师。

　　……

　　李副院长、黄主任和该院骨科的医护人员挽救了我，他们连一杯水都没有喝过，我无以表达我对他们的感激之情，我只能在此再一次说一声"谢谢"！祝贵院全体医护人员身体健康、工作顺利、万事如意，祝好人一生平安！

　　此致
敬礼！

患者：×××
××年×月×日

　　【简析】这封感谢信格式规范，文字精练，言语朴实，感情真挚，是感谢信的较好范例。

　　（三）感谢信的写作注意事项

　　（1）叙述准确，表达清楚。要把被感谢的人物和事件的起因、经过等因素叙述清楚，以使别人具体了解。

　　（2）热情中肯，评价得当。要特别注意感情饱满、热情洋溢地写出感激之情，并实事求是地加以评论、评价，以突出其意义。

　　（3）真诚朴实，自然得体。表示感谢要合乎双方的身份，像年龄、性别、职业、境遇等；表达谢意的行动要符合实际，说到做到，不能空头许诺。

二、慰问信

　　（一）慰问信的概念和特点

　　1. 慰问信的概念　慰问信是表示组织或个人于某一特殊时刻向在某方面做出特殊成绩、贡献或遭遇重大灾害（如战争、自然灾害、事故）损失的集体或个人表示亲切问候、关怀或同情、安慰的一种专用文书。

　　2. 慰问信的特点

　　（1）内容的鼓舞性。慰问信无论是给作出特殊成绩和贡献的集体或个人，还是写给遭遇重大灾害的集体或个人，其内容都以激励和鼓舞为主。

　　（2）表达具有亲切感。慰问信中赞颂或慰勉对方，其行文充分体现出热情、亲切之感。

　　（二）慰问信的结构

　　慰问信一般包括标题、称谓、正文、结尾、署名和日期几个部分。

　　1. 标题　有两种写法，一种是只写"慰问信"三个字；另一种是在"慰问信"前加定语，说明写给什么人的，如"致××的慰问信"。

　　2. 称谓　另起行，顶格写收信单位的名称或个人的姓名。个人姓名之前可加"敬爱的"、"尊敬的"等字样，之后可加"同志"、"先生"等，以表示尊重。

　　3. 正文　另起一行空两格写正文。慰问信的内容要根据写信的目的和收信的对象来确定。有的着重赞扬对方在社会建设中所做出的杰出贡献；有的着重慰问对方在工作中的辛劳，赞颂其奉献；有的是对对方遭到的暂时的挫折、损失或困难，表示深切的同情和慰勉。不论哪一类型，一般都应包括这样两方面内容：一是写慰问信的原因，具体陈述被慰问者所取得的成绩、所遭遇的困难以及所欢度的节日等；二是希望与感受，具体表明对慰问对象的希望、问候、鼓励以及关切等。

4. 结尾 另起一行空两格，写上鼓励或祝愿的话作结。

5. 署名和日期 签署慰问单位的名称或者个人的姓名。另起一行写明具体发信日期。

【例文】

卫生部监督局致奋战在抗震救灾前线卫生监督员的慰问信

奋战在抗震救灾第一线的卫生监督员同志们：

5月12日14时28分，四川省汶川县发生了8.0级特大地震灾害。在这场突如其来的特大自然灾害面前，在人民生命财产安全受到严重威胁的危急关头，你们舍小家、顾大家，积极响应党中央、国务院的号召，紧急行动，以最快的速度、在最短的时间内组建了多支抗震救灾卫生监督应急队，千里驰援、日夜兼程，千方百计克服余震不断、山高路险等重重困难，不怕疲劳，不顾安危，义无返顾地奔向抗震救灾第一线。

多日来，你们与灾区人民患难与共，哪里最需要就出现在哪里，哪里最艰苦就战斗在哪里；在每一个重灾的乡镇，都有你们忙碌的身影。在异常艰苦的生活和工作条件下，在疲惫不堪的劳累面前，你们无条件服从当地抗震救灾指挥部的指挥，头顶国徽出现在伤员救治点、灾区供水点、灾民安置点，传递卫生知识、讲授防护措施、发放宣传资料、检查食品卫生、监测饮水水质……不分昼夜奋战在抗震救灾的第一线，挑起了灾区卫生监督工作重任，赢得了灾区广大干部群众的高度赞扬。你们没有豪言壮语，却用实际行动展现了卫生监督员不怕牺牲、连续作战的精神风貌，彰显出这支年轻执法队伍的崇高品格！

责任重于泰山。当前，抗震救灾卫生防疫工作已进入关键时刻，形势十分严峻，任务更加艰巨。希望你们继续发扬不怕疲劳、不畏艰险、连续作战的精神，以更加坚定的信心和更加饱满的精神状态，克服困难，顽强拼搏，再接再厉，扎实细致地做好地震灾区卫生监督保障工作，不辜负党和政府的厚望，不辜负全国人民的重托。我们也将把抗震救灾作为第一任务、第一责任，动员一切可以动员的力量，采取一切可以采取的措施，急灾区所急，解灾区所难，办灾区所需，继续全力以赴支援抗震救灾工作。

在此，卫生部监督局、卫生部卫生监督中心全体干部职工，向深入抗震救灾第一线的广大卫生监督员表示最诚挚的问候！并向你们的家人表示最诚挚的慰问！我们相信，在党中央、国务院以及卫生部党组的坚强领导下，全国人民众志成城，团结奋斗，一定能够夺取这场抗震救灾斗争的全面胜利。

祝你们平安并向你们致敬！

卫生部监督局（印章）

二○○八年五月三十一日

【简析】上文是卫生部监督局向奋战在抗震救灾前线卫生监督员发出的慰问信。第一段是慰问的背景、原因；第二段概括了目前抗震救灾的情况和前线卫生监督员们的工作情况，同时表达了感谢、赞扬、慰问之情；第三、四、五段提出希望和祝愿。全文热情洋溢，充分体现了卫生部对奋战在抗震救灾前线卫生监督员的关切之情。

（三）慰问信具体写作要求

（1）要根据所慰问的不同对象，确定信的内容。对作出贡献的集体和个人，应侧重赞颂他们的巨大成绩；对遭到暂时困难的集体和个人，则应侧重向他们表示关怀和支持。

（2）慰问信的抒情性较强，语言亲切、生动。字里行间要洋溢着同志间的深厚感情，要充分体现组织的关心和温暖，使受慰问者在精神上得到安慰和鼓励，增强克服困难的勇气和继续前进的信心。

（四）感谢信和慰问信的区别

感谢信和慰问信都是书信体文体，书写格式也一样，虽然两者都有表扬的成分，但区别也非常明显。

（1）内容的侧重点不同。感谢信重在表示谢意，多讲对方对自己的帮助和支持，而慰问信则重在表示慰问，多讲对对方的勉励。

（2）写作对象略有不同。感谢信可以是感谢单位的，也可以是感谢个人的，而慰问信则多是对某些单位、集体和群众表示慰问。

三、答谢辞

（一）答谢辞的概念

答谢辞是宾客在离去时，对主人的热情接待表示感谢，或在公众场合对帮助自己的人表示感谢的致辞。

（二）结构和写法

答谢辞的开头，应先向主人致以感谢之意。

答谢辞的主体，先是用具体的事例，对主人所作的一切安排给予高度评价，对主人的盛情款待表示衷心的感谢，对访问取得的收获给予充分肯定。然后，谈自己的感想和心情。比如，颂扬主人的成绩和贡献，阐发访问成功的意义，讲述对主人的美好印象等。

答谢辞的结尾，主要是再次表示感谢，并对双方关系的进一步发展表示诚挚的祝愿。

【例文】

××院长在科研鉴定会上的答谢辞

尊敬的各位领导、各位专家：

大家好！

首先，请允许我代表××医院全体干部职工，对组织今天评审鉴定会的专家表示衷心地感谢！对给予此项科研课题公正、客观的分析和高度评价的全体评审专家表示衷心地感谢！同时，我也要感谢付出了大量心血和汗水的科研课题组的全体成员，以及所有支持关心这项鉴定活动的工作人员！

今天的这项科研课题，从2006年5月开始进行临床观察和研究，至今已有5年多的时间，在这5年多的时间里，科研组的全体成员克服了许多困难，坚持以理论为依据，以临床为基础，用严谨的治学态度，多样化的治疗方法，充分发挥臭氧消融和胶原酶化学溶解的优势，提高了此项技术在临床应用中的疗效，取得了良好的临床效果，得到了今天参评专家的高度评价，这是我院科研发展史上的又一个里程碑！

今天的鉴定结果，对我们××医院全体干部职工而言，它不是引以为骄傲的资本，而是一个新的起点、新的希望。通过专家的点评，让我们更加明确了临床科研应有的方向、步骤和方法，使我们今后在科研项目选题上更多了一份清晰的认识；在科研进展上更多了一份希望；在科研创新上更多了一份激情。不管是今天还是明天，我们都将一如既往地继续做好课题研究，积极采纳各位领导、各位专家所提出的宝贵意见和建议。同时，在今后的工作中，我们还真诚地希望能够继续得到各位领导、专家、来宾的关心和支持。

最后，再一次感谢各位领导和专家对我院科研工作的大力支持和帮助，我们衷心地期待各位领导和专家下一次的光临！

谢谢大家！

××年×月×日

【简析】这是一篇较为成功的答谢辞。本文首先向专家和工作人员致以感谢之意。主体部分具体说明鉴定会议取得的成果，并给予充分肯定。结尾再次表示感谢。全文表达出了对与会者到来的真挚感谢之情。

（三）注意事项

1. 客套话与真情　在礼仪场合，必要的客套话是不能省略的，比如"感谢"、"致敬"之类热情洋溢、充满真情的词语。

2. 尊重对方习惯　在异地作客，要了解当地的民情、风俗、尊重对方习惯。

3. 篇幅力求简短　答谢辞是应酬性讲话，而且往往是在一次公关礼仪活动刚开始时发表的，下面还有一系列的活动等着进行。因此篇幅要力求简短，不宜冗长拖沓，以免令人生烦。

四、表扬信

（一）表扬信的概念和分类

表扬信是以单位或个人的名义对外单位或个人的先进事迹、精神等表示赞扬的一种专用书信。

表扬信可分为两类：一类是直接送给有关单位或个人，一类是寄给报社、电视台或电台等通过宣传媒体公开表扬或感谢。

（二）表扬信的写作格式

表扬信通常由标题、称谓、正文、结尾和落款五部分构成。

1. 标题　一般而言，表扬信标题单独由文种名称"表扬信"组成。

2. 称谓　表扬信的称呼应在开头顶格写上被表扬的机关、单位、团体或个人的名称、姓名。写给个人的表扬信，应在姓名之后加上"同志"、"先生"等字样，后边加冒号。

3. 正文　正文一般要求写出表扬的理由、指出行为的意义等要素。

4. 结尾　该部分要提出对对方的表扬，或者向对方的单位提出建议，希望对某某给予表扬。写给本人的表扬信，则应适当谈些"深受感动"、"值得我们学习"等方面的内容。并要求在结尾处写上"此致敬礼"等结束用语。

5. 落款　落款应写明发文单位名称或个人姓名，并在右下方注明成文日期。

【例文】

表 扬 信

尊敬的口腔科全体医护人员：

　　本人因患腮腺混合瘤到贵科求医，承蒙××主治医师、××等医师仔细诊断并安排好最佳手术方案，5 月 29 日顺利为我摘除瘤子，解除了痛苦。××护士长和全体护士对我精心护理，帮我度过术后最困难的阶段。为此，我和我的家人对于贵科室精湛的医术、精心的护理、良好的医德表示敬意并致以衷心的感谢！顺祝贵科室在创建平安医院的活动中取得更大的成绩！

×××

××年×月×日

第三节　祝词、贺词、欢迎词、欢送词

一、祝词 贺词

（一）概念

　　祝词和贺词都是泛指在各种喜庆场合中对人或事情表示祝贺的言辞或文章。一般是在婚嫁乔迁、升学参军、延年长寿、房屋落成等喜事中使用。祝词和贺词在大多数场合可以互用。

（二）分类

　　根据其内容和使用场合的不同，祝词和贺词可分为两类：一是祝人，即对人的生日、婚姻、事业等表示祝贺；二是祝事，多用于祝贺会议开幕、工程竣工、剪彩、新年伊始，以及某社团、机构、报刊创办或节日纪念日等。

（三）写作格式

1. 标题　写上"贺词"或"贺信"、"贺电"，或加上致贺场合、致贺对象，如"中共中央、全国人大常委会、国务院庆祝广西壮族自治区成立三十周年的贺电"、"在××××会上的贺词"。文种名称要根据不同的使用场合加以选择，书面称"贺信"，电文用"贺电"，祝寿叫"祝词"或"祝寿词"。

2. 称谓　顶格写受贺单位名称或个人姓名及称谓。

3. 正文　正文是贺词的主体，分若干层表达，言简意赅。一般表示祝贺、阐明意义、提出期望等。致贺对象和致贺因由不同，内容有所不同。如祝贺会议，首先祝贺胜利召开，然后阐明会议意义，预祝会议圆满成功。如果是祝寿，则是祝贺寿辰、功绩品格评价、祝愿健康长寿。

4. 署名署时　署上致贺单位或个人姓名，写明年、月、日。

【例文】

新年贺词

同志们：

值此辞旧迎新之际，我谨代表院领导班子向奋斗在院各条战线上的职工拜年！祝大家在新的一年里身体健康、万事如意、生活美满、阖家幸福！

刚刚过去的 2011 年，是具有重大意义的一年。对我院来说，它更具有里程碑式的历史意义。自 2004 年正式划归×大学以来，我们×院以建设"全面应用高新技术医院"为目标，破旧革新、与时俱进，使这所百年老院在最短的时间内摆脱了计划经济体制的桎梏，成功完成企业单位向事业单位的转制；我们大力引进国内一流的医学人才设备，整合医疗资源、加强科研创新，全面推进医院整体建设，出色完成了建院初既定的工作任务；我们广开门户，遍交宾朋，注重营销宣传，精神文明建设成绩斐然，在强手如林的医疗市场中，具备了一定的竞争力和发展后劲，实现了超常规、跨越式发展。这一切令人鼓舞、催人奋进。

岁末聚首，心潮澎湃。身为一院之长，我深知一所医院的成长凝聚着每一名医护工作者的才智与汗水。透过一排排同比增长的数据背后，我看得到你们辉映在护士站里的笑脸，看得到你们穿梭在病房里匆匆的脚步，也看到了你们伫立在无影灯下年轻的和不再年轻的背影……我感谢你们，同时我也坚信有了我们医院 1230 名职工的敬业乐群，鼎新高效，我们未来的每一场战斗都将无往而不胜！

千帆竞渡、百舸争流。展望新的 2012 年，我们发展要有新思路，改革要有新突破，开放要有新局面，各项工作要有新举措。我们将围绕既定的办院目标，科学规划医院的事业发展、人才培养和学科建设；大力发展原有优势学科的同时，推动学科间的交叉和深度融合，形成一批新兴学科、新的优势学科；进一步推动科研教学改革，不断提高人才培养质量；加强医院精神文明建设，不断提高职工的综合素质，扩大社会影响，展现医院作为社会精神文明窗口的新风采；积极开展对外交流，继续推进与国内国际医疗机构、高等学府的学术交流，博采众长，拓宽眼界，看到差距，奋起直追。

总之，新的一年，挑战将与机遇并存，转折将与发展携手，希望将与梦想齐飞！希望在前，云帆高挂。我亲爱的朋友们，我并肩前行的同事们，新年的钟声已经敲响，新的起跑线已经刷新，让我们同舟共济、自强不息，继续推进医院事业持续健康向前发展；让我们用天生我才的豪情，生命不息的激情共同创造更加灿烂辉煌的明天！

×××

××年×月×日

【简析】这是一封写得较好的贺信。正文包含三层意思，一是致贺的事由，也就是祝贺新年；二是全方位回顾医院在多方面取得的成就及肯定全体职工的努力；三是对职工们提出祝愿、鼓励和希望。

（四）写作要求

（1）感情要真挚诚恳，评价要中肯而有新意，给人以激励和鼓舞。

（2）语言简练、准确，符合事实。

（3）行文规范，称谓合体，注意礼仪和分寸。

二、欢迎词 欢送词

（一）概念

欢迎词是指行政机关、企事业单位、社会团体或个人在公共场合欢迎友好团体或个人来访时讲话稿。

欢送词是指行政机关、企事业单位、社会团体或个人在公共场合欢送友好团体回归、亲友出行或会议结束时，对宾客的离去表示热情欢送的讲话稿。

（二）写作格式

1. 标题　一种是单独以文种命名，如《欢迎词》、《欢送词》；另一种是由活动内容和文种共同构成，如《在××学术讨论会上的欢迎词》、《在××研讨会结束典礼上的讲话》。

2. 称呼　称呼要求写在开头顶格处，要写明来宾的姓名称呼，如"尊敬的各位女士们先生们："、"亲爱的××大学各位同仁："。

3. 正文　欢迎词的正文一般包括三层内容：首先用一句话表示欢迎的意思；其次说明欢迎的情由，可叙述彼此的交往、情谊，说明交往的意义，对初次来访者，可多介绍本组织的情况；最后表示良好的祝愿和希望。

欢送词的正文一般包括三层内容：开头通常应说明此时在举行何种欢送仪式，发言人是以什么身份代表哪些人发言的；其次要回顾和阐述双方在合作或访问期间在哪些问题和项目上达成了一致的立场、取得了哪些有突破性的进展，陈述本次合作交流中双方的合作和交流给双方所带来的益处，阐述其深远的历史意义。对于私人欢送词还应注意表达双方在共事合作期间彼此友谊的加深增进以及分别之后的想念之情。若为朋友送行，还要加上一些勉励的话语；最后在结尾处再次向来宾表示真挚的欢送之情，并表达期待再次合作的心愿。亲朋远行尤其要表达希望早日团聚的惜别之情。

4. 落款　在结尾右下方署上致词人姓名或单位、致词的日期，如果标题中已有名称可不再写署名。

【例文1】

在医院开业典礼大会上的欢迎词

各位领导、各位来宾、朋友们：

今天是××医院中心分院成立的喜庆日子，首先请允许我代表医院领导班子和全体职工向在分院筹建过程中给予大力支持的各级各位领导和社会各界朋友表示衷心的感谢，让我们以热烈的掌声对各位嘉宾的光临表示欢迎！

几年来，××医院在市委、市政府和主管局的正确领导下，坚持在改革中谋求发展，在发展中深化改革。接受血浆站建立中心分院是继我院医疗集团成立后进一步深化卫生体制改革的又一次大胆实践，是我院不断扩大服务范围、拓宽服务领域，延伸服务触角的又一项重大举措。

中心分院从拟建到建成，历时半年，投入了相当的人力、物力和财力，对内外环境进行较为彻底的改造，如今的院容院貌已焕然一新。我们派一流的管理人才来治院，选一流的医护人员来兴院，与一流的医院和专家结成合作伙伴，目的只有一个，那就是我们决心把中心分院建成一个环境优美、作风优良、服务优质的一流分院，为广大群众的身体健康和生命安全提供较完备医疗保障。

中心分院的成立时逢全市人民抗击非典取得阶段性成果的大好时机，在经受了"非典"战斗的历练和考验后，医务工作者再一次深刻地认识到担负的神圣使命，我们要以在抗非典斗争中涌现出来的先进集体和先进个人为榜样，加强党风廉政建设，加强工作作风的改造，决不辜负市委、市政府、社会各界和广大群众的厚望，决心以高尚的医风、高超的医术和高质量的服务做人民忠诚的健康卫士！

最后，我们再次感谢各位领导和来宾的盛情光临！谢谢大家！

×××

××××年×月×日

【简析】这是一篇格式规范的现场讲演欢迎词。文章的开头对来宾的到来表示了热烈的欢迎；正文一方面介绍了医院取得的成绩并阐明了分院建成的意义，另一方面对嘉宾的到来表示感谢；结尾对医院的未来寄予希望。全文语言亲切，饱含真情。

【例文2】

欢 送 词

尊敬的××先生：

再过半小时，您就要起程回国了。我代表××医院，并受××院长之托，向您及您率领的代表团全体成员表示最热烈的欢送！

我十分高兴地看到，近一个星期以来，我们双方本着互相学习，共同进步的原则，经过多次会谈，就引进贵处新型医疗器械项目达成了实质性协议，取得了令人满意的成果。在此，我们对您在洽谈中表现出的诚意和合作态度，深表感谢！我衷心地希望您和您的同事们今后一如既往，为进一步提升我们双方的医疗技术水平而不懈努力！

我们期待着您和您的同事们明年再来这里访问。

谨致最良好的祝愿！

××医院

××××年×月×日

【简析】这篇欢送词篇幅短小精悍，感情表达方面既有依依惜别之意，又不至于过分低沉；语言方面精确、温和、礼貌；层次分明，条理清晰。

（三）注意事项

（1）称呼用尊称，注意宾客身份，致辞要恰到好处，感情要真挚、诚恳。

（2）措辞要慎重，勿信口开河，要尊重对方风俗习惯，以免发生误会。

（3）语言要精确、热情、友好、温和、礼貌。

（4）要言简意赅，篇幅不宜过长。

第四节 讣告、悼词

一、讣告

（一）讣告的概念

讣告也叫"讣文"，又叫"讣闻"，是告知某人去世消息的一种丧葬应用文体。它是死者所属单位组织的治丧委员会或者家属向其亲友、同事、社会公众报告某人去世的消息。

（二）讣告的种类

我国现代讣告形式有三种：一般式、公告式、简便式。公告式隆重、庄严，往往由高级机关团体作出决定发出。简便式的讣告常作为一则消息在传播媒体上公布，旨在晓谕社会。

（三）讣告的写法

1. 一般式讣告 这种讣告是人们常用的讣告。它的写法是：①在开头一行中间写"讣告"二字，或在"讣告"前冠上死者的姓名，如"×××讣告"；②写明死者的姓名，身份，因何逝世，逝世的日期、地点、终（享）年岁数；③简介死者生平，着重简略介绍死者生前具有代表性的经历；④通知吊唁，开追悼会的时间、地点；⑤署明发讣告的团体或个人的名称，以及发讣告的年月日。

2. 公告式讣告 这种讣告隆重、庄严。一般用于党和国家领导人和国内的重要人物。它是由党和国家机关、团体作出决定发出的。它的写法是：①标出发公告或宣告的单位名称和死者的姓名，如"中共中央、全国人大常委会、国务院×××同志逝世"；②标明文种"公告"或"宣告"；③正文写公告或宣告内容：公布死者逝世的消息，如死者的职务、姓名、逝世原因、时间、地点以及终年岁数，简介死者生平和对死者的评价，以及对死者表示哀掉之词；④署明公告或宣告时间。

3. 简便式讣告 这种讣告作为一则消息在报纸上公布，旨在让社会各界人士知道。这种讣告的内容和形式都很简单，但有的也报道得较详细。

【例文】

讣 告

　　××市原政协委员、××医院院长、×××同志因病医治无效不幸于×年×月×日×时×分在××医院逝世，终年九十岁。今定于×年×月×日×时在××火葬场火化，并遵×××先生遗愿，一切从简。特此讣告。

××市政协
××××年××月××日

【简析】这里所选例文，属于较正式的新闻报道式讣告，发布消息，晓谕社会。全文写明了离世同志的身份、逝世的时间、享有年限，以及举行遗体告别的具体时间等。

二、悼词

（一）悼词的概念

悼词是对死者表示哀悼的话或文章。它有广义和狭义之分。广义的悼词指向死者表示哀悼、缅怀与敬意的一切形式的悼念性文章。狭义的悼词专指在追悼大会上对死者表示敬意与哀思的宣读式的专用哀悼的文体。

（二）悼词的写法

通常来讲悼词没有固定的格式，但宣读体悼词形式却相对稳定，主要由三部分构成：

1. 标题 标题的组成方式有两种情况：一种是直接由文种名称做标题，如《悼词》；另一种由死者姓名和文种名共同构成，如《在××同志追悼会上的悼词》。

2. 正文 悼词的正文通常由开头、中段、结尾三部分构成。

（1）开头：以沉痛的心情说明召开或参加此次追悼会的目的，尽可能全面而准确地说明死者的职务、职称和称呼，以示尊崇，要注意这些称呼之间的先后排列顺序。接着简要地概述死者何年何月何日何时何原因与世长辞，以及所享年龄等。

（2）中段：承接开头、缅怀死者。这是悼词的主体部分。该部分主要由两方面组成。一是介绍死者的生平事迹，即对死者的籍贯、学历以及生平业绩进行集中介绍，应突出死者对人民、对社会的贡献。二是对死者的思想、精神、作风、品质、修养等作出综合的评价，介绍其对他人和社会产生的积极影响，如鼓舞、激励了青年人，为后人树立了榜样等。

（3）结尾：主要写明生者对死者的悼念及如何向死者学习、继承其未竟的事业、化悲痛为力量，为国家、为社会作出更大的贡献等内容。最后可以写上"永垂不朽"、"精神长存"之类的话。

3. 落款 悼词一般在开头就已介绍了参加追悼会的人员情况，所以悼词的最后落款一般只署上成文的日期即可。

（三）注意事项

（1）明确写悼词的目的是主要介绍死者的生平事迹，让人们从中学习死者好的思想作风，继承死者的遗志。但是这种歌颂是严肃的，不夸大，不粉饰，要根据事实，作出合理的评价。

（2）要化悲痛为力量。死者的美德时时触动人们的心灵，悼词应勉励生者节哀奋进。

（3）语言要简朴、严肃、概括性强。避免使用消极颓废、封建迷信的词语。

【例文】

在××同志追悼会上的悼词

各位亲友、各位来宾：

今天，我们怀着无比沉痛的心情，悼念我们的好教授、好专家××同志。

××医学院的教授、主任医师，杰出的计划生育和妇产科专家××同志因病医治无效，于×年×月×日×时不幸逝世，享年××岁。

××同志于×年×月×日生于×省×县县城，从读小学起就是一个品学兼优的好学生。1970年12月响应毛主席和党中央的号召，参加知识青年上山下乡，主动要求到×县×镇接受贫下中农的再教育，和广大农民同吃同住同劳动。由于吃苦耐劳，积极要求进步，受到当地干部和群众的好评。1978年经当地党委推荐考入××大学学习，1982年以优异的成绩毕业，经组织分配留校任教。

××同志在长期的教学和计划生育工作中，具有强烈的事业心和责任感，刻苦钻研业务，爱岗敬业、忠于职守、勤勤恳恳、任劳任怨。她坚持原则、顾全大局、处事公正、廉洁自律；她为人正直、胸怀坦荡、团结同志、热心助人，深受广大群众和患者的尊重和好评，多次被上级评为优秀工作者，为我区计划生育和医疗卫生事业做出了积极贡献。

××同志的逝世，使我们失去了一位好同志。她离我们而去，但她那种勤勤恳恳、忘我工作的奉献精神；那种艰苦朴素，勤俭节约的优良作风；那种为人正派，忠厚老实的高尚品德，仍值得我们学习。我们为她的家庭失去这样的好妻子、这样的好母亲而惋惜。但人死不能复生，我们只能控制自己的感情，抑制自己的悲痛，认真学习她那种忠于职守，务实求进的工作精神；爱岗敬业，无私奉献的工作态度，精诚团结，求实创新，以更加努力的工作来表达我们的悼念之情。

××同志安息吧！

××治丧委员会
××××年××月××日

【简析】在这篇悼词中，只用了较为简洁的语言讲述了死者生平，而在大部分篇幅中赞颂了死者的高贵品质，语言质朴、打动人心，具有较强的感染力。

目标检测

一、名词解释

感谢信　慰问信　欢迎词　欢送词　邀请书
请柬　　聘书　　讣告　　悼词　　贺词

二、简答题

1. 祝（贺）词正文的开头通常写什么内容？

2. 慰问信具有哪几个特点？

3. 撰写答谢词有哪些注意事项？

4. 讣告分为哪几类？

5. 撰写悼词有哪些注意事项？

三、写作题

1. 请根据以下材料写一份聘书：

聘请×××老师担任学院《医学应用写作》课程的教学任务，聘任时间为一学年。

2. 为学院撰写一份新生欢迎词。

3. 为即将转学的同班同学撰写一份欢送词。

第二章

医用职业文书写作

学习目标

1. 了解求职信、简历、自我鉴定、述职报告、竞聘演讲稿、电子文件、申论的概念和特点。
2. 掌握以上医用职业文书的结构和写法。
3. 学会写作常见的医用职业文书，并结合自己的实际情况，将其应用于日常工作、学习、生活中。

第一节 求职信、简历、自我鉴定

一、求职信

(一)求职信的概念

求职信又称"自荐信"或"自荐书"，是求职者向用人单位介绍自己情况以求录用的专用文书。

(二)求职信的特点

1. 针对性 求职者要决定自己的求职方向，据此选择目标职业或职位，并针对用人单位的需求以及自己的实际情况，确定求职信的内容。

2. 自荐性 求职者要充满自信地展示自己、推销自己，用自己的优势、特长、个性吸引用人单位，通过各种具有说服力的实际材料证明自己的实力和能力，让用人单位了解自己、接受自己。

3. 简明性 写求职信必须简明扼要，力争在有限的篇幅内传达出更多的有用信息，以便使用人单位对求职者有切实了解和客观评价。

(三)求职信的结构和写法

求职信由标题、称谓、正文、落款和附件五部分构成。

1. 标题 求职信的标题通常只有文种名称，即在第一行正中写"求职信"三个字。

2. 称谓 称谓是对求职单位名称或个人姓名的称呼。对于不甚明确的单位负责人，可写成"人事处负责同志"、"尊敬的领导"；对于明确了用人单位负责人的，可以写出负责人的职务、职称，如"尊敬的×科长"。称谓在第一行顶格书写，后用冒号，再另起一行，写上问候语"您好！"。

3. 正文　正文是求职信的主要内容，要另起一行空两格写。正文一般可包括引言和主体两部分：

（1）引言：包括姓名、就读学校、专业名称等基本情况，有时还要说明求职缘由和目的。引言的主要作用是尽量吸引对方的注意力，并过渡到主体部分。介绍有关情况要简洁，对所求的职务要态度明确，如"我叫李××，是××医学院××届临床护理专业本科毕业生。得悉贵院需要专业护理人员，不胜喜悦，故冒昧写信毛遂自荐，希望有幸成为贵院的一名白衣天使。"

（2）主体：主体部分是求职信的重点，要有针对性地介绍自己与应聘职位有关的经验、成绩。对于自己应聘的有利条件，要着重介绍，突出自己的特长、优势和"闪光点"。同时，要注意态度诚恳，不卑不亢，给受信者留下深刻印象，切勿骄傲自大、不着边际，如"在校期间，我全面、扎实地掌握了基础理论知识及专业基本技能，多次被评为"三好学生"，在实习期间，我能够规范熟练地进行各项基础护理操作及专科护理操作，具备了从事临床护理的工作能力。在生活中，我热心、大方、诚恳，努力锻炼自己的团队合作能力、人际交往能力。"正文的最后，向受信者提出希望和要求。把想得到这份工作的迫切心情表达出来，希望用人单位尽快给予答复，并盼望能够得到面试的机会，如"盼望您的答复"或"敬候佳音"等。

（3）结尾：另起一行空两格写表示敬意、祝福的话语，如"深表谢意"、"顺祝愉快安康"、"工作顺利"、"事业发达"等，也可以用"此致""敬礼"等通用词。

4. 落款　落款包括署名和日期。求职者的姓名应写在结尾祝词下一行的右下方，日期写在姓名之下，要求年、月、日俱全，用阿拉伯数字书写。

5. 附件　有说服力的附件可以增加求职的成功几率，如学历、学位证书，各门专业课程成绩登记表，资格证书，获奖证书等。附件可在信的结尾或左下角注明。最后将附件的复印件单独订在一起随信寄出。附件不需太多，但必须有份量，足以证明求职者的成绩和能力。

（四）求职信的写作原则

1. 主次分明　求职信通常要写明基本情况、学历、资历、特长、求职意向、联系方式等。切忌喧宾夺主、拖沓冗长。

2. 措辞得体　应当实事求是，掌握好分寸。既要坦率真诚，又要充满自信。切忌弄虚作假、夸夸其谈，也应该避免缺乏自信、过于谦虚。

3. 准确清晰　在重点突出、内容完整的前提下，尽可能简明扼要，重点突出。不要使用模糊、笼统的字眼。视觉上要美观，符合行文规范。反复检查，避免错别字。

【例文】

求 职 信

尊敬的领导：

　　您好！

　　感谢您在百忙之中展阅我的求职信。我叫×××，是××学院护理专业××届毕业生。

　　我是个平凡的女孩，但不甘于平庸。我乐观自信，上进心强，爱好广泛，有协调沟通方面的特长，能够很好地处理人际关系，具备较强的责任心与使命感。现在，我即将毕业，面对新的人生选择和挑战，我信心十足。

　　从大一开始，我就注重在认真学习好专业课的同时，努力培养素质和提高能力。我充分利用课余时间，拓宽知识视野，完善知识结构。我坚信，在竞争日益激烈的今天，只有多层次、全方位发展的复合型人才，才能符合社会的需要和用人单位的需求。在学习的同时，我积极参加院校组织的各项活动，并在"×××"比赛中获一等奖。在××医院实习期间，我积极进取、乐于助人的作风和表现赢得了带教老师、患者及家属的一致好评。看到自己所付出的努力换来了患者的康复与微笑，我充分感受到了白衣天使的神圣职责与职业幸福。

　　我热爱护理事业，殷切期盼贵院给我一次机会为这一光荣事业添砖加瓦。我会尽心尽责，以实际行动让贵院满意、让患者满意。

　　期待与您的面谈！随信附上个人简历、英语等级证书、计算机等级证书、获奖证书的复印件。

　　此致

敬礼！

×××

××××年××月××日

【简析】　这封求职信首先介绍了求职者的姓名、学校及专业；其次针对职业要求陈述了求职者具备的优点、特长；然后结合其在校及实习期间的表现，展示应聘的有利条件，表达了对护理事业的关注和热爱；最后以求职者的殷切期盼收尾。全文语言简洁，字句通顺，要素齐全，态度不卑不亢，诚恳自信。

二、简历

(一) 简历的概念

简历是对个人姓名、性别、年龄、民族、籍贯、政治面貌、学历、特长、爱好、所获荣誉、求职愿望及其他有关情况所作的简明扼要的书面介绍。

简历一般很少单独寄出，它总是作为自荐信的附件，呈送用人单位。

(二) 简历的特点

1. 真实性　简历是交给用人单位的一张"名片"，不可以弄虚作假，否则一旦露出破绽，将会失去工作机会。在真实准确的基础上，可以进行优化处理，突出优势强项，忽略弱势缺点。例如你是应届毕业学生，可以重点突出学习、实习、社会实践等经历，从中总结出自己收获的经验。如此一来，用人单位便不会以"应届生没有工作经验"为由而拒你于千里之外了。

2. 针对性 为了避免盲目投递、石沉大海，写简历应该事先结合自己的职业规划确定求职目标，按照不同单位的要求，做出有针对性的简历版本进行求职递送，以免用人单位看着千篇一律的海投简历感到索然无味。

3. 条理性 把最有价值的内容放在简历中，将用人单位可能录用你的理由有条理的表达出来，如个人基本资料、工作经历（职责和业绩）、教育与培训经历、职业目标、核心技能以及奖励和荣誉信息等，其他信息可酌情展示。不要过于详细，留在面试时再作详尽的展开。

4. 简明性 通常简历的篇幅不宜过长，一般情况下，简历的长度以 A4 纸 1 页为限，能够让招聘者在几分钟内看完，并留下深刻印象。使用语言力求平实、客观、精练。

（三）简历的结构和写法

常用的个人简历格式有两种：一种是循序法，按时间先后、年月顺序，列出自己的学习、工作经历。另一种是倒序法，把最新最近的经历写在前面。对于刚毕业的求职者来说，采用第一种格式更好。简历可以是表格的形式，也可以是其他形式。个人简历一般应包括以下几个方面的内容：

1. 个人基本情况 应列出自己的姓名、性别、出生年月、籍贯、政治面貌、婚姻状况、健康状况、兴趣爱好、家庭住址、联系电话等。

2. 学历情况 应写明就读学校、所学专业、起止时间，并列出所学主要课程及学习成绩，在学校和班级所担任的职务，外语及计算机掌握程度，在校期间所获得的各种奖励和荣誉（如三好学生、优秀团员、优秀学生干部、奖学金等）。

3. 求职意向 表明你通过求职希望得到什么样的工种、职位，以及你的奋斗目标，可以和个人特长（如计算机、外语、文艺、体育等）合写在一起。

4. 本人经历 入学以来的经历简介，主要是担任社会工作或加入党团等方面的情况。若有工作经验，最好详细列明工作单位、日期、职位、工作性质。

5. 自我评价 自我评价属于概括性的个人特点的描述，应针对应聘职位的要求或招聘单位的情况，突出展示自己的综合素质与特点，如个人资历总结、工作技能与专长总结、工作风格总结、个人职业资格总结等。

（四）简历的写作、制作原则

1. 内容上突出个性 简历一定要写得有个性，有吸引力，使人对自己产生良好的印象。要充分展示自己的特长，强调本人具备的能力和取得的好成绩，陈述你在求职上最大的优势，阐明你能够胜任这份工作的理由。

2. 形式上力求完美 完美的个人简历是求职的最佳载体。简历设计要美观大方，简历中的名词和术语要正确而恰当。打印排版时，注意间隔及字体的常规性，同时注意避免拼写错误和打印错误。照片能给招聘者留下第一印象，一定要使用近期免冠照片，不能和现场应聘时本人面貌出入太大。

【例文1】

简历参考模板

个人简历						
姓名		性别		出生年月		
籍贯		民族		政治面貌		
家庭住址		健康状况				
专业		辅修		婚否		
联系电话			E - mail			
求职意向						
教育背景						
专业技能						
社会实践						
所获奖励						
外语、计算机能力						
业余爱好						
自我评价						

【例文2】

个人简历

姓名：×××　　　性别：女　　　民族：汉族

出生年月：1987 年 8 月　　　婚姻状况：未婚

身高：160cm　　体重：50kg

户籍：××省××市××区

毕业学校：××护理职业学院　　　　学历：专科　　　专业名称：护理

毕业年月：2008 年 7 月　　　技能专长：普通话、舞蹈

求职意向：全职护士

教育背景：2005 年 9 月~2008 年 7 月　××护理职业学院 专科

工作经历：2007 年 6 月~2008 年 6 月　××省××医院 实习

所获奖励：2005 ~ 2006 学年获三好学生奖励；2006 ~ 2007 学年获三好学生奖励；2006 ~ 2007 学年获优秀班干部奖励；2007 ~ 2008 学年获优秀实习生奖励

外语、计算机能力：公共英语三级，山东省计算机应用能力考核初级

自我评价：为人活泼开朗，乐观上进，谦虚谨慎，勤奋务实，勇于挑战自我，勤于学习并能不断提高自身的能力与综合素质。在校期间学习认真，多次参加学校组织的各项活动，有较强的实践操作能力和团队合作能力，相信自己能够较好的适应社会、为社会服务。

联系方式：手机：×××××××　地址：×××××××

【简析】这份简历条理、简短、切题。首先展示了求职者自身的基本情况，符合招聘单位的基本要求；其次列出了求职意向、技能专长、教育背景、工作经历，表明求职者既有理论知识又有实践经验；然后填写求职者所获奖励、外语能力、计算机能力，用以证明其在校期间的学习能力；最后的自我评价，展示了求职者的综合素质，是用人单位考察其是否符合职位需求的重要依据。

三、自我鉴定

（一）自我鉴定的概念

自我鉴定是个人在一定时期（年度、阶段）对自己的学习和工作生活等表现的自我总结。通过自我鉴定，一方面能够发扬成绩，克服不足，指导今后工作；另一方面能够使领导、组织、评委了解自己，做好入党、入团、职称评定、晋升的依据材料。

（二）自我鉴定的分类

自我鉴定一般可以分为以下几类：

1. 毕业自我鉴定　毕业生毕业时对自己在校期间的学习、生活作出自我评价。

2. 实习自我鉴定　实习人员对自己在实习期间的工作表现作出自我评价。

3. 工作自我鉴定　对自己一定时期的工作表现作出自我评价。

4. 党员自我鉴定　党员对自己的思想觉悟、工作、生活等情况作出自我评价。

5. 先进个人自我鉴定　各单位、组织和集体中获得先进称号的个人对自己作出的评价。

（三）自我鉴定的格式和写法

自我鉴定由标题、正文和落款三部分构成。

1. 标题　自我鉴定的标题一般有两种形式：

（1）用文种作标题，如《自我鉴定》。

（2）内容加文种构成，如《实习自我鉴定》。

如果是填写自我鉴定表格，可以不写标题。

2. 正文　正文由前言、优点、缺点、今后打算四部分构成。行文可用一段式，也可用多段式。

（1）前言：前言用以总领全文，如"本学期个人表现如下："本年度工作顺利完成，为进一步发扬成绩、克服不足，以利于今后工作学习，特作自我鉴定如下："等习惯用语引出正文主要内容。

（2）优点：一般按政治思想表现、业务工作、学习等方面的内容逐一写出自己成绩、长处。

（3）缺点：一般按照从主要到次要的顺序写出自己的缺点、不足，或者只写主要缺点，次要缺点一笔带过。

（4）今后打算：写出自己今后的打算，表明态度，如"今后我一定发扬优点，克服缺点，再接再厉，争取进步"等。

3. 落款　在右下方写鉴定人的姓名，日期写在姓名之下。

（四）自我鉴定的写作原则

1. 立场鲜明 明确自己的政治立场：拥护党的路线、方针、政策。应当给人一种成熟可靠的印象，切忌表现怕苦怕累、心智不成熟、立场不坚定的一面。

2. 实事求是 要实事求是地表述自己取得的成绩，切忌过于自负。同时要正视自己的缺点与不足，不要企图掩饰或者忽略。

3. 语言简练 写作篇幅宜短小精简，语言概括、简洁、扼要，具有评语和结论性质。

【例文】

实习自我鉴定

光阴似箭，日月如梭。转眼间，我从一名护理专业学生，成为一名光荣的白衣天使。在××医院学习和工作的这一年里，我充分意识到自己不仅要具备扎实的理论基础、熟练的操作技术，还要以爱心和耐心对待每一个患者。这一年，有辛勤的泪水，有失败的辛酸，但也有收获的幸福。这一年，是我不断奋斗、不断完善自我的一个重要人生阶段。现特作自我鉴定如下：

思想方面，坚决拥护中国共产党的领导，拥护党的各项路线、方针、政策。认真学习科学发展观，积极向党组织靠拢，向党组织递交了入党申请书。树立正确的人生观和价值观，不断激励自己努力奋斗。尊敬领导，团结同事，服从命令，听从指挥，能够严格遵守医院的各项规章制度，积极参加医院和科室组织的各项活动。

工作方面，坚持以"患者为中心，以质量为核心"的护理服务理念。在科主任及护士长的带领下，能够做到正确执行医嘱及各项护理技术操作规程，严格执行无菌操作和三查七对制度。遇到不懂的问题能够及时向护士长及年长资深的老师请教，努力提高自身的业务水平。对待患者能够做到举止文明礼貌、态度和蔼可亲，急患者之所急，想患者之所想。除了完成常规的基础护理外，还熟练地掌握了专科知识和各项护理操作，经常与患者沟通，及时了解他们的健康状况，丰富自己的临床护理经验。

学习方面，严格要求自己，态度端正，目标明确，刻苦钻研，勤奋好学。牢固地掌握了专业知识和技能，努力做到理论联系实际。除了专业知识的学习外，还注意各方面知识的拓展，通过广泛涉猎其他学科的知识，提高了自身的文化素养。

生活方面，以"诚实守信，勤俭节约，乐于助人"为准则，时刻提醒自己，要不断的增强自身的奉献意识与团队合作意识，把无私忘我作为人格修养的重点，努力培养严谨的生活态度和良好的生活作风。

取得成绩的同时，我深深感到自身存在着不足，明显感到加强自身学习、提高自身素质的紧迫性。我要始终保持谦虚谨慎、虚心求教的态度，坚持在实践中学习，在实践中检验所学知识，防止和克服浅尝辄止、一知半解的倾向。

在今后的学习和工作中，我会更加努力地使自己的理论知识和操作技能更上一个台阶，把有限的生命投入到无限的护理工作中去，全心全意服务于患者，争做一名优秀的护理人员，以无愧于白衣天使的光荣称号！

×××

××××年××月××日

27

【简析】本文是护理专业学生的实习自我鉴定。文章从思想、工作、学习、生活四个方面对自己的实习情况进行总结，充分肯定已经取得的成绩，为今后的护理工作积累了有效经验。与此同时，鉴定人也清醒地意识到了自己的缺点、不足，并为今后努力指明了方向。文章既是对实习情况的一次全面系统的总结，也是对实习生活的理性分析与思考。

第二节　述职报告

一、述职报告的概念

述职报告是指任职者向上级、主管部门和下属群众陈述任职情况，包括履行岗位职责，完成工作任务的成绩、缺点、设想，进行自我回顾、评估、鉴定，接受上级领导考核和群众监督的一种应用文。

二、述职报告的分类

述职报告可以从不同的角度进行划分，因而存在着交叉现象。

（一）按内容划分

1. 综合性述职报告　报告内容是一个时期所做工作的全面、综合的反映。

2. 专题性述职报告　报告内容是对某一方面的工作的专题反映。

3. 单项工作述职报告　报告内容是对某项具体工作的汇报。往往是临时性的工作，又是专项性的工作。

（二）按时限划分

1. 任期述职报告　对任现职以来的总体工作进行报告。一般来说，时间较长，涉及面较广，要写出一届任期的情况。

2. 年度述职报告　这是一年一度的述职报告，写本年度的履职情况。

3. 临时性述职报告　是指担任某一项临时性的职务，写出其任职情况。

（三）按表达形式划分

1. 口头述职报告　需要向选区选民述职，或向本单位职工群众述职的，用口语化的语言写成的述职报告。

2. 书面述职报告　向上级领导机关或人事部门报告的书面述职报告。

三、述职报告的特点和写作要求

（一）述职报告的特点

1. 自述性　报告人要依据岗位规范和职责目标，使用第一人称，采用自述的方式，对自己任期内的德、能、勤、绩、廉等方面的情况，作自我评估、自我鉴定、自我定性。必须持严肃、认真、慎重的态度，既要对自己负责，对组织负责，也要对群众负责。

2. 汇报性　报告人的汇报是严肃的、庄重的、正式的汇报，是让组织了解自己，评审自己工作的过程。报告内容必须实在、准确。语言必须得体，应该谦逊、诚恳、朴实，不可盛气凌人，也不可夸夸其谈。

3. 真实性 述职报告是对述职者的工作业绩进行考核、评价、晋升的重要依据，述职者要力求实事求是、真实客观地陈述。对工作的走向、前因后果，要叙述清楚，让人一目了然，并从中引出自评。对成绩和不足，既不要夸大，也不要缩小。

4. 规律性 述职报告必须对搜集来的事实、数据、材料等进行认真的归类、整理、分析、研究，从中找出带有普遍性的规律，得出公正的评价议论，以指导今后的工作。

5. 通俗性 述职报告的通俗性表现在口语化、感情化、个性化的语言上。

（二）述职报告的写作要求

（1）使用生活化、口语化、大众化的语言，慎用文语（古语和欧化语）。

（2）多用短句，注意长短句交叉合理，随物（公务和感情）赋形。

（3）避免同音不同义或易混淆的词语，少用单音词，不随便用省略语。

（4）为了方便聆听，有些标点符号要用文字代替，如顿号改为"和"，破折号改为"是"，括号补充另用文字说明等。

四、述职报告的结构和写法

述职报告由标题、称谓、正文和落款四部分构成。

（一）标题

1. 单行标题 由职务、时间、文种构成标题，如《××医院办公室主任 2012 年度述职报告》。由职务和文种构成标题，如《××科室主任述职报告》。由时间和文种构成标题，如《2012 年度述职报告》。只用文种名称作标题，如《述职报告》。

2. 双行标题 正题写主题，或者写述职报告的类型，副题写述职场合，如《继往开来，与时俱进，全力以赴向国家级示范学校冲刺——在××医学院第十届教职工代表大会上的述职报告》。

（二）称谓

称谓是报告者对听众的称呼，放在标题之下正文的开头，一般采用提行的写法，有时根据需要在正文中间适当穿插使用，由会议性质及听众对象而定，如一篇在全院职工代表大会上述职报告的称谓："尊敬的各位领导、来宾，全体职工代表，全院职工同志们"。

（三）正文

述职报告的正文依据报告的场合和对象而定，一般来说采用总结式写法，分为三部分：

1. 基本情况 将工作的主要情况、时间、地点、背景、事件经过、结果等用精练的文字概述出来。使听众对报告的全貌有一个大致的了解，也能够激发听众听取的兴趣，启发和引导听众积极思考。

2. 成绩经验、问题教训 要以事实和材料为依据，点面结合、重点突出地对以往的工作实践进行回顾、分析。事件材料必须真实可信，数据要准确可靠。以这段时期工作中突出而富有典型意义的事件来反映情况，抓住主要矛盾，写出这一段时期工作的特色。切忌随意编造事实或数据，欺上瞒下，避重就轻。

3. 今后计划 包括目标、措施等内容，要求切实可行，具有前瞻性。

4. 结尾 述职报告结束时要使用礼貌用语，如"以上述职报告妥否，请予审议。谢谢大家!"

(四)落款

写报告人姓名下方写报告日期。

【例文】

述职报告

尊敬的各位领导，全院职工同志们：

大家好!

2012年对于我来说，是成长的一年，也是收获的一年。今年一月，院领导任命我为输液中心护士长。我充分地意识到，肩上多了一份责任，心里多了一份动力。在此，我向领导和同志们述职如下：

输液中心是我院的一个展示窗口。在这里，一句话，可以反映出一个人的修养；一个动作，可以折射出一个人的品质；一件小事，会把我们医院的形象印在患者的心中。怎样才能更好的担负起输液中心护士长这份重任? 怎样才能更好的完成门诊患者的输液工作呢? 作为一名科室带头人，我严格要求自己，以身作则，带动全科室人员，在思想上提高自己，在业务上锻炼自己。我认为，要加强管理，首先必须端正工作态度，真正以患者为中心，努力把工作做细、做实。力求在治疗上精心，护理上细心，让家属放心，使患者安心。这种人性化的服务不单体现在科室内部，还应该扩展到方方面面：大到积极参加各种突发事件的抢救，小到在门诊经常会遇到一些急诊患者或者不知道该去哪个科就医的患者，我总是主动询问他们有什么需求，是否需要帮助，或是耐心地解答他们的问题。对于患者来说，我们的一个善意的眼神，一个真诚的微笑，对他们也许就是一种鼓励。在我的带动下，我们全科室的护士都以微笑面对患者，百问不厌地耐心解释。只要患者需要，病情需要，工作永远是第一位的。我们付出的是自己的满腔热情，收获的是患者对我们输液中心的信任和好评。生活就像一面镜子，你对它笑，它就会对你笑。我们的患者也是一面镜子，你对他笑，他也会以微笑来回报。

没有规矩不成方圆，有了良好的医德，我们还需要严格的制度。在严格遵守医院各项规章制度的前提下，我和大家一起制定了科室的各种工作细则，明确各班职责。从我做起，带领大家早上班晚下班，只要患者需要，不计较个人得失，淡化时间和节假日的概念。大家常督促，勤落实，保障了最高效、最积极的工作热情。

精湛的技术是我们工作的核心，这就促使我们在热情服务的同时更加注重加强自己的业务水平，提高自己的各项护理技能，把治疗带给患者的痛苦减到最小。工作闲暇时我带领大家一起讨论小儿头皮针的进针角度、方位、固定方法，小儿发热的护理，老年患者门诊输液的临床观察等等。在输液过程中，我要求大家认真执行三查七对制度，根据药物性质及患者个体差异严格控制输液速度，严密观察病情变化，随时了解患者情况，确保患者安全有效地做好治疗。我们良好的医德、热情的服务、精湛的技术保障了门诊工作的顺利进行，换来了无数门诊患者的健康和笑容。

当然，工作中总会有许多不如意，也会有个别患者对我们繁忙的工作不理解、不支持。因此，摆正心态也是非常重要的。"珍惜自己的工作，尊重所有的患者"是我一直以来秉承的原则。

通过这一年的工作实践，使我更深刻地认识到一个护士长应有的职责，我会继续努力把这支护理队伍带好，协助各科室的工作，以便更出色的完成门诊护理任务。心中有梦想，行动才会有方向。在今后的工作中，我将进一步明确自己的工作目标，扎扎实实学习，实实在在工作，认认真真为患者服务，力争为我院的发展作出更大的贡献！

希望大家多提宝贵意见，谢谢大家！

×××

×年×月×日

【简析】本文是输液中心护士长所作的年度述职报告。文章从严格要求自己、注重医德风尚、遵守规章制度、加强业务水平、提高专业技能和摆正职业心态等方面对2012年的工作实践进行回顾、总结。文章点面结合，重点突出，在积累经验教训的同时，也起到进一步指导今后工作的作用。

第三节 竞聘演讲稿

一、竞聘演讲稿的概念

竞聘演讲稿又称竞聘报告，是竞聘者在竞聘会议上向与会者发表的一种阐述自己竞聘条件、竞聘优势，以及对竞聘职务的认识，被聘任后的工作设想、打算等的工作文书。

随着我国人事制度的改革，"公开、平等、竞争、择优"成为选拔人才的一条重要原则。竞聘演讲被党政群机关中层干部竞争上岗和企事业单位工作人员竞聘上岗所广泛应用，成为考察个人综合素质的有效途径。

二、竞聘演讲稿的分类

竞聘演讲稿既是竞聘者对自身素质的评价，也是人事部门和群众了解竞聘者情况的渠道。它既为择优选聘提供依据，也有利于竞聘者自身素质的提高。竞聘演讲稿一般按职位类属进行分类，有机关干部竞聘报告、企业干部竞聘报告、事业干部竞聘报告等。

三、竞聘演讲稿的特点和写作要求

（一）竞聘演讲稿的特点

1. 目标的明确性 目标的明确性，是竞聘演讲稿的主要特征。竞聘演讲的目的，就是要把自己介绍给评选者，让评选者了解你的基本情况，了解你对竞聘岗位的认识和当选后的打算。

2. 内容的竞争性 在其他的演讲中，内容尽管可以海阔天空地谈古论今，但一般都不是用来表现自己的长处。而竞聘演讲稿凸显的正是人无我有、人有我优、人优我特的竞争优势。

3. 主题的集中性 竞聘演讲稿所表达的意思要集中，必须突出一个重点，围绕一个中心，条理清楚，主次分明，不蔓不枝。不能企图在一篇演讲中说明和解决多个问题。

4. 材料的实用性 竞聘演讲稿所选用的材料既是符合实际情况的，又是对自己竞争有利的，也就是无论讲自己所具备的条件还是谈任职后的构想，都要从自我出发、从实际情况出发。

5. 语言的准确性 竞聘演讲稿的语言要求准确无误。因为竞聘演讲的角度基本上是以"我"为核心，如出现失误或掌握不好分寸，就会让人产生逆反心理，从而导致演讲失败。

（二）竞聘演讲稿的写作要求

竞聘演讲的内容各不相同，在组织材料时既要符合竞聘者的身份，适合演讲的场合，又要考虑听众，记住自己的竞聘目的。一份优秀的竞聘演讲稿要做到自信而不妄自尊大，自谦而不妄自菲薄，以诚恳热情的语言感染听众，充分展示自身的才能。写作时须注意以下两方面：

1. 语言质朴 竞聘演讲不宜刻意追求气氛的烘托和渲染，应避免使用抒情的表达方式，多用符合口语表达习惯和听觉习惯的句子。在展示自己优势部分内容时，不能报流水账，要善于归纳并用简洁的语言加入段首提要，再以事实和数据佐证。

2. 篇幅适宜 竞聘演讲有时间限制，一般在5～10分钟。撰写竞聘演讲稿要把握好字数，以千字左右为宜，字数过少，不足以充分展示你的竞聘优势；字数过多，易使听众产生厌倦情绪，会削弱演讲效果。

四、竞聘演讲稿的结构和写法

竞聘演讲稿由标题、称谓、正文、落款四部分组成。

（一）标题

以文种为题，如《竞聘演讲稿》；以竞聘职位和文种为题，如《护理部主任竞聘演讲稿》。

（二）称谓

放在标题之下，一般采用提行的写法，如"尊敬的各位领导、同志们"。

（三）正文

1. 开头 竞聘演讲的时间有限制，演讲稿的开头必须简洁而又精彩，能够引起听众的注意。常见的开头方式有以下几种：

（1）感谢式：用诚挚的心情表达谢意，如"非常感谢医院给我这次宝贵的竞聘机会"。

（2）概述式：概括叙述自己竞聘的岗位以及竞聘演讲的主要内容，如"今天我将真诚地向各位领导、同志们陈述我竞聘护理部主任所具备的优势，并提出我拟聘后的工作设想，请各位提出宝贵意见"。

2. 主体 主体部分是竞聘演讲稿的重点，也是写作的难点所在，一般包括以下几方面的内容：

（1）简介自己的基本情况：包括：年龄、政治面貌、学历、现任职务等。

（2）陈述竞聘的主要优势：针对竞聘的岗位摆出自己优于他人的竞聘条件，如政治素质、业务水平、工作能力等，可用一些获得的成果和业绩来证明。要让听众认可你确实适合这份工作并具备不断发展的潜力。力求精要，切忌面面俱到。

（3）表明自己任职后的打算：应该有的放矢地提出假设自己任职后的施政措施（这一步是重点，应该讲得具体详实，切实可行）。

3. 结尾 结束语要求画龙点睛，加深评选者对竞聘者的良好印象，从而有利于竞聘成功。常见的结尾方式有以下几种：

（1）表达愿望式：表示竞聘此岗位的热切愿望，展望工作后美好前景，期望得到认可和接纳，如"如能有幸成为其中的一员，我将竭尽所能，为××岗位的发展贡献自己的一份力量！"

（2）表明态度式：坦诚地表达自己参与这次竞聘的感受。如"参加这次竞聘，对我来说是一个学习和提高的过程，无论竞聘成功与否，我都将一如既往，堂堂正正做人，踏踏实实做事！"

（3）祈请支持式：表达自己对竞聘上岗的信心，恳请得到大家的支持和帮助，如"各位评委，请大家投我一票，我将交上一份让你们满意的答卷！"

（四）落款

写竞聘人的姓名和竞聘时间（演讲时不需要读出来）。

【例文】

竞聘演讲稿

尊敬的各位领导、评委、同事们：

大家好！

感谢院党委给我提供这样一个宝贵的机会参加竞聘。出于个人理想的追求，出于对医院改革的积极参与，我来到了今天的竞聘现场，竞聘护士长这一职务。

我叫×××，今年××岁，中共党员，××学历，目前在××（科室名）从事护理工作。

自6年前我在××（科室名）开始了我的护士生涯，经过内科、外科、儿科、急诊和ICU的磨练，我已成长为一名具有丰富经验的年轻护师。我深知临床护理专业知识的发展非常迅速，唯有不断学习才不致落后。近年来我坚持自学了××医科大学护理本科教程，现已进入毕业实践考核阶段。用理论指导实践，再用实践检验理论，不但激发了我的学习兴趣，也提升了我的服务理念和对专业的热爱。

去年×月同样是通过竞聘，我成为新开辟的××（科室名）的专职人员。在这一年多的时间里，我的电话 24 小时保持畅通，随叫随到，以一站式无缝隙的服务赢得了众多侨胞和外国友人对医院的良好印象。新病房大楼的启用导致病区护理人员紧张，我服从安排被借调到 ICU 和外一科各工作了一个月。正是多年来不变的工作热情和踏实的工作态度，使我在非典期间有幸得到领导的信任，成为支援××医院抗非典护理战线的首批志愿者。开朗的性格、广泛的爱好使我很快融入了新的环境，我和来自不同医院的护士姐妹结下了深厚的友谊。因为表现突出，我被人事局授予"防治非典先进个人"的荣誉称号。

"可以托六尺之孤，可以寄百里之命"，这也许是对护士职业的最恰当的诠释。然而，被信任也是需要以能力为基础的。5 年团支部书记和团委委员的角色给了我很多参与策划组织共青团活动的机会，在打造团委品牌，丰富医院文化的过程中，我的综合素质也得到了提高，具备了一定的协调沟通和组织管理能力。

如果竞聘成功，我将做好以下几方面的工作：

1. 在护理部主任的领导和科主任的指导下，按照护理质量标准，制定工作计划，组织实施具体工作，认真履行护士长的职责和义务。坚持"以患者为中心，以质量为核心，为患者提供优质、便捷、高效、文明服务"的服务理念，把好入院宣教与出院指导关，加大健康教育力度，做好出院访视工作。

2. 重点管理护理安全，杜绝护理纠纷和护理差错。制定切实可行的岗位责任制。做到有章必循、责罚分明。严格遵守规章制度及操作规程，及时完成各种有效记录，把好护理环节质量关。

3. 加强医护、护患沟通，定期征求各方意见，及时采取整改措施，更好地为患者提供优质亲情服务，使科室人人都以主人翁精神参与管理。调动科室人员工作的主观能动性，合理配置人力资源。

4. 增收节支，杜绝浪费。创造科室效益的同时节约不必要的开支，保障科室走持续发展的道路。

5. 做到年有目标，月有计划。鼓励护士每人每年完成 1—2 篇论文。定期开展业务学习和经验交流，培养护士的科研意识。

我的生肖属相是马，至于是不是千里马，就有待在座伯乐们的裁决了。但是无论结果如何，我都将马不停蹄地完善自己。最后，借此难得的机会，祝大家新年心想事成！让我们携起手来，共创我院美好的明天！

×××

××××年××月××日

【简析】本文是一篇竞聘护士长职务的演讲稿。文章开门见山写出自己所要竞聘的职务及缘由；其次简单介绍了自己的基本情况；然后展示出自己优于他人的竞聘条件（业务水平、工作能力）并用获得的奖励和业绩加以证明；之后提出假设自己任职后的施政措施；最后用简洁的话语表明自己的决心和请求。全文条理清晰、主次分明，具有较强的针对性，有利于获得评委和大家的认可。

第四节　职业生涯规划书

一、职业生涯规划书的概念

职业生涯规划书是在对个人和内外环境因素进行分析的基础上，确定一个人的事业发展目标，并选择实现这一事业目标的职业或岗位，编制相应的工作、教育和培训行动的计划，对每一步骤的时间、项目和措施作出合理安排的一种应用文。

二、职业生涯规划书的分类

按规划期限可分为：

1. 短期规划书　三年以内的规划，主要是确定近期目标，规划近期完成的任务。

2. 中期规划书　一般为三至五年，规划三至五年内的目标与任务。

3. 长期规划书　其规划时间是五至十年，主要设定较长远的目标。

三、职业生涯规划书的特点

1. 可行性　职业生涯规划是通过自身努力可实现的计划，并非只是凭空的幻想或不着边际的遐思遥想。

2. 适时性　职业生涯规划是预测未来的行动，确定将来的职业发展目标。因此，对各项主要活动何时做、怎样做、何时完成，都应有实施计划安排，使自己随时掌握执行状况，以此作为自我行动、检查、反省和调整、修订规划的依据。

3. 适应性　职业生涯规划是面向未来的行动计划，受制于内外多种可变因素的影响。因此，规划应有一定的弹性，既保证规划的有效性，又增强其适应性。

4. 激励性　职业生涯规划书的目标要符合自己的性格、兴趣和特长，要能对自己产生内在的激励作用。

四、职业生涯规划书的结构和写法

职业生涯规划书包括职业定位、目标设定、通道设计三部分内容。

1. 职业定位　职业定位是迈向成功的基本前提，没有合理的职业定位，事业的成功也就无从谈起。职业定位反映着一个人的理想、志向和价值观，影响着一个人的奋斗目标及成就的大小。进行职业定位，不但要对个人的基本情况作出全面、客观的评估，找出优、缺点，发掘个人潜在能力，还要对社会环境、职业前景进行分析，以此获得对所选职业的深刻认识，从而坚定求职信念。

2. 目标设定　目标设定是继职业定位后，对人生目标做出的抉择。其抉择是以自己的最佳才能、最优性格、最大兴趣、最有利的环境等信息为依据，确定短期目标、中期目标、长期目标，从而把握个人的发展方向。因此，职业生涯目标的设定，是职业生涯规划书的核心。只有树立了目标，才能明确奋斗方向，犹如海洋中的灯塔，引导你避开险礁暗石，走向成功。

3. 通道设计　在目标设定后，行动便成了关键的环节。没有达成目标的行动，目标就难以实现，也就谈不上事业的成功。所谓通道设计，就是指落实目标的具体措施，主要包括工作、训练、教育等方面。例如为达成目标，在工作方面，你计划采取什么措施，提高你的工作效率？在业务素质方面，你计划学习哪些知识，掌握哪些技能来提高你的业务能力？通道设计要具体、明确，以便于定时检查。

此外，影响职业生涯规划的因素有很多，有的可以预测，有的难以预测。因此，要使职业生涯规划行之有效，就需不断地对职业生涯规划书进行评估与修订，使其符合实际和具体情况。

【例文】

护士职业生涯规划书

一、确定志向

白衣天使是人类健康的守护神，她们美好的形象在我心中启航，让我深深爱上了护士这个职业。虽然临床护理工作很辛苦，但我认为这是最直接地服务于社会的方式，用知识和爱心救死扶伤、解除别人的病痛是我最大的心愿。

当前，高等护理教育的发展促使护理人员在专业发展方面期望更多的选择和更高的目标。培养高素质的护理人才投身于护理实践，并在专业领域发挥带头作用已成为新时期面临的新课题。作为××市人民医院的一名护士，我感受到了身上的责任与重担。我会珍惜青春时光，紧跟时代发展的潮流，用知识和能力武装自己，迎接每时每刻的挑战，在事业上勇攀高峰！

人的一生中，职业生活占据了大多数的时间，做好职业生涯的规划将对人的一生产生重要的影响。因此，在今天这个人才竞争的时代，职业生涯规划已经成为获得成功的一个重要利器，它有足够的难度，但又有足够的吸引力，我愿意为此全力以赴。

二、专业环境分析

在全球医疗卫生事业迅速发展的形势下，我国护理专业在教育、实践、管理、科研等方面都有突飞猛进的发展，高素质、高技术、高能力的护理人才辈出。截至2007年底，全国护士共154.3万名，占卫生技术人员的34%。根据2007年卫生部对全国696所三级综合医院的调查显示，护士中具备大专以上学历的人员比例占57.5%。我国护理硕士教育起于90年代，现在已经基本成熟。在护理实践方面，专科化程度不断提高，护理工作的专业范围已拓展到预防疾病、保护生命、减轻痛苦和促进健康等领域。同时，社区护理、老年护理、临终关怀等护理服务方兴未艾。尤其是社区护理，2008年"5·12"国际护士节主题为"提高社区护理品质，引领初级卫生保健"，可见社区将成为最大的护理需求市场，二级医院和社区卫生中心以及家庭护理将成为护理需求的重头市场。护理工作作为医疗卫生事业的重要组成部分，为我们提供了若干机遇。在这个大环境下，究竟发展为教育者、管理者还是临床护理专家就取决于我们的职业胜任能力。

三、自我盘点

1. 我的优势：性格乐观豁达；做事目标明确、勤奋踏实；重视人际交往，有较强的团队精神和协作能力。

2. 我的缺点及弥补措施：英语水平一般；临床实践经验不够丰富。

我会努力克服自己的缺点，加强英语学习，认真向经验丰富的前辈学习，进一步提高自己的学习、工作能力。

四、职业目标

正确适当的目标是职业生涯规划的核心，一个人事业的成败，很大程度上取决于合适的目标。有句话说得好：如果你不知道你要到哪儿去，那么通常你就哪儿也去不了。有了目标，才会有动力。现将我的职业生涯的短期目标和长期目标展示如下：

（一）2008～2009 年（第一年）

1. 2008 年 8 月～2008 年 12 月

学习目标：熟悉医院、护理部和科室的规章制度；知晓各个班次的工作流程和工作重点；掌握电子病例操作系统的使用方法。

能力目标：和科室医护同仁建立和睦友善的同事关系；能独立完成各个班次的工作内容；能积极配合护士长安排的工作任务。

行动计划：这一时期是我从学校进入工作环境，并在工作环境中逐渐社会化，实现从学生到护士转变，并为新的组织所接纳的过程。我要用饱满的精神和热情的态度投入工作，积极熟悉科室业务，使自己适应繁忙而多变的临床工作环境；利用休假时间浏览医院网页，关注医院政策和新闻动态，熟悉医院的运行机制。

2. 2009 年 1 月～2009 年 8 月

学习目标：基本掌握科室常见病与多发病的诊治与护理措施；精通各项基础护理操作。

能力目标：能够具备一定的社会实践和护理能力，并将理论知识与临床实践相结合，使自己在工作岗位上有所作为；不断增强护理科研素养，提高科研水平；提升英语水平，具备一定的听、说、读、写能力。

行动计划：结合临床患者的特点查阅相关书籍，用知识指导患者康复；定期参加医院和科室组织的业务学习，查漏补缺；每周定期到示教室练习基础护理操作，使各项操作得心应手；广泛涉猎中英文护理期刊或利用网络资源搜寻相关文献资料，在护理核心期刊发表论文一篇；了解国内外护理学专业的新进展，并结合科室实际情况，在护士长带领下进行相应的科研项目；努力学习好英语，每天利用课余时间，多读、多听、多练，让英语水平更上一层楼。

（二）2009～2013 年（第二年至第五年）

学习目标：熟练掌握护理"三基"内容；了解护理心理学、护理教育学、护理管理学等学科的基本理论及其在工作中的应用；放眼世界先进护理技术；提升专业英语水平。

能力目标：临床经验丰富，操作准确、效率高；培养"爱伤观念"，正确运用移情技巧，培养建立良好护患关系的能力；具备一定的临床带教能力和管理能力；充分发挥科研能力。

职称目标：主管护师。

职务目标：临床带教老师或护士长。

行动计划：加强业务知识学习，广泛涉猎相关学科书籍，参加继续教育学习和外出进修，扩展自己的知识面；不断地积累实践经验，探索科室专业技能；加强对公共关系学、组织行为学、管理学的学习，培养沟通交流能力和组织协调能力；协助带教老师完成护理实习生的带教任务，教学相长，在积累带教经验的同时，鞭策自己对专科知识的掌握；通过专门的培训班加强对公共英语和专业英语的学习；每年至少在核心期刊发表论文一篇；至少完成两项科研项目。

（三）2013～2018 年（第六年至第十年）

学习目标：掌握国内外临床护理新进展、新的教学模式、护理管理模式和理念。

能力目标：个人职业能力稳步提高，责任心增强；精通本科室的业务，能独立完成临床教学任务；能够接收比较重要的工作任务，管理能力得到锻炼；能比较周全的思考和处理问题，成为工作中的骨干。

职称目标：主管护师或副主任护师。

职务目标：护士长。

行动计划：查阅文献资料，收集国内外护理动态；争取出国进修的机会，学习和借鉴国外先进的模式和机制；尝试不同的临床带教方法，培养实习生的整体护理能力；以一名护理管理者的标准要求自己，在实践中积累管理经验；参加省级、国家级的学术交流活动，发表较高水平的论文至少每年一篇，至少完成两项科研项目。

（四）2018～2028 年（第十一年至第二十年）

学习目标：推出新的理论、技术和先进的管理模式。

能力目标：成为临床护理专家或出色的管理者；积累丰富的管理经验，具有较强的组织能力、交往能力和管理能力。

职称目标：副主任护师。

职务目标：科室护士长或护理部主任。

行动计划：保持积极、乐观进取的心态，重新认识环境、评估自我，寻找新的挑战，保持职业新鲜感；与兄弟医院交流管理经验，定期参加护理管理培训班；发表高质量的、引起业内重视的论文，至少每年一篇；完成有影响的科研项目，获得省级、国家级甚至更高级别的奖励；参加相关书籍的编写工作。

五、结束语

总之，职业生涯规划是我们青年人所面临的重要问题。我们要拥有一道属于自己的职业生涯彩虹，做自己的主人，将理想变成现实。谚云：世上无难事，只怕有心人，有心之人，即立志之坚者也，志坚则不畏事之不成。我坚信：我的未来不是梦！为此，我会笑对挑战，奋力拼搏！

【简析】本文是一份护士职业生涯规划书。作者从实际出发，准确定位职业方向，充分分析护理专业环境，盘点自己的优缺点，评估个人目标和现状的差距。在展示职业生涯短期目标和长期目标的同时，对各阶段的路线进行细致的划分与安排，并表达自己对未来职业生涯的信心。文章有利于确立人生方向，认识自我价值，培养职业发展优势，为事业成功提供奋斗的策略。

第五节　电子文件

一、电子文件的概念

电子文件是指在数字设备及环境中形成，以数码形式存储于磁带、磁盘、光盘等载体，依赖计算机等数字设备阅读、处理，并可在通信网络上传送的文件。

二、电子文件的种类

一般来说，电子文件有以下几种：文本文件，图像文件，图形文件，影像文件，声音文件，超媒体链接文件，程序文件，数据文件。

三、电子文件的特点

（一）数字化
电子文件是数字化信息技术的产物。在计算机内部，无论是运算、存储还是传输等处理，电子文件均是以数字编码的形式存在。

（二）机械化
电子文件的形成、传输、存储、利用，都必须依赖于相应的设备。一是数字编码，二是软件，三是硬件，四是技术设备更新，五是加密。离开计算机等设备，电子文件也就不复存在。

（三）网络化
电子文件借助网络，可以实现信息共享。

四、电子文件的使用和写法

电子文件的种类很多，在此我们只介绍电子邮件、电子公告栏和博客的使用和写作。

（一）电子邮件（E-mail）
电子邮件（Electronic Mail，简称 E-mail，昵称"伊妹儿"），又称"电子信箱"、"电子邮政"，是一种用电子手段提供信息交换的通信方式，也是 Internet 应用最广的服务。通过网络的电子邮件系统，用户可以用非常低廉的价格（不管发送到哪里，都只需负担电话费和网费即可），以非常快速的方式（几秒钟之内可以发送到世界上任何你指定的目的地），与世界上任何一个角落的网络用户联系，这些电子邮件可以是文字、图像、声音等各种方式。同时，用户可以得到大量免费的新闻、专题邮件，并实现轻松的信息搜索。

1. 电子邮箱申请
（1）先选择设有免费信箱的网站。

（2）设置与确定自己的电子邮箱地址。

电子邮件地址的格式由三部分组成。第一部分"USER"代表用户信箱的帐号，对于同一个邮件接收服务器来说，这个帐号必须是唯一的；第二部分"@"是分隔符；第三部分是用户信箱的邮件接收服务器域名，用以标志其所在的位置。

（3）上网进行申请。

①通过 IE 进入要申请的网站。

②在出现的网站首页中，点击"注册邮箱"。

③随后窗口出现你要填写（键入）的有关表格和项目：

首先，键入设置的网名。如不与其他人重复，可点击下一步。如有重复，计算机会出现提示，需要重新设置与键入，直至通过为止。

其次，窗口出现要填写（键入）的各个项目，其中前面带"＊"号的项目为必填项。按要求设置密码，设置好后要记牢，避免忘记。此外，网站专门设置了"密码保护问题"和"你的答案"，以帮助你找回密码。

再次，注册校验，将注册校验水印栏目中出现的字符键入空白栏内，点击同意服务条款，表示接受该条款。

最后，如网站的管理服务器核对无误后，就会弹出窗口，告之申请成功，并将你的电子邮箱地址（ID）和你的帐号显示出来。

2. 收发电子邮件

（1）登录邮箱。

（2）点击"收件箱"，收到的邮件就会按时间顺序呈现在你眼前，可以直接单击打开阅读。

（3）点击"写邮件"，在出现的页面中操作：

①在"收件人"一栏中输入对方的电子信箱地址，格式是"用户名@域名"。

②填写"主题"，即邮件的名称。

③点击"主题"下面的"添加附件"，浏览找到你要发送的文件、图片并上传。

④在正文编辑区内写信件内容。

⑤点击"发送"按钮，如发送成功，则出现提示。

（4）回复邮件，可单击"回复"，则出现"写邮件"窗口。该窗口的"收件人"一栏中自动列出了回复邮件的地址，原邮件的正文被自动加入回复邮件正文编辑区的下方，以供参考或修改。写好回复内容后，单击"发送"按钮即可。

（二）电子公告栏（BBS）

电子公告栏（Bulletin Board System，简称 BBS），又译为"电子公告牌系统"或"电子布告栏系统"，是一种电子信息服务系统。用户可以在 BBS 上交流文件、公布信息、讨论信件等。

1. 登录 BBS 在 BBS 登录界面上点击"我要注册"，以进入注册页面进行注册，成为系统合法用户。登陆者也可以点击"进去看看"，不注册而以"客人"的身份进入 BBS 使用界面。

2. 使用 BBS 登录 BBS 以后，即进入 BBS 使用界面。BBS 使用界面分为四个区域：

（1）论题分类列表区：该区位于 BBS 使用界面左方，显示用户可访问的所有论题组的名称，用户可以点击其中自己想要访问的论题组名称，以进入相应论题组中。

（2）公告和操作区：该区位于 BBS 使用界面上方，显示当前论题的名称、论题总数、文章总数、公告内容等。用户可以选择"发表文章"功能，输入文章的标题、级别、内容，符合系统要求即可发表。

（3）论题内容区：该区位于 BBS 使用界面中间，显示当前论题类别中用户可以查看的内容。用户可以选择本区的各种风格，如"BBS 风格"、"论坛风格"、"留言板风格"。根据系统的显示，可以点击论题标题，进入论题显示页面，查看此论题的原发文章及所有回复，用户就其中任意一篇文章执行其权限范围内的"回复"、"修改"、"删除"功能。

（4）搜索和回复区：该区位于 BBS 使用界面下方，用户输入想搜索的关键字。系统会自动搜索出相关的主题列表，用户可对搜索出来的论题进行阅读、回复。

3. BBS 主题管理和用户管理

（1）系统管理员登录 BBS 后，点击"管理员"，进入 BBS 主题管理界面。BBS 主题管理界面包括主题列表区、主题描述区、主题修改区、其他入口区、注意事项区五个区域，管理员可以从中管理 BBS 的讨论组和用户。

（2）系统管理员在主题界面中点击"用户管理"，进入 BBS 用户管理界面。BBS 用户管理界面包括用户描述区、用户维护区、其他入口区、注意事项区四个区域。

（三）博客（Blog）

博客（Web log，缩写为 Blog），译为"网络日志"、"部落格"或"部落阁"等，是一种以网络为载体，由个人管理，发布自己的心得，与他人进行交流，集丰富多彩的个性化展示于一体的综合性平台。

1. 博客的类别

（1）按功能分

①基本博客：基本博客是 Blog 中最简单的形式，由博客作者对于特定的话题提供相关的资源，发表简短的评论。

②微型博客：即微博，是目前最受欢迎的博客形式。微博作者以 140 字左右的文字更新信息，并实现即时分享。

（2）按用户分

①个人博客

家庭博客：博客的成员主要由亲属、朋友构成。

协作式博客：允许其他人参与、发表言论、讨论问题的博客日志。

②企业博客

CEO 博客：由 CEO 或者处在公司领导地位者撰写的博客。

企业产品博客：即专门为了某个品牌的产品进行公关宣传或者以为客户服务为目的所推出的博客。

"领袖"博客：一些企业注意到了博客群体作为意见领袖的特点，尝试通过博客进行品牌渗透和再传播。

知识库博客（或者叫 K－LOG）：基于博客的知识管理将越来越广泛，使得企业可以有效地控制和管理那些原来只是由部分工作人员拥有的、保存在文件档案或者个人电脑中的信息资料。知识库博客提供给了新闻机构、教育单位、商业企业和个人一种重要的内部管理工具。

（3）按存在方式分

①独立博客：一般指在空间、域名和内容上相对独立的博客。它不属于任何其他网站，自由、灵活、不受限制。

②托管博客：无须自己注册域名、租用空间和编制网页，只要去免费注册申请即可拥有自己的 Blog 空间。

③自建独立网站的博客：有自己的域名、空间和页面风格，有最大限度的管理权限，但需要一定的条件，例如自己要懂得网络知识，要会网页制作等。

④附属博客：将自己的 Blog 作为某网站的一部分（如一个栏目、一个频道或者一个地址）。

2. 博客的作用

（1）网络个人日记：可以发表自己的网络日记，还可以结合文字、图像、其他博客或网站的链接及与主题相关的媒体，并根据不同需要设置成私人日记或公开日记。

（2）学习交流：让读者以互动的方式留下意见，可以实现个人思想、观点、知识等在互联网上的交流共享，有利于对某个领域知识的掌握、学习和有效利用。

（3）网络交友：通过阅读、评论博客，能认识、了解天南海北、各行各业的人，实现网上交友。

（4）取得经济效益：通过博客展示企业形象或企业商务活动信息，用博客这种网络应用形式开展网络营销，从而获取经济效益。

3. 博客的使用

（1）用户注册，按要求填入注册信息并提交，等待系统出现"注册成功"提示，即可登录进入自己的博客。

（2）点击"个人中心"，可以进行设置、应用等方面的管理。

（3）点击"发博文"，进入编写博文页面。输入"标题"、"内容"，选择"分类"、"标签"以及设置权限，点击发表博文。

（4）需要查看和回复时，只需点击某篇博文标题便可查看内容，在发表评论区输入回复内容，单击提交即可回复。

第六节　申　　论

一、申论的概念

"申论"一词，出自孔子所说的"申而论之"。从字面来理解，"申"为引申、申述，"论"为议论、论证。"申论"则是指针对给定材料或者特定话题而引申开来、展开议论的一种文体。

申论最早出现于 2000 年中央国家机关公务员录用考试之中。它主要考查应考人员对给定材料的分析、概括、提炼、加工，测查应考人员的阅读理解能力、综合分析能力、提出问题和解决问题能力、文字表达能力等，是随着公务员录用考试制度而出现、推行的一种新兴文体。

二、申论的基本内容和形式

申论主要有以下三部分组成：

（一）注意事项

（1）申论考试与传统作文考试不同，它是对应考者分析驾驭材料能力与表达能力并重的考试。

（2）作答参考时限：阅读资料 40 分钟，作答 110 分钟。

（3）仔细阅读给定的材料，按照后面提出的申论要求依次作答。

（二）给定资料范围

材料约三四千字，内容不局限于某一方面，对政治、经济、法律、文化、教育等均有涉及，一般都是社会热点或者大众媒体关注的焦点，即背景不生僻，具有普遍性。

（三）申论要求

（1）用一定的篇幅（大约 150 字），概括出给定材料所反映的主要问题。

（2）用一定的篇幅（大约 350 字），提出给定材料所反映问题的解决方案。要有条理的说明，要体现出针对性和可操作性。

（3）就所给定材料反映的问题，用一定的篇幅（大约 1200 字），自拟标题进行论述。要求中心明确，论述深刻，有说服力。

三、申论的特点

（一）灵活性

就文体而言，可以是记叙文、说明文、议论文、应用文中的某一种形式，也可以综合多种文体形式，既考查了普通文体的写作能力，也考查了公文写作能力，形式非常灵活、实用。

（二）广泛性

申论所给定的背景资料涵盖了政治、经济、法律、教育等诸多方面的内容，涉及范围极其广泛，体现出一定的前瞻性，且表述比较准确，一般不会出现偏差。

（三）针对性

申论的目的明确，针对性很强，即主要考查写作者的阅读、分析、概括、解决问题的能力。这些能力主要通过对背景材料的分析、概括、论述体现出来，从所提出的方案对策是否具有针对性和可行性体现出来。

（四）开放性

申论测试没有也不可能有一个确切、固定、唯一的标准答案，这给了写作者以发挥的空间，不同的写作者完全可以较充分地展示各自不同的能力和水平。

四、申论的写作类型和要求

（一）类型

按照论述侧重点不同，申论可分为三类型：

1. 政论文 从政治和政策角度分析和评论特定事实和社会现象，重点是分析原因、目的、必要性、重要性、紧迫性等问题。

2. 策论文 就某一问题提出具体解决思路对策，行文内容简单，一般就是"采取什么措施解决什么问题"的方式。

3. 评论文 以分析和评论矛盾或不同方法为主要内容，一般对某些现象、某种观点等发表自己的看法，有论点、有论证、有对策。

（二）要求

（1）严格按申论要求的特点进行构思，根据行文者身份及行文对象进行布局，注意结构的完整性，一般用总分结构，突出重点部分，开头结尾做好设计。

（2）对给定资料所反映的问题进行综合分析

①分清主要问题和次要问题。

②分清有关联的问题和无关联的问题。

③确定哪些是最需要解决的问题。

（3）弄清问题产生的原因，并且弄清所有有关联的问题产生的主要原因和次要原因。

（4）根据上题原因提出相应的对策，要与原因顺序一致。

（5）给定题目写文章或自拟题目写文章。

（6）注意文字的连贯性，巧用承接、连接词，不得超出规定字数。

【例文】

申论试题

一、注意事项

1. 申论考试，与传统的作文考试不同，是对分析驾驭材料的能力与对表达能力并重的考试。

2. 作答参考时限：阅读资料40分钟，作答110分钟。

3. 仔细阅读给定的材料，然后按申论要求依次作答，答案书写在指定位置。

二、资料

1. 两个家庭的就医之痛：

7月23日，北京某医院。躺在病床上的张小军是从河南来京的务工人员。7月20日下午，他在北京一个工地上干活儿，因一脚踩空从6层楼上掉了下来。经诊断，张小军为脑震荡和三根肋骨粉碎。一个月前，张小军为了挣钱回家办生孩子的喜酒，经熟人介绍来北京打工。"三天花了两万多元，我们每天才挣40多元。这钱先由老板给垫着。现在还没敢通知他家里。可也不能老这么撑着，这不算什么工伤，花这么多钱他一辈子也挣不了……"他的同乡刘军低着头说。病床上的张小军黝黑的脸上有泪水的痕迹。

7 月 24 日，在北京协和医院门口，记者见到从山西来京求医的肺癌患者范某。范某 43 岁，六年前他就感觉呼吸不舒服，拖到去年 2 月才去看病。"当时拍个片子就要 500 元钱。我嫌太贵，就没看。"2004 年 4 月，范某实在忍不下去了，才去医院，结果被确诊是肺癌。范某夫妇很后悔，当时觉得看病太贵了，能扛就扛，没想到扛成了大病。到目前为止，范某为看病共花了 7 万元，把家里值钱的东西都卖了，还背债 6 万元。现在，他家成了当地贫困户。

2. 一组数字：

52%：药品费用支出（据世界银行一份报告显示，2003 年，我国药品费用占全部卫生支出的 52%，这一比例在大多数国家仅有 15% ～40%）。

12% ～37%：大处方（由于大处方，我国卫生费用的 12% ～37% 都被浪费掉了）。

80.2%：抗生素滥用（我国某医院 2000 年调查显示，该院住院患者中使用抗生素的占 80.2%，其中使用广谱或联合使用两种以上抗生素的占 58%）。

36.7%：大检查（1990 年至 2002 年，我国门诊和住院患者的医疗费中，检查治疗费用所占比例从 28% 上升到 36.7%）。

3. 卫生部有关负责人透露，现在全国县级以下公共卫生机构只有 1/3 能够维持正常运转，另外 1/3 正在瓦解的边缘，还有 1/3 已经瘫痪了。据卫生部统计，2000 年中国卫生费用中，农村卫生费用占 22.5%，城镇卫生费用占 77.5%，这就是说，占全国人口三分之二的农村居民所花费的医疗费用，不到城市居民的三分之一。

4. 据国家卫生服务调查显示，农村 37% 应就诊患者没有就诊，65% 应住院患者没有住院。而农村应住院而未住院者中，1993 年有 58.8% 的人是出于经济困难，1998 年，这个比率增加到 65.25%。1998 年调查显示，农村的因病致贫率达到 21.61%，贫困地区甚至达到 50% 以上。

5. 卫生部不久前公布的数据显示：中国有约 48.9% 的居民有病不就医，29.6% 应住院而不住院。卫生部常务副部长高强 10 日在全国卫生工作会议上分析这一问题成因时说，五方面因素导致了"看病难"问题突出。这些因素包括：

（1）医疗资源总体不足。中国人口占世界的 22%，但医疗卫生资源仅占世界的 2%，其中还有不少资源水平不高，公众不能享受到优质的医疗卫生服务。

（2）中国的医疗资源分布不均衡。80% 在城市，20% 在农村，农民缺医少药的状况还没有真正改变，不少人长途跋涉，异地就医，增加了就医困难，也加大了经济负担。

（3）中国的医疗保障覆盖面太小。中国 44.8% 的城镇人口和 79.1% 的农村人口没有任何医疗保障。"绝大多数居民靠自费看病，承受着生理、心理和经济的三重负担。"

（4）医疗费用上涨过快。近八年来，中国人均门诊和住院费用平均每年分别增长 13% 和 11%，大大高于人均收入增长幅度，公众经济负担沉重。"这里有合理的因素，也有体制、机制以及医疗销售和医疗服务不正之风的影响，必须着力解决。"

（5）政府投入不足。在中国目前的卫生总费用中，大约有 60% 靠居民自费，25% 靠集体负担，政府投入仅占 15%。

6. 2003年年初，国务院发展研究中心社会发展研究部与世界卫生组织合作，确定了"中国医疗卫生体制改革"的课题研究。课题组由国务院发展研究中心、卫生部卫生经济研究所、北京市疾病控制中心、北京大学公共卫生学院以及劳动和社会保障部等单位的专家学者组成。国务院发展研究中心"中国医疗卫生体制改革"课题组披露了最新医改报告的详细内容。由葛延风领衔完成的报告对中国医疗卫生体制改革进行了总体性评价和建议。

报告指出改革开放以来，中国的医疗卫生体制发生了很大变化，在某些方面也取得了进展，但暴露的问题更为严重。从总体上讲，改革是不成功的。

报告指出，改革开放以来，医疗卫生体制变革的基本走向是商业化、市场化，体制变革所带来的消极后果，主要表现为医疗服务的公平性下降和卫生投入的宏观效率低下。不同社会成员医疗卫生需求的实际被满足程度，由于收入差距的扩大而严重地两极分化。富裕社会成员的医疗卫生需求可以得到充分的满足，多数社会成员（包括相当多农村人口以及部分城市居民）的医疗卫生需求，出于经济原因很难得到满足，贫困阶层则连最基本的医疗卫生服务都享受不到。

在2000年世界卫生组织对成员国卫生筹资与分配公平性的评估排序中，中国列188位，在191个成员国中倒数第4。

7. 资料：

人民日报：医改千万不能迷失方向

我国的医疗体制与西方完全不同，"看病难"的主要根源是医疗服务的社会公平性差、医疗资源配置效率低等，无论是产权制度改革，还是引进民间资本，都不是目的而是手段，让人民群众看得起病、看得好病，使"患者有其医"，这个方向不能迷失，这个目标不能偏离。

南方都市报：医改"去市场论"存偏差 医疗福利应更公平分配

医疗福利制度改革是引起人们对医疗改革普遍不满的最重要原因，而它显然与"市场化"无关。

目前的医疗体制改革如存在问题的话，首先是政府的医疗福利投入过低，或者更重要的是，这笔投入分配不公，其次是公立医院里呈现商业化倾向。

中国经济时报：医改怨声载道 别拿市场当替罪羊

"市场化"或许并不适合中国的医疗改革，但据此将所有问题都归罪于市场，却有失公允。

医改的前提，是要分清楚，哪些事该政府做，哪些事该交给市场。市场化不是改革方向，并不意味着"市场"是一切过错的替罪羊。

南方日报：落实生命健康权

生命健康权是公民享有的最基本的人权，这是最基本的公民权利，如何能从制度和法律上切实落实到每个具体的公民，不再又是一纸空文。

8. 据中国青年报消息：近日，卫生部政策法规司司长刘新明在医院与医药企业峰会上指出，当前医疗服务市场上出现的"看病贵"、"看病难"等现象，根源在于我国医疗服务的社会公平性差、医疗资源配置效率低。要解决这两个难题，主要靠政府，而不是让医疗体制改革走市场化的道路。

昨日，正在参加民营医院管理年会的许多代表说，这是卫生部首次站出来否认"市场化道路"。在最近召开的全国副省级市城市卫生局长会议上，卫生部副部长马晓伟也作了同样的表态：医疗卫生是关系人们生死健康的问题，它不同于企业，改革的方向要以政府为主导，而不能是以市场为主导。

三、申论要求

1. 请用不超过150字的篇幅，概括出给定资料所反映的主要问题。（20分）

2. 用不超过350字的篇幅，提出解决给定资料所反映问题的方案。要有条理地说明，要体现针对性和可操作性。（30分）

3. 就给定资料所反映的主要问题，用1200字左右的篇幅，自拟标题进行论述。要求中心明确，内容充实，论述深刻，有说服力。（50分）

四、参考答案

1.【答案要点】

改革开放以来，我国医疗卫生体制变革的基本走向是商业化、市场化，带来一系列的消极后果，导致医疗服务的公平性下降和卫生投入的宏观效率低下。不同社会成员医疗卫生需求的实际被满足程度，由于收入差距的扩大而严重地两极分化。医疗改革基本上不成功，今后应该纠正医疗领域市场化的导向，公平分配医疗福利和资源。

2.【答案要点】

（1）增加投入，转换机制，增强活力，改善服务，促进公益性卫生机构的改革与发展。在基本医疗方面，以政府投入为主，针对绝大部分的常见病、多发病，为全民提供所需药品和诊疗手段的基本医疗服务包，以满足全体公民的基本健康需要。

（2）切实解决农民看病难的问题，加大政府的投入，推行新型农村合作医疗制度。

（3）实施支援农村卫生工程，以提高农村医疗服务水平，减轻农民经济负担。鼓励城市医师到县乡医院开展医疗服务和技术培训工作，并逐步形成一项制度。

（4）彻底实行医药分开。政府工作的重点应主要集中于非基本医疗领域，特别是营利性医疗服务机构。主要的调控手段一是在调整医疗服务价格的基础上严格限定医院的收入比例，全面推行医药分开，二是辅之以严格的价格监管和相应的惩戒手段，最大限度地控制医药合谋问题。

3.【答案要点】

医疗改革——让老百姓真正看得起病

"目前中国的医疗卫生体制改革基本上是不成功的。"国务院发展研究中心社会发展研究部副部长葛延风说。由他担任课题组负责人的最新医改研究报告于近日发布，报告对中国医疗卫生体制改革进行了总体性评价和反思，并提出了医疗改革的新框架。

很佩服这位葛副部长和《中国青年报》，佩服他们的勇气和胆识。承认"中国的医改基本上不成功"。如果始终不正视现实，捂着鼻子哄眼睛，任由医改在错误的道路上继续走下去，使得越来越多的老百姓有病不敢医，"小病"拖成"大病"、"大病"拖成"癌症"，让医改走进死胡同，这才是真正地害了改革。改革是摸着石头过河，失败并不可怕，可怕的是不敢承认失败，越是不敢承认失败，这个失败就越大、越彻底。

发现改革方向出现了偏差，及时进行纠正与调整，引导到正确的道路上来，才是真正的改革家，才会取得最终的成功。现在终于有人第一个站出来说话，揭开了这个盖子，坦承医改出了问题，是一件大好事。

据国家卫生服务调查显示，农村37%应就诊患者没有就诊，65%应住院患者没有住院。而农村应住院而未住院者中，1993年有58.8%的人是出于经济困难，1998年，这个比率增加到65.25%。1998年调查显示，农村的因病致贫率达到21.61%，贫困地区甚至达到50%以上。改革开放20多年来，价格上涨的巅峰是药品。20年来，工资上扬了10~20倍，而医药费用上涨的幅度在100倍到200倍，它的涨幅不但大大高于工资上扬的水平，而且大大高于同一时期国民经济增长的水平。20年前在医院生一个孩子（顺产）收费只不过十几元钱，现在竟达到四五千元。开一次刀就得"出一次血"，看一个大病就得倾家荡产。这充分说明医改出了毛病。

中国医疗体制改革走到今天，恰似一个人正身处十字路口，何去何从，至为关键。考察医改的重点，无外乎医院和农村，这也是难处所在。设医院之目的，在荟萃名医，治病救人而已，可现而今，医院自身竟不能健康生存，难以为继，又如何担当保障、提升人民生命健康的重任？所以，必得先为医院"输血"、"降压"，是为急务。毫无疑问，担负起这个职责的，应该是我们的政府——中央和地方的各级政府，而不仅仅是卫生部门。因为说到底，在目前条块利益分割、冲突、转型的复杂背景之下，单单卫生部门根本无法应对此种局面。而对于农村，原本底子更薄，困难更大，需要花的心思、下的工夫就更多，非政府莫能。政府责无旁贷，必须来主导医疗体制改革，让所有中国人都能看得上病、看得起病，都能享受更好的"生命小康"！

当我们找到"医疗保障成'富人的俱乐部'，服务公平性下降"、"城乡医院两极分化，效率低下"、"'小病拖，大病扛'，医疗费用居高不下"这些病症时，才能对症开方，开出"打破城乡、所有制等界限，建立覆盖全民的、一体化的体制"、"将医疗卫生服务分为三个层次，实行不同的保障方式"、"打破'医药合谋'，全面推进医药分开"这样一些药方。有了好的药方，再照方抓药，及时治疗，医疗"疾病"才有可能好转，老百姓才有救，普通群众才有希望看得起病，医疗卫生机构才有可能全心全意"为人民服务"。

（来源：国家公务员考试网，有删改）

【简析】本文是关于医疗卫生体制改革问题的申论。作者对给定资料内容进行分析和归纳，提炼事实所包含的观点，并揭示出材料所反映的本质问题——"我国医疗改革基本上不成功"。在作出推断、评价之后，作者结合生活体验，提出了解决问题的四条措施。最后以"医疗改革——让老百姓真正看得起病"为题，运用叙述、议论等方式，简明畅达地表述了自己思想观点。

目标检测

1. 根据个人特点和求职意愿，写一封求职信。

2. 按照简历的写作要求，为自己设计一份个人简历。

3. 结合自己的学习、生活情况写一份自我鉴定。

4. 任选一题进行练习：

（1）根据自己担任学生会干部或班干部的经历，写一篇述职报告。

（2）在学校、班级活动中担任策划者或主持人，写一篇述职报告。

（3）搜集不同行业人员的述职报告，进行分析比较。

5. 假设班级竞选班干部，选定你要竞选的职位，写一篇演讲稿。

6. 尝试为自己制定一份职业生涯规划书。

7. 使用电子邮箱给自己的亲人或朋友发送电子邮件。

8. 登录网站的论坛，对某问题发表自己的意见。

9. 开通个人博客或微博，发表你对学习或生活的感悟。

10. 什么是申论？申论的基本内容和形式是什么？申论有哪些特点？搜集有关社会热点问题的申论，与同学们交流讨论。

第三章

医用管理类文书写作

学习目标

1. 了解通知、通报、报告、请示、批复、函、会议纪要、会议记录的概念、特点、种类。
2. 掌握医用管理类应用文的写作格式，按照写作要求规范写作。
3. 会写常见的医用管理类应用文，如通知、报告、请示、会议记录等；学写通报、批复、函等医用应用文。

第一节　通知、通报、通告

一、通知

（一）通知的概念、特点、分类

1. 通知的概念　通知是知照性公文，是上级机关用来批转下级机关的公文、转发上级机关和不相隶属机关的公文，发布规章，向下级机关和有关单位传达需要周知或者共同执行的事项，以及用来任免和聘用干部的应用文。

2. 通知的特点

（1）知照性：通知的主要功能在于知照。

（2）广泛性：通知的广泛性表现在多方面。

（3）时效性：通知有一定的时效要求。

3. 通知的分类

（1）批转、转发、颁发性通知。

（2）指示性通知。

（3）事务性通知。

（4）会议通知。

（5）任免通知。

（二）通知的格式和写作要求

通知的格式包括标题、称呼、正文、落款。

1. 标题　写在第一行正中。可只写"通知"二字，如果事情重要或紧急，也可写

"重要通知"或"紧急通知",以引起注意。有的在"通知"前面写上发通知的单位名称,还有的写上通知的主要内容。

2. 称呼 在第二行顶格位置,写被通知者的姓名或职称或单位名称。有时,因通知事项简短,内容单一,书写时略去称呼,直起正文。

3. 正文 另起一行,空两格写正文。正文因内容而异。开会的通知要写清开会时间、地点、参加会议的对象以及会议内容,还要写清要求。布置工作的通知,要写清所通知事件的目的、意义以及具体要求和做法。

4. 落款 分两行写在正文右下方,一行署名,一行写日期。有的需要在落款处盖章。

写通知一般采用条款式行文,可以简明扼要,使被通知者能一目了然,便于遵照执行。

【例文1】

通　知

各分管科室:

为贯彻市政府安全工作会议精神,研究落实我院安全行医无事故事宜,现决定召开2013年度安全工作会议,现将有关事项通知如下:

一、参加会议人员:分管领导、各科室负责人。

二、会议时间:5月3日,会期1天。

三、报到时间:5月2日至5月3日上午8时前。

四、报到地点:×××××××,联系人:×××。

五、各单位报送的经验材料,请打印30份,于4月20日前报医院办公室。

特此通知

××医院
2013年4月15日

【例文2】

通　知

原定今日下午进行的校际足球对抗赛因下雨改期,具体比赛日期经两校协商后,另行通知。

另,午后的体育活动改为文艺活动,由各班按预案组织实施。

××卫校团委
×年×月×日

二、通报

(一) 通报的概念、特点、种类

1. 通报的概念 通报是国家机关、社会团体、企事业单位用以表彰先进、批评错误、传达重要精神或通报有关情况的公文。

2. 通报的特点

（1）时效性：发通报要抓住时机，及时将先进典型和经验向社会宣传推广，对反面典型予以揭露，引起警戒，或对某些重大事项和重要情况，及时予以通报，以起到交流情况、信息，指导工作的作用。错过时机的通报，就失去了它的时效性，没有行文的意义了。

（2）指导性：不能事无巨细都发通报，要选择对工作有普遍指导意义的事项来发通报。通报要有普遍的指导意义，就应选择典型。先进的典型要能反映事物的本质特征，能揭示时代的本质，体现时代的精神。反面的典型，应有一定的代表性，能体现鉴戒的作用。所以，只有选准、选好典型，通报才能起到激励教育、推动工作和批评警戒的作用。

（3）真实性：通报中所涉及的事例，必须是客观存在的，经过反复调查、认为是真实可靠的，绝不允许捏造和虚构。同时，事例的反映要准确，不能夸大或缩小，要实事求是。通报在结尾提出的希望和号召，也必须切合实际，有一定的针对性，使读者能够接受或受到启示。

3. 通报的分类

（1）表彰性通报：主要用来表彰先进，介绍单位或个人成功的经验、做法，以学习先进，见贤思齐，改进与推动工作。

（2）批评性通报：用来批评后进，纠正错误，打击歪风，指出有关单位或个人存在的错误事实，提出解决办法或处理意见。

（3）传达性通报：用于传达上级重要精神与重要情况；引起人们的警觉与注意，对当前的工作起指导作用。

（二）通报的格式和写作要求

1. 标题　通报的标题通常由发文机关、事由和文种三个要素构成，有时可省略发文机关和事由，只写"通报"二字。但比较重要的通报则不能省略。

通报的签署和时间也可以在标题下方，这样则不再落款；通报也可以有抬头、落款，时间则写在发文机关下面。

2. 正文

（1）表彰通报正文的一般写法

①叙述先进事迹，包括时间、地点、人物、事迹、怎么做、结果。

②对上述事件进行分析、评议，指出其典型意义，或概括其主要经验，语言要简明概括。

③提出表彰或发出号召。

如果是转发式的表彰通报，正文部分先对下级机关所发的这个材料进行评价，加上批语，即对被表彰者进行评议等，再发出号召或提出要求。

（2）批评通报正文的一般写法

①通报原由，即将事故或错误事实的经过情况、时间、地点、事故、后果等交待清楚。

②对事故进行分析评议，重点分析事故发生的原因，指出事故的性质及其危害，

并提出处分决定。

③写明防止此类事故的措施，要对症下药，提出告诫，或重申某一方面的纪律。

（3）情况通报的一般写法　情况通报的正文，关键在于对情况的掌握要确实、全面、充分。它的正文包括：

①叙述情况。

②分析情况，阐明意义。

③提出指导性意见。

（三）通报的作用

通报对下级和有关方面的指导作用重于指挥作用，主要是起到倡导、警戒、启发、教育和沟通情况的作用。具体作用是：

1. 嘉奖和告诫的作用　在一定范围内对具体的人和事表扬或批评，借以达到鼓励先进、弘扬正气或批评错误、打击歪风邪气的目的。表彰通报和批评通报对当事人的奖励或惩罚，具有行政约束力。

2. 交流作用　传达重要情况和知照事项的通报，能及时交流信息，上情下达，并能促进上下级之间、有关部门之间的相互了解。

【例文】

××市卫生局关于灾后新建医院投入使用后存在相关问题的情况通报

市属各医疗单位：

我市卫生灾后重建部分乡镇公立卫生院已竣工并陆续投入使用。局党组书记、局长×××同志带领局相关职能科室负责人对已投入使用的部分医院进行了巡察，发现部分医院存在责任意识不强、管理不到位、建筑物维护不科学、不规范、不到位的问题。现将存在的相关问题通报如下。

一、存在的主要问题

（一）巡查中发现部分医院未严格按照设计图纸和局相关部门确定的房间布置方案实施，随意变更业务用房布置。

（二）部分医院不注意墙面保洁。如注射室、治疗室墙面有大量配药污渍，过道墙面有打扫卫生溅上的污渍。

（三）部分医院临时性标识标牌造成墙面或门面影响。部分医院临时标识直接用胶水贴于墙上，扯下后留下表面涂层脱落、残缺。个别医院直接将标识贴于门上且大小、位置不一，影响美观。

……

二、产生问题的主要原因分析

（一）医院管理者重视不够、意识不强、管理素质低、监管不到位。

（二）规章制度不健全或执行落实不到位。

（三）对职工宣传、教育培训不到位，职工主人翁意识、爱护公物意识、保洁意识、规范操作意识不高。

（四）奖惩制度不完善、执行不力。

三、下一步工作要求

（一）各单位要高度重视、加强领导。

（二）各单位要完善相应的规章制度，狠抓落实和规范。

（三）各单位要积极开展职工教育和培训，不断提高职工素质和理念，提高主观能动性，提高自觉爱护公物和规范操作的能力、水平。

……

四、具体做好以下工作

（一）严格按照设计图纸和局相关部门确定的房间布置方案，合理安排业务用房。

（二）落实措施，对已有污渍及时处理，避免类似事件再次发生。

（三）临时标识标牌用透明胶贴于瓷砖上。

……

请各单位高度重视此项工作，按要求落实措施、及时整改。项目未投入使用的单位要引以为戒、超前谋划，确保投入使用的卫生项目科学、规范地运行。

××××年××月××日（印章）

【简析】该通报将存在的问题及产生的原因交待清楚，重点分析事故的原因，指出事故的性质及其危害，并对症下药，提出意见和建议。对下级的改进措施起到了重要的指导作用。同系统的单位之间及时交流信息，促进上下级之间、有关部门之间的相互了解。

三、通告

（一）通告的概念、特点、分类

1. 通告的概念　通告是在一定范围内公布应当遵守或周知的事项时使用的公文。通告不同公告，它主要用于有关单位开展业务工作需要。

2. 通告的特点

（1）规范性：通告所告知的事项常作为各有关方面行为的准则或对某些具体活动的约束限制，具有行政约束力甚至法律效力，要求被告知者遵守执行。

（2）业务性：常用于水电、交通、金融、公安、税务、海关等主管业务部门工作的办理、要求或事务性事宜，内容带有专业性、事务性。

（3）广泛性：告知范围广泛，适用范围也很广泛。不仅在机关单位内部公布，而且向社会公布。其内容可涉及社会生活各方面，因而各级机关、企事业单位、社会团体都可以使用。此外，通告的发布方式多样，可通过报刊、广播、电视公布，也可以张贴和发文，使公告内容广为人知。

3. 通告的分类

（1）周知性通告：传达告知业务性、事务性事项，一般没有执行要求，仅供人们知晓。

（2）规定性通告：公布国家有关政策、法规或要求遵守的约束事项，告知对象必须严格遵照执行，用于公布带有强制性的行政措施。为确保某一事项的执行与处理，它将提出具体规定，以要求相关单位与个人遵守。

（二）通告的格式和写作要求

通告的格式包含标题、缘由、通告事项、结语。

1. 标题

（1）"通告"。如遇特别紧急情况，可在通告前加上"紧急"二字。

（2）"关于×××的通告"。

（3）"×××关于×××的通告"。

（4）"×××的通告"。

2. 缘由　主要阐述发布通告的背景、根据、目的、意义等。通告常用的特定承启句式"为……，特通告如下"或者"根据……，决定……，特此通告"引出通告的事项。

3. 通告事项　通告事项是通告全文的核心部分，包括周知事项和执行要求。撰写这部分内容，首先要做到条理分明，层次清晰。如果内容较多，可采用分条列项的方法；如果内容比较单一，也可采用贯通式方法。其次要做到明确具体，需清楚说明受文对象应执行的事项，以便于理解和执行。

4. 结语　用"特此通告"或"本通告自发布之日起实施"表达。

（三）通报、通告、通知的异同

这三种文体都有沟通情况、传达信息的作用，但又有区别：

1. 所告知的对象不同　通报是上级机关把工作情况或带有指导性的经验教训通报下级单位或部门，无论哪种通报，受文单位只能是制发机关的所属单位或部门；通告所告知的对象是全部组织和群众，它所宣布的规定条文，具有政策性、法规性和某种权威性，要求人们遵照执行，一般都要张贴或通过电台、电视台等新闻媒体大力宣传；通知一般只通过某种公文交流渠道，传达至有关部门、单位或人员，它所告知的对象是有限的。

2. 制发的时间不同　通报制发于事后，往往是对已经发生了的事情进行分析、评价，通报有关单位，从中吸取经验教训；通告、通知制发于事前，都有预先发出消息的意义。

3. 目的不同　通报主要是通过典型事例或重要情况的传达，向全体下属进行宣传教育或沟通信息，以指导、推动今后的工作，没有工作的具体部署与安排；通知主要是通过具体事项的安排，要求下级机关在工作中照此执行或办理；通告公布在一定范围内必须遵守的事项，有着较强的、直接的和具体的约束力。

4. 作用不同　通报可以用于奖惩有关单位或人员，通知、通告无此作用。

【例文】

关于维护医疗机构正常医疗秩序的通告

为维护医疗机构正常的医疗秩序，保障医患双方合法权益，根据《中华人民共和国刑法》、《中华人民共和国治安管理处罚法》、《中华人民共和国执业医师法》、《企业事业单位内部治安保卫条例》、《医疗事故处理条例》等法律法规，特通告如下：

一、医疗机构是救死扶伤、保障人民生命健康的重要社会公共场所。禁止任何单位和个人以任何理由和行为扰乱医疗机构正常诊疗秩序，侵害患者合法权益，侵犯医务人员依法行医权利，危害医务人员人身安全，损坏医疗机构财物。

二、医疗机构及医务人员要树立以人为本理念，服务患者，维护患者的合法权益，严格遵守法律、法规和诊疗护理规范，提高诊疗技术水平，恪守职业道德，保障医疗安全。

三、医患双方要加强沟通，建立相互理解、相互信任的良好医患关系。医患双方发生医疗纠纷争议时，应当在医患双方都在场的情况下，由第三方封存或启封病历资料；医疗机构应向患方介绍诊疗情况及医疗纠纷的处理程序并认真、及时、妥善处理。患方与医疗机构商谈时，患方代表不得超过 3 人，患者及家属应依法按程序解决医疗纠纷。

四、任何单位和个人不得以医疗纠纷或者事故为借口在医疗机构内滋事。有下列行为之一，违反治安管理的，公安机关将依据《中华人民共和国治安管理处罚法》予以处罚；构成犯罪的，依法追究刑事责任：

（一）在医疗机构内寻衅滋事的；

（二）故意损坏医疗机构和医务人员财务的；

（三）侮辱、威胁、恐吓、殴打医务人员的；

（四）非法限制医务人员人身自由的；

（五）冲击或占据办公、诊疗场所，影响正常医疗、工作秩序的；

（六）在医疗机构内拉横幅、摆花圈、焚烧纸香、摆设灵堂等举行各种形式的祭祀活动的；

（七）围堵医疗机构大门和诊疗场所，限制人员和车辆出入的；

（八）抢夺尸体或拒不按规定将尸体移放太平间或社会法定停尸场所，陈尸要挟或滋事，经劝阻无效的；

（九）其他扰乱医疗机构正常医疗秩序的行为。

五、患者在医疗机构内死亡的，尸体必须按规定及时处理。传染病患者的尸体必须及时火化，其他病因死亡患者的尸体应立即移放太平间或社会法定的停尸场所。未经医疗机构允许，严禁将尸体停放在太平间以外的医疗机构内其他场所。死者家属对患者死因有异议的，可以在患者死亡后 48 小时内要求进行尸检，并按有关规定处理尸体。

本通告自发布之日起施行。

×× 市医疗纠纷预防与处置工作领导小组办公室（印章）

2011 年 10 月 12 日

【简析】该通告告知的对象是全部群众，条理清晰，层次分明。它所宣布的规定内容，具有行政约束力，并具备相当的权威性，告知群众必须严格遵照执行，并附带有强制性的行政措施。

第二节 请示、报告、批复、函

一、请示

（一）请示的概念、特点

1. 请示的概念 请示是下级机关请求上级机关对某一工作、事项给予指示、批准的上行文。

请示中涉及的事情是发文机关在职权范围内无法解决的；或者事关重大，为防止失误和慎重起见，需要上级机关了解并给予指示的；或是因无明确规定而难以处理的；或是对某些方针、政策、法规把握不准或有不同理解，希望上级给予解释、指示的等等。在上级机关对请示内容未做出答复前，发文机关一般不得擅自行动。因此，请示必须在工作、事情进行之前或采取措施之前，而且请示要求上级机关不管同意与否都必须及时给予批复。

2. 请示的特点

（1）一文一事，不可以在一个请示中请示两个或两个以上的问题或事项。

（2）不能多头请示，一般只报一个上级主管机关。如涉及其他机关，可用抄送的形式。

（3）一般不能越级，如果情况特殊，必须越级时，则应同时抄送被越过的机关。

（二）请示的格式和写作要求

请示的写作格式主要包括标题、发文字号、主送机关、正文、发文机关、发文日期等内容。如果有附件，则应在正文下面一行空两格处写明附件的件数和名称。有抄报机关的，应在末页下半部分写明。

首先交代请示事项或问题的背景、原因，然后提出请示的具体事项，最后用"妥否，请批示"、"当否，请批示"等常用语结束全文。

【例文】

关于成立"××市临床输血质量控制中心"的请示

××市卫生局：

为了进一步规范输血科学科建设，加强全省医院输血科质量管理，切实保证医疗质量和医疗安全，根据《中华人民共和国献血法》、《医疗机构临床用血管理办法》、《临床输血技术规范》和《山东省医院输血科、血库基本标准》，结合××市临床输血工作实际，我院制定了《××市临床输血质量控制中心建设方案》和《临床成分输血考核办法》，具备成立"××市临床输血质量控制中心"的条件。特申请在××市卫生局领导下，依托××市人民医院输血科及××市中心血站，成立"××市临床输血质量控制中心"。

质控中心的建立将有助于加强全市临床输血学科建设，并对全市临床输血质量进行规范、指导、监督、检查和考核。《献血法》颁布以来，××市无偿献血事业成绩卓著，血液来源的安全性大大提高。××市中心血站是我院唯一的供血机构，双方在合理输血、疑难血型、输血反应、输血后感染、新生儿溶血病检测等业务上多有合作。"××市临床输血质量控制中心"将充分利用天然的地理优越性，加强与省临床输血质量控制中心的合作，借助于省血液中心和××市中心血站强大的人才和技术力量，解决技术难题，加强专业培训，确保质控品质量。

卫生部临检中心委托北京医院进行全国输血相容性检测室间质评，全国各省也相继成立了省市级临床输血质量控制中心。××市作为全国无偿献血先进市，理应有与之相匹配的规范化的临床输血管理。因此，成立"××市临床输血质量控制中心"势在必行。

当否，请批示。

××市人民医院（印章）

2011 年 10 月 10 日

【简析】该请示格式整齐，文中请示的内容事关重大，为慎重起见，需要上级机关了解并给予指示，加以帮助。同时注意，在上级机关对请示内容未做出答复前，一般不得自作主张，更不可先斩后奏。该请示要求上级机关不管同意与否都必须及时给予批复。

二、报告

（一）报告的概念、特点、种类

1. 报告的概念 报告是下级机关或部门、企事业单位向上级机关或部门汇报工作、反映情况，答复上级机关的询问时使用的一种公文文种。它是党政机关和企事业单位、团体组织都广泛采用的重要上行文。

2. 报告的特点

（1）单向性：报告是下级机关向上级机关汇报工作、反映情况、提出建议时使用的单方向上行文，不需要上级机关给予批复。在这方面，报告和请示有较大的不同，请示具有双向性特点，必须有批复与之相对应，报告则是单向性行文，不需要任何相对应的文件。

（2）陈述性：报告在汇报工作、反映情况时，所表达的内容和使用的语言都是陈述性的。本单位遵照上级的指示，做了什么工作、怎样做的这些工作、取得了哪些成绩、还存在哪些不足，必然要一一向上级陈述。反映情况时，也要把时间、地点、人物、事件、原因、结果叙述清楚，向上级机关提供准确的现实性信息。即便是提出建议的报告，也要在汇报情况的基础上，才能深入一步提出建议来。

（3）事后性：在机关工作中，有"事前请示，事后报告"的说法。多数报告，都是在开展了一段时间的工作之后，或是在某种情况发生之后向上级作出的汇报。但建议报告没有时显的事后性特点，应该尽量超前一些，如果木已成舟，再提建议也是没有意义的了。

3. 报告的分类 报告通常分为：综合报告、会议报告、工作报告、情况报告、建议报告、答复报告、呈送报告、述职报告等。

（1）综合报告：是为使上级机关全面了解工作状况或有关情况而制发的报告。内容全面，带有工作总结的某些特征，是这类报告的特点。

（2）会议报告：是会议上陈述工作情况、提出问题和意见时使用的一种含有建议会议通过或报送上级机关参考的上行公文。

（3）工作报告：是在向上级机关汇报例行工作或临时性工作情况时使用的上行公文。

（4）情况报告：是在向上级机关汇报工作中发生或发现某些情况和问题时使用的上行公文。

（5）建议报告：是下级机关就工作中的重大问题和事项，专门向上级机关提出建议时使用的一种上行公文。

（6）答复报告：是针对上级机关的询问而汇报有关情况的一种上行公文。

（7）呈送报告：是向上级机关报送文件时加在前面的一种上行公文。

（8）述职报告：是领导干部依据自己的职务要求，就一定时期内的任职目标，向选举或任命机构、上级领导机关、主管部门以及本单位的干部群众，汇报自己履行岗位责任情况的书面报告。

（二）报告的格式和写作要求

1. 报告的格式 报告由标题、主送机关、正文、落款和日期等部分构成。

（1）标题：报告的标题有两种写法：一是"事由＋文种"的形式；二是"发文机关＋事由＋文种"的形式，如"××分行关于×××××的报告"。有的报告内容紧急，则在标题中的"报告"前冠以"紧急"字样。

（2）主送机关：行政机关的报告，主送机关尽量要少，一般只送一个上级机关即可。但行政机关受双重领导的情况比较多见，只报送其中一个上级机关显然不妥，因此，有时主送机关可以不止一个。

作为党的机关公文的报告，要按《中国共产党机关公文处理条例》第十二条的规定执行："向上级机关行文，应当主送一个机关。如需其他相关的上级机关阅知，可以抄送。"

（3）正文：报告的正文分引据、主体、结语三部分。

①引据：概括说明全文主旨，可用起句立意法。即一开始就简明扼要地将一定时间内工作的有关情况如依据、目的、总的行动及对整个工作的估计、评价等作一概述，以点明全文主旨。通常用"现将有关情况报告如下"承上启下，领起下文。

②主体：即报告事项部分，也是正文的核心，要叙述报告的具体内容。如果内容多、篇幅长，可采用分题式、分条式或两者相结合的方法进行叙述。对于工作报告，应将各方面工作的主要情况并列分段地一一加以表述，即阐明各方面工作的进展情况、主要做法、取得的效果等。再写明存在的主要问题和下一步工作意见，然后概括出基本经验。要以数字和事实说话，内容既翔实又概括。对于问题报告，侧重写明问题状况及其来龙去脉，分析问题产生的原因，说明其后果，并提出解决问题的方法和措施。对于答复报告，则应强调针对性，紧紧围绕上级的询问和要求，写清问题，表明态度，提出意见。

③结语：报告的结语应根据报告的不同内容采用与之相应的不同结语。常用的有

"特此报告"、"专此报告"、"请审核"、"请审示"、"以上报告，如有不妥，请指正"等。

（4）落款　即写上发文单位（加盖印章）和成文日期。

2. 报告的写作要求

（1）要总结出有规律的东西。写报告要用正确的立场、观点、方法对事实进行分析，从中总出一些带有规律性的东西。这些规律性的东西，无论是成功的经验，还是失败的教训，对今后工作都具有重要的指导意义。

（2）注意个体材料和整体材料的配合使用。报告的容量最大，涉及的材料众多，因此，在写作时一定要注意个体材料和整体材料的配合使用。尤其是综合报告，涉及的方面多，内容复杂，更要注意个体材料和整体材料的配合使用。有个体材料没有整体材料，会使报告零碎，缺乏整体印象，有整体材料没有个体材料，则会使报告内容空泛，缺乏力度和深度。

（3）报告所反映的情况要真实、具体。报告的用途是帮助上级机关了解下情，从而作出正确的决策。因此，写报告要做到如实地反映情况。如果报告反映的情况失实，就有可能影响上级机关决策的准确性和科学性。真实性是对公文写作的普遍要求，但鉴于目前有些报告存在着弄虚作假的现象，所以特别需要引起重视。起草报告的人员，要深入调查研究，尽可能亲自调查了解，掌握第一手材料，然后进行分析归纳，去伪存真。材料要具体，要有概括性的材料，也要有典型的具体事例。

（4）报告的立意要新。提炼主题，应该在占有大量材料的基础上进行分析研究，归纳出新颖的观点，从而形成主题。主题，即报告的主旨。在提炼主题和观点的过程中，要有敏锐的目光，发现新的有价值的材料，从新的角度、新的立足点去分析取舍材料，这样才能提炼出立意新的主题，反映出本质的、带规律性的问题。

（5）报告的重点要突出。报告的内容要根据主题的要求来安排，分清主次轻重，重点、主要方面的内容要安排在前面详细写；非重点的、次要方面的内容简略写；可写可不写的内容就不写。同时，要注意处理好点和面的关系，比如有典型的事例，也要有面上的综合性的情况，做到点面结合、眉目清楚、说服力强。

（6）报告中不得夹带请示事项。上级机关对报告不负答复责任，因此，报告中夹带请示事项会影响事项的处理。如有请示事项，宜另用请示文种行文。

（7）尽量把报告写短些。要想将报告写得简短，就要做到以下几点：

①应突出重点。

②要毫不犹豫地舍弃那些不能说明问题实质的一般材料。

③要善于综合归纳，从宏观着眼，总体上把握，把问题表述清楚。

④语言表达要做到简洁、凝练。

【例文】

××市人民医院关于治理商业贿赂问题的报告

××市卫生局：

上级转来××××委员会提出的关于治理商业贿赂状况的报告，经院领导研究，对报告中提出的有关问题及解决方案报告如下：

一、依法处理医药购销业务事项，自觉接受监督检查；

二、不以任何形式给予、索要、收受医药回扣等好处费；

三、不赠送、接受各种礼金、有价证券和贵重物品，不到对方单位报销应由个人支付的费用；

四、维护正常的医疗秩序，保证不以宴请、高消费娱乐、提供国（境）外学术活动等手段影响医生的用药选择权；

五、医药销售方给医疗机构的捐赠，保证严格按照《中华人民共和国捐赠法》的有关规定执行。

×× 市人民医院（印章）

×× 年 × 月 × 日

（三）请示与报告都属于上行文，都具有反映情况、提出建议的功用，但也有其明显的不同

1. 内容要求不同　请示的内容要求一文一事；报告的内容可以一文一事，也可以一文多事。

2. 侧重点不同　请示属于请示性公文，侧重于提出问题和请求指示、批准；报告属于陈述性公文，侧重于汇报工作，陈述意见或者建议。

3. 行文目的不同　请示的目的是请求上级机关批准某项工作或者解决某个问题；报告的目的是让上级机关了解下情，掌握情况，便于及时指导。

4. 行文时间不同　请示必须事前行文；报告可以在事后或者事情发展过程中行文。

5. 报送要求不同　请示一般只写一个主送机关。受双重领导的单位报其上级机关的请示，应根据请示的内容注明主报机关和抄报机关，主报机关负责答复请示事项；报告可以报送一个或多个上级机关。

6. 结束用语不同　请示的结尾一般用"当否，请批示"或"特此请示，请予批准"等形式，请示的结束用语必须明确表明需要上级机关回复的迫切要求；报告的结尾多用"特此报告"等形式，一般不写需要上级必须予以答复的词语。

7. 处理结果不同　请示属于"办件"，指上级机关应对请示类公文及时予以批复；报告属于"阅件"，对报告类公文上级机关一般以批转形式予以答复，但也没必要件件予以答复。

三、批复

（一）批复的概念、特点、种类、格式和写作要求

1. 批复的概念　批复适用于答复下级机关的请示事项。下级机关用请示向上级机关行文，上级机关即须以批复作出相应的答复。以批复的形式答复的请示事项，一般是比较重要但涉及面不是很广的事项。

2. 批复的特点

（1）专向性：批复对应请示行文，而不针对别的文种；批复的内容也针对着请示中的具体事项，与请示事项无关的内容则不涉及。

（2）针对性：上级机关答复下级机关的请求事项，往往是针对某一具体公文的具体问题作出的，一般不涉及其他问题。它是被动行文，不像指示是上级机关根据需要随时可以主动行文，且受文单位和内容具有广泛性。

（3）指令性：上级机关在批复里对政策所作的解释、提出的指导性意见以及表明的批准或不批准的态度，具有权威性和指令作用，下级机关必须遵照执行。

（4）政策性：批复是临时对请示事项所作的答复，答复不答复，都要以党和国家的政策为依据，要坚持原则，照章办事。

（5）单一性：批复单一性的特点体现在两个方面：一是发文对象的单一性。批复是一对一的下行文，是专门回复下级机关请示的，所以其受文对象就是请示单位。二是发文内容的单一性。请示是"一文一事"，批复则是"一文一答"。

（6）结论性：上级机关在批复中，必须作出明确、结论性的意见，写明"同意"或"不同意"，而不能含糊其辞，似是而非。下级机关收到批复，必须照此执行。

（7）时效性：上级机关收到下级机关的请示后，要及时答复，否则就会误时误事。有些机关采取的对"收到下级机关请示后一周内不予答复则可视为同意"的规定，就是强调时效性，以提高办事效率。

3. 批复的分类

（1）指示性批复：此类批复不但同意下级机关的请示，而且就请示事项的落实、执行或就事项的重要性、意义讲几点指示性意见，对下级的该项工作有指示作用。

（2）决定性批复：是批准下级机关的请示事项，作出行政决定的批复。

（3）解答性批复：是上级针对下级对法律、政策、规定、措施等的询问请示所做的批复，称为解答性批复。对有关法律、政策、法规的解答性批复，只能由授权或有权解释的单位制发。本单位无权解释的可逐级往上请示，直到有权做出解释的单位。对下级机关询问性请示的解答，是一件很严肃的事情。因这种解答对下级具有指示性，是下级办事的凭据，所以解答不能想当然，而要有政策、法律或上级有关文件作依据。这种解答性批复要及时。

（二）批复的格式和写作要求

1. 批复的格式

（1）标题和主送机关

①标题：批复的标题一般为"发文机关＋主要内容＋文种"的形式。不同的是，批复往往在标题的主要内容一项中，明确表示对请求事件的意见和态度，而一般公文标题中的主要内容部分一般只点明文件指向的中心事件或问题，多数不明确表示态度和意见。

②主送机关：批复的主送机关只有一个，即发出请示的下级机关。

（2）正文：这部分内容，由批复依据、批复事项、执行要求三部分组成。

①批复依据：批复依据主要涉及对方的请求和与请求事项有关的方针政策、上级规定。对方的请求是批复最主要的论据，要完整引用请示的标题并加括号注明其请示的发文字号，例如：你省《关于变更西宁市行政区域范围的请示》（青政〔1999〕49号）收悉。

　　本机关的上级的有关文件和规定是答复下级请示的政策和理论依据。可表述为：根据××关于××的规定，现答复如下。必要时，可标引上级机关的文件名、文件编号和条款序号。如果下级请示的事项在本机关的上级机关文件和规定中找不到依据，这样的标引文字便不需要出现了。

　　②批复事项：针对下级机关请示所发出的指示，做出的批准决定，以及补充的有关内容，都属于批复事项。如果内容复杂，可分条表述，但必须坚持一文一批的原则，不得将若干请示合在一起用列条的方式分别给予答复。

　　③执行要求：对要求下级执行的批复可写在结尾处，文字要简约。

2. 写作要求

　　（1）要注意针对性：由于批复具有很强的专向性。因此，批复的内容应紧紧扣住来文中请示的问题，给予指示或表明态度。答复问题要全面，不能只对部分请示事项作答复，而对其他部分不作表态。也就是说，要注意其针对性。

　　（2）要有鲜明的态度：上级机关的批复，无论是解释政策，还是审批事项，是同意，是不同意，还是部分同意，或是暂时不议，都要旗帜鲜明地表示态度，以便于下级机关有所遵循，据此开展工作。

　　（3）要有充分的理由：批复，无论是对有关政策做出解释，还是对求批事项表明态度，都要有充分的理由。所谓充分的理由，既可以是现行的方针、政策、法律、法规，也可以是客观条件、现实状况。

　　（4）要及时行文：领导机关应急下属机关之所急，接到请示之后，就要及时研究，及时批复，做到及时行文。

【例文】

对《关于进一步开展学习宣传张海迪活动的报告》的批复

共青团中央、中共山东省委：

　　中央同意你们《关于进一步开展学习宣传张海迪活动的报告》。

　　张海迪是在党和人民哺育下成长起来的新一代优秀代表。从张海迪身上，可以看到我国青年忠于祖国、热爱人民、朝气蓬勃、奋发向上的精神面貌。张海迪走过的道路，对一切愿意做忠诚的爱国主义者和共产主义者的人们，都具有普遍的教育意义。

　　中央殷切希望，全国人民特别是青少年深入地向张海迪学习。要围绕树立共产主义人生观这个根本问题，学习她百折不挠、乐观向上的生活态度，学习她渴求知识、刻苦自励的顽强毅力，学习她对社会尽责、为人民服务的献身精神。要努力用这种精神对待工作、学习、生活，顽强奋斗，锐意进取，为祖国作贡献，为人民作贡献。

中共中央（印章）

××××年××月××日

　　【简析】该批复旗帜鲜明地表示态度，同意下级机关的请示，并就请示事项重要性、意义谈了一些指示性的意见，对下级该项工作的实施具备理论上的指示作用。

四、函

(一) 函的概念、格式

1. 函的概念　函是不相隶属机关之间相互商洽工作、询问和答复问题；向有关主管部门请求批准和答复审批事项的行政公文。

2. 函的格式　函的格式，一般包括标题、主送机关、正文、落款四部分。

(1) 标题：函的标题，一般由发文单位、事由、文种等三个因素构成。

①由"发文机关＋事由＋文种"组成的标准式标题，如果是发函，标题上只需写明"××单位关于什么的函"即可；如果是复函，标题上则要写明来函单位要求答复什么问题的复函，如 2004 年 6 月 19 日《国务院关于同意长春市申办 2007 年第六届亚洲冬季运动会的复函》。正式的函，不管是发函还是复函，应标注发文字号。发文字号应按单位代号、年份、序号依次而写。

②由"事由＋文种"组成，如《关于申请列席飞行改革后勤保障现场会的函》。

(2) 主送机关：函的主送机关应写全称或规范化简称，顶格写。复函的主送单位即为来函机关，可以是平行机关、下级机关，还可以是上级机关。

(3) 正文：函的正文，一般由开头、主体、结尾、结语等部分组成。

①开头：主要说明发函的缘由。一般要求概括交代发函的目的、根据、原因等内容，然后用"现将有关问题说明如下："或"现将有关事项函复如下："等过渡语转入下文。复函的缘由部分，一般首先引叙来文的标题、发文字号，然后再交代根据，以说明发文的缘由。

②主体：这是函的核心内容部分，主要说明致函事项。函的事项部分内容单一，一函一事，行文要直陈其事。无论是商洽工作，询问和答复问题，还是向有关主管部门请求批准事项等，都要用简洁得体的语言把需要告诉对方的问题、意见叙写清楚。如果属于复函，还要注意答复事项的针对性和明确性。

③结尾：一般用礼貌性语言向对方提出希望。或请对方协助解决某一问题，或请对方及时复函，或请对方提出意见或请主管部门批准等。

④结语：通常应根据函询、函告、函商或函复的事项，选择运用不同的结束语。如"特此函询（商）"、"请即复函"、"特此函告"、"特此函复"等。有的函也可以不用结束语，如属便函，可以像普通信件一样，使用"此致"、"敬礼"。

(4) 落款：函的落款，一般包括署名和成文时间两项内容。署名机关单位名称，写明成文时间年、月、日；并加盖公章。

(二) 写作要求

(1) 开头：如是发函，开头简述发函的缘由和目的；如是复函，应以引述来函日期、函件名称或发文字号作起首语，如"××年×月×日（关于×××的函）收悉"，"你部〔×××××〕×号来函收悉"。

(2) 主体：是函的事项部分。如是发函，要写清楚商洽、询问或请示批准的主要事项；如是复函，要针对来函事项逐一郑重作答，要求具体、明确，不能不置可否或答非所问。

（3）结尾：结语要干净利落，或重申致函目的，或要求对方有所行动。发函告知对方，多用"特此函告"、"专此函达"；去函要求对方回复的，可用"盼复"、"即请回复"、"请予支持，并盼复"、"请研究回复"、"以上意见，请予函复"、"希见复为盼"、"特此函达，请复"等；复函一般用"此复"、"专此函复"等。

（4）落款：落款要标注发文单位和日期。发函的落款，写发文单位和日期，并加盖公章，复函写复函单位名称、日期并加盖公章。有的函还写明抄送单位名称。

【例文】

××县人民医院关于尽快完成住院部大楼工程的函

××院〔××××〕35 号

县卫生局：

　　根据 9 月 4 日县政府组织召开的关于尽快完成住院部大楼建设方案评审会专家意见，我院住院部大楼的建设须尽快完成，以改善住院患者现有的住宿条件。另，根据县委政府的安排，春节前将对相邻的市政道路进行路面硬化。由于时间紧迫，现特函请你局督促施工单位于一周内完成××路段（从××××至××××）场平工程，以便我院组织施工单位对××路段边坡进行施工。

　　请予支持，并盼复。

××县人民医院（印章）

××××年×月×日

主题词：县人民医院完成住院部大楼工程函
抄报：县政府，××副县长，××副指挥长。
发：县一中、县华南建筑公司。
××县人民医院办公室×年×月×日印
校对：××（共印×份）

第三节　会议纪要、会议记录

一、会议纪要

（一）会议纪要的概念、特点、种类、格式和写作要求

1. 会议纪要的概念　会议是社会组织最常见、最普遍的管理工作形式。会议纪要是会议的工具。所谓纪要，就是记录要点和基本精神。会议纪要应如实地、概括地将会议的议程、议题、会议文件、会议结果等加以综合，反映会议的基本情况、主要内容、议决的重要事项。因此，会议纪要是在党政机关、人民团体、企事业单位等的公务活动中产生的，既可以上呈又可以下达，但是主要用于指导下级机关单位执行会议议决事项。这就是说，会议纪要是下行文。

2. 会议纪要的特点

（1）纪实性：会议纪要必须是会议宗旨、基本精神和议定事项的概要纪实。对会议内容不能随意更改和增删，所记内容必须真实。如果材料失真，将会给贯彻执行会议精神造成困难，影响会议纪要的效力。

（2）概括性：会议纪要应以精炼的文字高度概括会议的主要内容和精神，充分反映会议内容中主要的、集中的、突出的、有倾向性的意见（包括有关结论和决定的主要内容），这样，对下一步工作才有真正的指导作用。要防止主次不分，甚至主次颠倒的情况，以免会议精神得不到如实的贯彻。

（3）条理性：会议纪要的内容不仅仅是简单的情况介绍，还要有必要的议论分析，讲清道理，才能对工作产生启发指导作用。这就需要对会议讨论事项进行综合分析和整理加工。所谓条理性，即对会议议决意见，分类别，有层次，讲顺序，加以归纳。同时，表达形式上也应语言简洁，意思明确，切忌冗长。

（4）并行性：这是指会议纪要在行文上的特点。会议纪要行文方式独特：如果报送上级，就必须使用报送报告；如果印发下级，则要使用通知。这一点，类似于发布令和被发布法规、批转性通知和被批转公文的情况。但是，会议纪要在行文中不是附件（附件往往是普通公文、技术公文或者专业公文），而是与报告或者通知合二为一，作为一份公文使用。

3. 会议纪要的分类　按照内容和性质，会议纪要大致可分为行政例会纪要、工作会议纪要和座谈会议纪要三类。

（1）行政例会纪要：是领导机关召开办公会议或行政例会时，根据会议研究决定的问题所形成的书面材料。

（2）工作会议纪要：是社会社会组织召开专门性的工作会议，研究一些重大理论和实际问题得到共识，就共同研究的意见、办法所形成的书面材料。

（3）座谈会纪要：是为解决某个主要问题，召集某些有代表性人员参加，通过座谈讨论，形成比较一致的意见，然后将会议情况和讨论问题加以概括、整理而形成的书面材料。

4. 会议纪要的格式和写作要求　格式写法：

（1）标题：会议纪要的标题有三种形式：

①机关名称＋会议名称＋文种。如《××市人民政府第×次办公会议纪要》，这一类标题的写法多为例行会议纪要常用的标题形式。

②会议名称＋文种。如《全国卫生工作会议纪要》、《××××座谈会纪要》。

③正副标题。如《探讨新时期文学的发展——中国当代文学研究会第二次学术讨论会纪要》，正标题反映会议的主要精神和内容，副标题反映会议名称和文种。

（2）正文：会议纪要的正文，一般包括三部分：

①前言（导语）：这一部分概述会议的基本情况，主要交代会议的召开单位、时间、地点、参加人员及主要议程。有的还要交代召开会议的动因和目的，主要领导同志的活动情况及会议产生的意义和作用等等。

②主体：这一部分讲述会议的主要内容，是会议纪要的核心，要求准确简明地写

出会议讨论的问题及结果、会议议决的事项、今后工作的指导思想、工作步骤、采取的措施等。这一部分的写作一般采用以下三种方式：一是概述式。即把会议讨论的内容、发言的情况综合到一起，概括地叙述出来。一般日常行政工作会议，讨论的问题比较集中，意见较为一致，概括地把会议的主要内容叙述出来即可。此类会议纪要常采用这种写法。二是归纳式。有些会议比较重要，规模比较大，讨论问题比较多，需要把会议讨论的许多问题和意见，按内在逻辑顺序，归纳为几个方面或者几个问题，比较完整系统地写出来，以突出会议的中心和主旨。较大型的会议多采用这种写法。三是发言摘要式。即按会议发言的顺序，将每个人发言的主要意见归纳整出来，以反映会议讨论的过程和会议结论的产生过程。这种写法能如实地反映各人的不同看法。一些讨论会、座谈会、研讨会的会议纪要常常采用这种写法。

③结尾：有的提出希望和要求，发出号召，要求有关单位认真贯彻会议精神，努力完成会议提出的各项任务。有的则不写结尾，会议的主要内容分述完了，全文也就自然结束。

写作要求：

（1）掌握会议情况：写作会议纪要之前，最重要的是阅读会议性公文，了解会议有关情况。

（2）突出会议主题：会议主题往往是会议纪要的主旨，或者主旨所在。这就一定要把握和领会会议主题。在把握主旨这一会议纪要的核心之后，还要有重点、有条理、有详略地写作。

【例文】

××××医院医务会议纪要

时间：×年×月×日

地点：院七楼会议室

参会人员：×××、××、××、×××、××、××、×××……

主持：××

秘书：×××

××院长传达市临床路径培训会议精神汇报及我院路径管理、单病种质量管理工作的要求：

1. 入组率；完成率；变异率等等。统计分析是重点，费用分析（对比分析与同行同期相比），平均住院日分析（对比分析）

2. 病种的选择，医院病种的前10位，科室的前5位。

3. 五个汇报科室病种的临床路径要参照台湾版的模式尽快修改，明天汇报。其他科室的路径一定要按照卫生部的要求落实（县医院必须开展的路径病种已经发给了各科，各科必须开展）。

……

其次，×××副院长传达市医疗质量精细化管理培训会议精神，主讲人为××大学×××博士，题目为"医疗质量安全和医患沟通微观精细管理"。

当前的医疗形式要求各个医疗机构必须加强对医护人员的技能管理，对医护人员进行标准化、职业化的控制，医疗风险人人知道并能预防、防范医疗风险。医护人员的风险大部来自患方，但也来自本身。现在全国在大面积的清算回扣，比如：浙江、广东、江苏等省市，举例：主任A/B。医疗风险：记忆性知识：如药品，患者都懂的适应症和禁忌症（上网一查），可是我们的专家却不知道，比如：有一个劳模住院，是哮喘，使用一种止喘药，患者用完后眼睑充血、红肿、揉眼睛，护士解释是红眼病，到第二天诊断是青光眼，导致双目失明。要求护士发现病情时一定要报告医生，另一方面加强专业技能的培训。

......

最后要求了一下三级医院需要强调落实的问题：

各科简报没有完成的今天必须完成：

护理等级、营养医嘱要在病程记录中有描述；饮食医嘱由主管医生来执行并通知患者；护士配合。

流产后到患者离院前要有记录；

......

开具的处方必须有"体重"无论门诊还是病房。

统一给药时间：

从明天开始各个科室与部门必须保证所有执行都符合三级医院要求，各科病历必须按照内、外、儿、妇的标准病历进行书写，科主任、病案管理者真正负起责任来。在入院证上填写病室及床位号。

【简析】该会议纪要简洁明确地写出会议讨论的问题及结果、会议议决的事项、今后工作中采取的措施等。比较完整系统，高度概括会议的主要内容和精神，充分反映出会议中主要的、突出的意见，也包括有关决定的主要内容，对下一步工作具备真正的指导作用。

二、会议记录

（一）会议记录的概念、格式和写作要求

1. 会议记录的概念　会议记录，是开会当场把会议的情况，如发言人姓名、会上的报告内容、讨论的问题、与会者的发言、通过的决议等如实地记录下来的书面材料。会议记录有"记"与"录"之分。"记"又有详记与略记之别。略记是记会议大要，会议上的重要或主要言论。详记则要求记录的项目必须完备，记录的言论必须详细完整。若需要留下包括上述内容的会议记录则要靠"录"。"录"有笔录、音录和影像录几种，对会议记录而言，音录、像录通常只是手段，最终还要将录下的内容还原成文字。笔录也常常要借助音录、像录，以之作为记录内容最大限度地再现会议情境的保证。

2. 会议记录的格式和写作要求

（1）格式：标题，会议目标，主席名字，缺席及出席人名单应列在会议记录起头处。

使用列点或简短的一段文字，写明人数与会议主要内容。

工作分派情形及完成日期记录无误。

通过此决议的评估标准（如有必要）。

会议记录者应与主席共同修正会议记录者错误的部分。

将此份会议记录发送给与会者。

会议记录的详细内容包括两个部分：

第一部分，是记录会议的基本情况。主要有：会议的名称、开会的时间、地点、出席人、列席人、主持人、记录人。这些内容要在宣布开会前写好。至于出席人的姓名，会议人数不多，可一一写上。会议人数多，可以只写他们的职务，如各校正副校长、教导主任；也可只写总人数。如是工作例会，可只写缺席人的名字和缺席原因。

第二部分，是记录会议的内容。它是会议记录的主要部分。主要有：主持人的发言、会议的报告或传达、与会者讨论发言、会议的决议等。内容的记录，有摘要和详细两种：

①摘要记录：一般会议只要求有重点地、扼要地记录与会者的讲话和发言，以及决议，不必"有闻必录"。所谓重点、要点，是指发言人的基本观点和主要事实、结论。对一般性的例行会议，只要概括地记录讨论内容和决议的要点，不必记录详细过程。

②详细记录：对特别重要的会议或者特别重要的发言，要作详细记录。详细记录要求尽可能记下每个人发言的原话，不管重要与否，最好还能记下发言时的语气、动作表情及与会者的反应。如果发言者是照稿子念的，可以把稿子收作附件，并记下稿子之外的插话、补充解释的部分。

（2）写作要求：会议记录就是把会议的基本情况、报告、发言、决议等内容记录下来，帮助我们今后了解情况。会议记录是进一步研究工作，总结经验的重要材料。因此会议记录要求：

①真实、准确：要如实地记录别人的发言，不论是详细记录，还是概要记录，都必须忠实原意，不得添加记录者的观点、主张，不得断章取义，尤其是会议决定之类的东西，更不能有丝毫出入。真实准确的要求具体包括：不添加，不遗漏，依实而记；清楚，首先是书写要清楚，其次，记录要有条理。突出重点。

②要点不漏：记录的详细与简略，要根据情况决定。一般地说，决议、建议、问题和发言人的观点、论据材料等要记得具体、详细。一般情况的说明，可抓住要点，略记大概意思。

③始终如一：始终如一是记录者应有的态度。这是指记录人从会议开始到会议结束都要认真负责地记到底。

④注意格式：格式并不复杂，一般有会议名称和会议基本情况。基本情况包括：时间、地点、出席人数、主持人、缺席人、记录人。会议内容，这是会议记录的主要部分，包括发言、报告、传达人、建议、决议等。

凡是发言都要把发言人的名字写在前。一定要先发言记录于前，后发言记录于后。记录发言时要掌握发言的质量，重点要详细，重复的可略记，但如果是决议、建议、问题或发言人的新观点要记具体详细。

【例文】

××中心医院办公会议记录

时间：一九××年×月×日×时

地点：院办公楼五楼大会议室

出席人：×××、××、××、×××、××、××、×××……

缺席人：××、×××、××……

主持人：院党委书记×××

记录人：办公室主任×××

主持人发言：（略）

与会者发言：××…………………………………………………………
………………………………………………………………………

散会

主持人：×××（签名）

记录人：×××（签名）

（本会议记录共×页）

（三）会议纪要与会议记录的区别

会议纪要有别于会议记录，二者的主要区别是：第一，性质不同：会议记录是讨论发言的实录，属事务文书。会议纪要只记要点，是法定行政公文。第二，功能不同：会议记录一般不公开，无须传达或传阅，只作资料存档；会议纪要通常要在一定范围内传达或传阅，要求贯彻执行。

目标检测

1. 通知、通报、报告、请示的概念是什么？

2. 批复和函的写作格式是什么？

3. 会议纪要和会议记录有什么异同点？

4. 开学了，代表学校给全体同学下一个通知，召开各班班长和学习委员开会，内容是关于新学期班级工作安排，时间、地点自定。

5. 写一份请示，你作为班委请求班主任组织一场活动，活动内容自定，时间、地点自己斟酌。

6. 写一份会议记录，根据班主任召开的班会进行详细记录。

第四章

医用事务类文书写作

学习目标

1. 了解计划、总结、规章制度、简报、调查报告、启示、声明等医用事务类文书的概念。
2. 学习和掌握以上医用事务类文书的格式和写法。
3. 会写各类医用事务类文书。

第一节 计划、总结

一、计划

计划是党政机关、社会团体、企事业单位和个人，预先对未来一定时期内的工作、生产、学习或任务做出安排的一种应用文。

（一）计划的种类

计划种类多种多样，适用范围广泛，情况千差万别。计划虽然从总体上说都是为实现未来的某一个目标而制定的，但从实践中看，各种计划都有各自的特点，大体上可以分为以下几种类型。

第一种计划是长期的，带有全局性、方向性的打算，通常称为纲要、规划。这种计划可以是三年、五年，也可以是十年、二十年。如《北京市国民经济和社会发展第十二个五年规划纲要》、《上海市"十二五"时期卫生发展改革规划》等。它的特点是时间长，涉及范围广，内容综合性强，而且富于纲领性、理想性和鼓舞性。

第二种计划又称方案、意见。这种计划一般是由上级领导机关提出，向所属单位布置工作、交代任务、提出要求。如《烟台市2010－2011年医药卫生体制改革方案》、《南京医药卫生职业技能（护理）比赛实施方案》等。它的特点是内容比较全面而且原则性的意见较多。

第三种计划是我们平时所说的计划、打算、安排。这种计划一般适用于一个单位或个人。内容都是针对某项工作任务，如生产、学习、宣传等内容制定，侧重于工作的步骤和方法，限期完成，可以以年、季、月、周为单位。如《北京中医药大学2007

年博士后招收计划》、《医药卫生体制五项重点改革 2011 年度主要工作安排》等。它的特点是时间较短，使用范围小，内容具体细致，有完成期限，使用最广泛。

第四种计划叫设想，是内容比较粗略的初步打算，或者是尚不十分成熟、只供参考的意见和预想，需要进一步讨论和征求意见后才能正式定为计划。如《济南××学校学生会换届工作设想》、《首都改造基本设想》等。它的特点是对工作任务粗略的、非正式的安排。

工作计划的种类极多，常见的有按计划的性质分：学习计划、工作计划、经营计划、开发计划等；按计划的范围分：国家计划、部门计划、单位计划、个人计划等；按计划的内容分：综合计划、专题计划等；按计划的时间分：规划、年度计划、月计划等。

（二）计划的作用

制定计划对于单位和个人做好工作有非常重要的作用，《礼记·中庸》中提到"凡事预则立，不预则废"，说的是要出色完成任务，必须先有计划，把目标具体化，明确该做什么、为什么做、怎么做，才能有步骤、有秩序地完成任务。

1. 减少盲目性，增强自觉性　制定计划的目的是明确工作目标、任务、工作步骤和方式方法。能使人心中有数，克服工作中的盲目性，增强工作的自觉性。

2. 掌握工作主动权，克服被动　制定计划可以预先估计到工作中可能会遇到的困难和问题，提前应对，从而掌握工作的主动权。

3. 便于检查、监督和总结　制定计划可以在工作中掌握工作进度，衡量工作效果，及时调整和改进工作，使工作更好地完成。作为上级或领导者，可以根据计划检查和指导工作，而且也有利于对照计划进行总结。

（三）计划的格式和写法

计划一般没有固定的格式和写法。可以采用叙述性的文字表述，也可以采用条文式表述，还可以采用表格的形式表述，或者把上述两种情况综合运用，既有文字叙述，又有表格。

1. 条文式计划　一般分为标题、正文和落款三部分。

标题：计划的标题有以下几种写法：完整的标题一般要写明制定计划的单位、时间期限、内容范围、文种。其中，内容范围、文种是最基本的要素。如《北京××学校 2002 年度工作计划》。有时也可以将单位名称和时限省略，如"健身计划"、"复习计划"等。

正文：这是计划的主体部分。包括前言、主体和结尾三个部分。前言是计划的总纲，简明扼要地说明制定计划的指导思想、依据，上级的要求，本单位的工作实际情况等。常见写法："根据……，结合本单位实际，特制定计划如下："。主体是计划的关键部分，包括任务和要求、措施和步骤等内容，任务和要求要明确写出做什么，内容少可以集中写，内容多，可采用分条列项的方法写。常见写法：

目标任务：要明确规定做什么。

措施办法：主要说明怎么做，应写明先做什么、后做什么。

步骤程序：主要写采用何种方法、怎么分工、由谁来完成、完成的时间等。

另外，有些计划的主体部分还要写出应注意的问题，计划实施的检查、评比、修改计划的具体方法等。可写在条文里，也可以专列一段来写。

结尾：一般写努力的方向，也可以不写结尾。

落款：正文的右下方，写明单位名称、日期。若标题上出现单位名称，此处可不再重复。上报、下达的计划，还应在抄报栏中写明，同时加盖公章。

2. 表格式计划 表格式计划由表格和文字说明构成，内容与条文式计划基本相同，但表格式计划的目标更具体、程序性更强。

【例文1】

×××医院2012年文明创建工作计划

根据创建全国文明城市工作要求，我院认真贯彻落实上级的有关部署和要求，以邓小平理论和"三个代表"重要思想为指导，用构建和谐医院，总揽文明创建工作全局。通过创建省级文明单位，巩固和扩大党员先进性教育活动成果，推动各项工作迈上新台阶，全面提高我院三个文明建设水平。特制定计划如下：

（一）目标步骤

创建工作要做到机构健全，制度完善，任务明确，责任落实，措施有力，稳步推进，共同力争2012年成功创建全国文明城市。

今年的创建工作分三个阶段进行：

第一阶段：2012年2月至4月，制定方案、宣传发动阶段。要修改、制定创建方案、年度计划及责任分解表，组织学习讨论，利用各种有效形式做好宣传发动工作。

第二阶段：2012年5月至7月，逐项落实、全面创建阶段。对照省级文明单位的标准和要求，按照政府的统一部署和年度工作计划，逐项落实分解责任。

第三阶段：2012年8月至2012年9月，查漏补缺、迎接评审阶段。政府对文明创建工作进行检查，提出整改意见。有关科室和个人采取有效整改措施，完成创建任务，确保顺利通过创建文明城市的评审。

（二）主要任务

1. 努力加强自身建设

领导班子带头加强学习，实现政治理论学习的经常化、制度化、规范化。充分发扬民主，严格执行民主集中制。坚持和完善单位重大事项集体研究、民主科学决策的制度。按照一级管一级的原则，严格落实党风廉政建设责任制，认真遵守廉洁自律的各项规定。深化干部人事制度改革，培养一支积极向上，努力工作的干部队伍。积极开展"五好党支部"创建活动。

2. 稳步提高业务水平

提升医疗技术水平。按照"医疗技术更精深、医疗设备更优化、服务态度更优质"的总体要求，不断提升医疗水平，提高服务质量。

提升管理水平。强化科室内部管理，进一步完善对在职职工的绩效量化考核。加强党性锻炼，切实改进医风。

提升服务水平。增强医疗临床职工为患者服务的意识。加强对其他辅助员工的教育、培训和管理。

3. 扎实开展创建活动

要按照创建文明城市的评选要求，结合我院实际，制定切实可行的创建规划。

大力推进科室和个人文明形象建设，美化办公环境，培育团队精神，做好本职工作，规范言行举止，严格遵章守纪，夯实创建基础。

积极开展争当文明科室、文明医生、文明护士活动，有关部门要制定工作方案，加强日常考核，把这一活动引向深入，务求取得实效。

4. 努力构建和谐医院

严格落实各项社会治安综合治理措施，健全值班巡逻制度，消除安全隐患，确保医院安全，杜绝重大治安案件和安全事故。严格落实卫生防疫制度，加强公共卫生监督管理，杜绝食物中毒事故。抓好计划生育工作，杜绝计划外生育。健全矛盾纠纷化解机制，做好突发事件应急处置预案。确保我院综合治理的优化。

5. 开展学习文体活动

认真学习、贯彻胡锦涛总书记提出的以"八荣八耻"为主要内容的社会主义荣辱观。加强对职工进行政治理论知识和业务技能学习，年内要安排一次办公自动化知识培训，组织电脑操作和普通话朗颂比赛。严格学习制度，形成全员学习，终身学习，勤于学习，乐于学习的良好风尚。

×××医院（印章）

2012 年 1 月 6 日

【简析】这是一则条文式计划，标题、正文、落款齐全。前言说明计划的制定依据。主体部分包括目标步骤和主要任务两个部分，目标步骤又分三个阶段进行，使目标更加明确。主要任务从五个方面入手，任务具体、措施切实可行，是标准的条文式计划。

【例文2】

2012 年上半年英语四级考试复习计划

时间	阶段	目标	复习任务
2月初~3月底	第一阶段	1. 提高对英文的理解能力，培养用英语思维的习惯 2. 扩展词汇量，熟记考试核心词汇，并争取记住一词的多义 3. 了解长难句的分析方法和长难句中的语法知识点	1. 每天阅读两篇文章，并把其中的生词查懂，记住 2. 每天听30分钟的听力材料 3. 坚持每天写英文日记

续表

时间	阶段	目标	复习任务
4月1日~5月24日	第二阶段	1. 巩固加强英语基础 2. 加强对历年真题的理解，多练习，多反思、多积累 3. 了解考试要求、大纲要求、学习方法、考试流程 4. 掌握做题方法和技巧	1. 准备10套真题，3天复习一套 2. 真题复习第二轮 3. 每天拿出整理的短语句子记忆复习 4. 真题听力每天反复听，直到自己能够熟练的跟读每一个单词 5. 坚持每天早上朗读半小时英语，可以使用听力原文
5月25日~考试前	第三阶段	模拟考试，冲刺高分	1. 按照正式考试要求做模考题，然后自己着手分析错误的题目 2. 坚持每天早上朗读半个小时英语，可以使用原文 3. 准备常考几类作文的范文和常用句进行背诵 4. 坚持每天练习听力30分钟 5. 建议在此阶段一开始自己修改自己的作文，可以了解自己的水平，加强复习和准备

【简析】这是一则个人英语四级复习表格式计划，复习阶段、目标、任务清楚明确，切实可行，适合个人依照计划内容有步骤的复习。

（四）写好计划应注意的问题

（1）制定计划是一件政策性、实践性都非常强的事情，尤其是制定工作计划，一定要认真学习党和国家的有关方针政策，了解上级意图，以便对工作全局有清醒的认识，知道该做什么，能做什么，不能做什么。

（2）制定计划要在实事求是的基础上，高瞻远瞩，事先对未来工作的进程，可能发生的问题，目标的实现有所预测和安排，使工作有条不紊地按计划进行。

（3）制定计划要遵从从群众中来，到群众中去的原则。要充分征求群众意见，计划制定出来后再经过研究、修改，得到认同，以利于实施。

（4）计划制定之后还要经过实践检验，在执行过程中不断加以修订、补充和完善，使计划的目标、步骤和方法更科学，符合事物发展的客观规律。

二、总结

总结是党政机关、社会团体、企事业单位和个人对过去某个时期、某个阶段、某个方面已经完成的工作进行回顾分析研究、从而找出规律性的认识，用以指导今后工作的应用文。它的应用范围很广，不论是机关、团体还是个人，在工作之前往往需要先制定计划，然后在经过工作实践后进行总结，可以说计划是工作的"头"，总结是"尾"。计划解决准备做什么和怎么做，总结则要回答做了什么，怎么做的，做的效果如何。

（一）总结的特点

1. 实践性 总结是把个人或单位的工作进行回顾、检查，从而总结出经验和教训用以指导下一步工作。总结的材料来自于实践，观点也是从实践中提炼出来的，实践性强这个特点决定撰写工作总结时要把工作的主要步骤、过程、情况、变化都要扼要的反映出来。

2. 理论性 总结是为了把实践中获得的大量零散的、表面的感性认识上升到理论的层面，揭示工作的规律，以指导今后的实践。因此，撰写总结不能就事论事，必须带有说理性，从取得的成绩中概括出成功的经验，从存在的问题中分析出经验和教训，从而对今后的工作起指导和借鉴作用。

3. 经验性 总结是从理论的高度总结经验和教训。这一特点要求撰写总结必须按照实践是检验真理的唯一标准的原则，去正确地反映客观事物的本来面目，找出正反两方面的经验，得出规律性认识，用以指导工作，这样才能达到总结的目的。

（二）总结的种类

由于工作性质、内容、范围、时间、角度不同，总结的种类也不同。按照内容分：可以分为工作总结、学习总结、思想总结等；按照时间分：可以分为年度总结、季度总结、月份总结等；按照范围分：可以分为地区总结、部门总结、单位总结、个人总结等；按照性质分：可以分为综合性的总结、专题性的总结等。综合性总结是对单位或个人的整体情况进行多方面、全方位的总结。专题性总结是针对某项工作或某个方面进行深入的总结。

（三）总结的格式和写法

总结一般分为标题、正文、落款三个部分。

1. 标题 大多采用两种形式。一种是陈述式，类似公文标题，由单位名称、时限、内容、文种组成。如《北京××学院 2012 年工作总结》、《××学校教务处 2011 年工作总结》，这四部分可已根据实际情况有所省略。另一种是文章式，常用于专题性总结，标题中不出现总结字样，但内容体现总结的性质，常常用双标题形式，正标题点明文章的主旨或重心，副标题具体说明文章的内容和文种。如《大力加强专业建设 提高师生综合素质——××学院 2012 年工作总结》。

2. 正文 正文由前言、主体、结尾组成。

前言：总结的开头部分，主要简明扼要地概述工作的基本情况。包括单位名称、工作性质、主要任务、时代背景、指导思想，以及总结目的等，为总结主体的展开作好铺垫。具体写法有：概括介绍情况，可以先提出结论，还可以用提问、对比等方法。

主体：这是总结的关键部分。主要写取得的主要成绩、存在问题、今后努力方向；以叙述为主，可以直接写，也可以设置小标题或序号。成绩和经验是总结的重点，这部分要写的有理有据，通过翔实的材料，切实、明确地把经验总结出来。存在的问题须写的简明扼要，要在准确上下工夫。究竟存在什么问题，今后应如何努力，只有找准了才能写出中肯的有启发性的意见，为今后计划的制定打下基础。

结尾：结尾是对正文的收束，应在总结经验教训的基础上，提出今后努力的方向、任务和措施，表明决心、展望前景。这段内容要与开头相照应，篇幅不应过长。如在主体部分已将这些内容表达过了，可以不写结尾。

3. 落款 落款由单位名称和时间组成，一般用于年度总结和常规性的总结。

【例文1】

××学校2009年工作总结

2009年，我校在市卫生局的正确领导下，以邓小平理论和"三个代表"重要思想为指导，深入贯彻落实科学发展观和党的十七届四中全会精神，积极推进"学校管理年"建设，锐意改革创新，努力开拓进取，学校各项工作取得了长足进展，教育教学质量和师生素质不断提高，学校办学实力不断提升。现将一年的工作总结如下：

一、学习实践科学发展观，引领学校发展

……

二、以评促建，提升学校办学特色和优势

……

三、强化教学管理，提高教学质量

……

四、强调全员育人，推动学生工作

……

五、拓宽就业渠道，稳定办学规模

……

六、科学管理见成效，各项工作上水平

……

……

总之，在全校教职工的共同努力下，学校各项工作合理有序开展，取得了很多成绩。但是，在取得成绩的同时，我们还应看到目前存在的问题和不足。今后，我们要进一步解放思想，开拓创新，拓宽专业，加强非学历教育培训；进一步完善后两年临床管理体系，稳定办学规模，全面提升学校办学实力。

【简析】这是一篇单位工作总结，采用陈述式标题，由单位名称、时限、内容和文种构成。正文包括前言、主体和结尾三个部分。主体部分内容较多，采用条文式写法，从几个方面总结了全年工作中取得的成绩，是一般工作总结的常见写法。结尾在总结经验教训的基础上，提出今后努力的方向、任务和措施，表明决心、展望前景。

（四）写好总结需要注意的问题

（1）一定要实事求是，成绩不夸大，缺点不缩小，更不能弄虚作假。这是分析、得出教训的基础。

（2）条理要清楚。总结是写给人看的，条理不清，人们就看不下去，即使看了也不知其所以然，这样就达不到总结的目的。

（3）要剪裁得体，详略得当。材料有本质的，有现象的。有重要的，有次要的。写作时要注意有详略之分，该详的要详，该略的要略。

第二节 规章制度

规章制度是国家行政机关制定或发布的行政法规性文件的总称。包括章程、条例、规定、办法、细则、规则、制度、守则、公约等，是在一定范围内管理、约束和规范有关人员的言行，建立正常的公务、工作、学习的秩序而制定的应用文体。

（一）规章制度的特点

（1）规章制度具有强制性特点，因为它是兼有行政公文和法律性质的文体，一经公布，所涉及的部门和人员就应该照章办事不得违反。

（2）规章制度具有针对性特点。规章制度的制定是针对某项工作内容或人群，约束该范围内的人与事。

（3）规章制度具有严密性特点。制定规章制度要注重逻辑的严谨性，做到条分缕析，无懈可击。

（二）规章制度的作用

（1）规章制度是以党和国家的方针政策、法律条文为依据，使其条文化、具体化，以保证党和国家方针政策的贯彻实施。

（2）制定规章制度是为了维护国家机关、社会团体、企事业单位工作、生产、学习和生活的正常秩序而制订出的管理法规。规章制度是在一定范围内约束和规范人们的行为，要求有关部门和有关人员严格遵守，照章办事。

（三）规章制度的格式和写法

规章制度种类繁多，内容要求也很不同，但基本的格式和结构有共同之处。一般是由标题、正文和签署三部分组成，采用先总写后分述的条文式结构。

1. 标题　由发文机关、事由、文种三部分构成，也可以由事由和文种两部分组成。如《北京市公共场所禁止吸烟的规定、预防性健康检查管理办法、医疗机构管理条例实施细则》，如果该规章制度为"暂行"、"试行"或"草案"，应在标题中标明。

2. 正文　多采用条文式，一般有以下两种写法：

（1）章条式：根据需要将全文分成若干章，每章又分为若干条，条目序码不受章的约束，连续编排，称"章断条连"。内容由总则、分则、附则组成。总则就是序言，是开头部分，主要叙述性质、任务、目的、意义等总原则。分则是主体，由具体实施条款组成，这是规章制度的实质性部分，所占篇幅比较大，除了按章、条来写外还可以用小标题，然后再分章、分条、分款。附则又称附文，是对主体部分的补充，可以对适用范围、生效日期、修改、解释权限等进行说明。附则可以独立成章，也可以按照条目排在最后写出。

（2）条目式：采用总分式，先写个序言，总述一下制定的目的、意义、依据等总原则，然后再分条分项写。

3. 签署　标明发布机关的名称和发布时间。有两种形式：一种是用括号标明，置于标题之下。一种是在正文之后的右下方签署。如果标题之下已经写清楚发布单位了，正文之后可以不再签署，只写时间即可。

【例文】

护士管理办法

(1993 年 3 月 26 日卫生部令第 31 号发布，1994 年 1 月 1 日起施行)

第一章　总　则

第一条　为加强护士管理，提高护理质量，保障医疗和护理安全，保护护士的合法权益，制定本办法。

第二条　本办法所称护士系指按本办法规定取得《中华人民共和国护士执业证书》并经过注册的护理专业技术人员。

第三条　国家发展护理事业，促进护理学科的发展，加强护士队伍建设，重视和发挥护士在医疗、预防、保健和康复工作中的作用。

第四条　护士的执业权利受法律保护。护士的劳动受全社会的尊重。

第五条　各省、自治区、直辖市卫生行政部门负责护士的监督管理。

第二章　考　试

第六条　凡申请护士执业者必须通过卫生部统一执业考试，取得《中华人民共和国护士执业证书》。

第七条　获得高等医学院校护理专业专科以上毕业文凭者，以及获得经省级以上卫生行政部门确认免考资格的普通中等卫生（护士）学校护理专业毕业文凭者，可以免于护士执业考试。获得其他普通中等卫生（护士）学校护理专业毕业文凭者，可以申请护士执业考试。

第八条　护士执业考试每年举行一次。

第九条　护士执业考试的具体办法另行制定。

第十条　符合本办法第七条规定以及护士执业考试合格者，由省、自治区、直辖市卫生行政部门发给《中华人民共和国护士执业证书》。

第十一条　《中华人民共和国护士执业证书》由卫生部监制。

第三章　注　册

第十二条　获得《中华人民共和国护士执业证书》者，方可申请护士执业注册。

第十三条　护士注册机关为执业所在地的县级卫生行政部门。

第十四条　申请首次护士注册必须填写《护士注册申请表》，缴纳注册费，并向注册机关缴验：

（一）《中华人民共和国护士执业证书》；

（二）身份证明；

（三）健康检查证明；

（四）省级卫生行政部门规定提交的其他证明。

第十五条　注册机关在受理注册申请后，应当在三十日内完成审核，审核合格的，予以注册；审核不合格的，应当书面通知申请者。

第十六条　护士注册的有效期为二年。护士连续注册，在前一注册期满前六十日，对《中华人民共和国护士执业证书》进行个人或集体校验注册。

第十七条 中断注册五年以上者，必须按省、自治区、直辖市卫生行政部门的规定参加临床实践三个月，并向注册机关提交有关证明，方可办理再次注册。

第十八条 有下列情形之一的，不予注册：

（一）服刑期间；

（二）因健康原因不能或不宜执行护理业务；

（三）违反本办法被中止或取消注册；

（四）其他不宜从事护士工作的。

第四章 执 业

第十九条 未经护士执业注册者不得从事护士工作。护理专业在校生或毕业生进行专业实习，以及按本办法第十七条规定进行临床实践的，必须按照卫生部的有关规定在护士的指导下进行。

第二十条 护理员只能在护士的指导下从事临床生活护理工作。

第二十一条 护士在执业中应当正确执行医嘱，观察患者的身心状态，对患者进行科学的护理。遇紧急情况应及时通知医生并配合抢救，医生不在场时，护士应当采取力所能及的急救措施。

第二十二条 护士有承担预防保健工作、宣传防病治病知识、进行康复指导、开展健康教育、提供卫生咨询的义务。

第二十三条 护士执业必须遵守职业道德和医疗护理工作的规章制度及技术规范。

第二十四条 护士在执业中得悉就医者的隐私，不得泄露，但法律另有规定的除外。

第二十五条 遇有自然灾害、传染病流行、突发重大伤亡事故及其他严重威胁人群生命健康的紧急情况，护士必须服从卫生行政部门的调遣，参加医疗救护和预防保健工作。

第二十六条 护士依法履行职责的权利受法律保护，任何单位和个人不得侵犯。

第五章 罚 则

第二十七条 违反本办法第十九条规定，未经护士执业注册从事护士工作的，由卫生行政部门予以取缔。

第二十八条 非法取得《中华人民共和国护士执业证书》的，由卫生行政部门予以缴销。

第二十九条 护士执业违反医疗护理规章制度及技术规范的，由卫生行政部门视情节予以警告、责令改正、中止注册直至取消其注册。

第三十条 违反本办法第二十六条规定，非法阻挠护士依法执业或侵犯护士人身权利的，由护士所在单位提请公安机关予以治安行政处罚；情节严重，触犯刑律的，提交司法机关依法追究刑事责任。

第三十一条 违反本办法其他规定的，由卫生行政部门视情节予以警告、责令改正、中止注册直至取消其注册。

第三十二条　当事人对行政处理决定不服的，可以依照国家法律、法规的规定申请行政复议或者提起行政诉讼。当事人对行政处理决定不履行又未在法定期限内申请复议或提起诉讼的，卫生行政部门可以申请人民法院强制执行。

第六章　附　则

第三十三条　本办法实施前已经取得护士以上技术职称者，经省、自治区、直辖市卫生行政部门审核合格，发给《中华人民共和国护士执业证书》，并准许按本办法的规定办理护士执业注册。本办法实施前从事护士工作但未取得护士职称者的执业证书颁发办法，由省、自治区、直辖市卫生行政部门根据本地区的实际情况和当事人实际水平作出具体规定。

第三十四条　境外人员申请在中华人民共和国境内从事护士工作的，必须依本办法的规定通过执业考试，取得《中华人民共和国护士执业证书》并办理注册。

第三十五条　护士申请开业及成立护理服务机构，由县级以上卫生行政部门比照医疗机构管理的有关规定审批。

第三十六条　本办法的解释权在卫生部。

第三十七条　本办法的实施细则由省、自治区、直辖市制定。

第三十八条　本办法自 1994 年 1 月 1 日起施行。

【简析】这是一则护士管理办法，内容采用章条式结构，根据需要将全文分成总则、考试、注册、执业、罚则、附则六章，每章又分为若干条，条目序码不受章的约束，连续编排，内容清楚明确，便于执行，是规章制度常见写法。

（四）写好规章制度应该注意的问题

（1）要符合国家的法律法规和政策。规章制度是党的方针政策的具体体现。制定规章制度要以国家的法律法规为依据，使其条文化，具体化，以保证方针政策的贯彻执行。

（2）内容要具体明确，语言表达严谨、准确、简洁、规范，不能出现前后矛盾和有歧义，便于执行。

（3）规章制度的制定是有权限的，不能超越权限和越级制定。

第三节　简　报

简报顾名思义就是简要的工作情况报告。是机关或单位传递某方面信息的简短的内部小报。"简"是指简报的内容简明扼要，文字简洁精炼，用很少时间就能从中获得大量信息；"报"指简报是一种内部小报，它有刊名（简报、简讯、动态、内参），有编辑（一般由办公室文秘人员编写），有发行对象（上下级单位，平级单位），有编发的日期，具有报纸的特点，是日常事务文书中使用普遍，数量最大，品种最多的一种。

（一）简报的作用

1. 汇报作用　一般下级单位用简报形式汇报工作，反映存在的问题，让上级及时掌握下面的工作进展和各种动态，以便更好地指导工作，同时也为上级机关制定方针政策提供可靠的依据。

2. 交流作用 简报可以在同级单位之间互通情报。通过简报提供情况，沟通工作情况，起到互相促进，加强协作，促进了解的作用。上级机关可以把简报转发给有关单位，以供参考、借鉴。简报制作单位可以把简报发给兄弟单位，以利于相互了解和交流。

3. 指导作用 上级可以通过简报及时向下级传达重要精神、政策、决定，向下级部署工作任务，提出一些指导性意见。这种指导作用通常采取两种方式：一种是选登一些重要讲话和材料，引起关注，了解精神实质。一种是转发带有普遍意义的简报，在转发时加上按语，通过按语表明态度、倾向，使下级有所遵循，起到指导工作的目的。

（二）简报的特点

简报的作用决定了它的特点，可以概括为"真实、简明、快速、新颖"

1. 真实 简报的内容要真实准确，引用的数字、事实都要经过核实。不能用主观想象代替事实，不弄虚作假。

2. 简明 简洁明快是简报的本质特征。简报内容要问题集中，重点突出，最好一文一事。形式上文字要简短，一般不超过 2000 字。结构上做到条理清楚，布局严谨。语言要简洁凝炼，不说空话、套话。

3. 快速 简报要快速、灵活、具有时效性。快捷主要体现在迅速反应现实上。内容要有预见性，要跟上时代步伐，无论是新的经验、动态，还是错误倾向的端倪，都要快速反应出来。也就是发现问题要快，撰写制作要快，印发要快。

4. 新颖 简报具有新闻的特点，只有善于捕捉新情况、新问题、新经验、新动态并迅速把它反映出来，才能给人借鉴和启发。

（三）简报的类型

常见的简报有三种：一是会议简报，主要反映会议交流、进展情况；二是情况简报，反映人们关注的问题，供机关领导参考；三是工作简报，报告重大问题的处理情况以及工作简报。

（四）简报的格式

简报一般由报头、正文和报尾三部分组成。

1. 报头 由简报名称、期数、编发单位、日期组成，下面有一条横线。

简报名称一般用套红印刷的大号字体。如有特殊内容而又不必另出一期简报时，就在名称或期数下面注明"增刊"或"××专刊"字样。

期数。可写在名称下一行，用括号括上。

编发单位。编发单位名称左起顶格写在横线上，要用全称。

编发日期。用阿拉伯数字写在与编发单位平行的右侧，下面，用一道横线将报头与正文隔开。

有的简报需要保密，秘密等级写在左上角，也有的写"内部文件"或"内部资料，注意保存"等字样。

2. 正文 即简报所登载的文章，是简报的核心部分。写法是多种多样的，形式也较灵活。但每篇简报都有这几项内容。包括标题、导语、主体、结果和穿插在叙述中的背景材料。

（1）标题：类似新闻的标题，要揭示主题，简短醒目。

（2）导语：通常用简明的一句话或一段话概括全文的主旨或主要内容，给读者一个总的印象。导语的写法多种多样，有提问式、结论式、描写式、叙述式等。导语一般要交待清楚谁（某人或某单位），什么时间，干什么（事件），结果怎样等内容。

（3）主体：是对导语的解释、补充、展开和深化。一般用足够的、典型的、有说服力的材料，把导语的内容加以具体化。写法有两种：一是时间顺序，按事实发生、发展、结束的顺序安排结构。二是逻辑顺序，根据事物的内在联系组织材料、安排层次和段落。

（4）结尾：或指明事情发展趋势，或提出希望及今后打算。如果主体部分已经把事情说清楚，那就不必再结尾了。

（5）背景材料：即交代对人物、事件起作用的环境条件和历史情况。背景可以穿插在各个部分。

3. 报尾 在简报最后一页下部，用一横线与正文隔开，横线下左边写明发送范围，在平行的右侧写明印刷份数。

【例文1】

北京市百姓宣讲活动

工 作 简 报

第 63 期

市百姓宣讲工作领导小组办公室　　　　　　　　　　　　2012 年 11 月 6 日

工作动态

【宣传系统：百姓宣讲团走进北京日报新闻采编中心宣讲】

近日，"迎接党的十八大'党在百姓心中'百姓宣讲活动市新闻媒体专场报告会"在北京日报新闻采编中心报告厅举行。本场报告会由百姓宣讲团第一分团做精彩演讲，由北京日报副总编辑郑京湘同志主持，市委讲师团崔耀中同志出席并讲话，来自市属新闻媒体的 170 余名记者和职工参加。

现场观众在感言中写到："这次演讲活动非常贴近我们的生活，让我们看到了党员的先锋模范作用。其实，一面党旗就是一部历史，就是一首战歌。注视着党旗，我被她庄严而神圣的形象所感动；注视着党旗，我仿佛看到革命先辈前赴后继英勇奋斗，为了理想慷慨赴死的鲜血和生命！前辈擎起的旗帜传到我们手中，我们用誓言、用奉献、用忠诚，才能保持党旗那迷人的鲜红。忆往昔峥嵘岁月，展未来任重道远。我们要与时俱进，胸怀祖国，认真学习，让那镰刀和锤头在我们炽热的目光中，变得更加娇艳动人，让那高高飘扬的党旗鲜红如火！"

【市卫生局：百姓宣讲团走进北京安贞医院宣讲】

近日，北京市迎接党的十八大"党在百姓心中"百姓宣讲团第二十三分团北京天坛医院宣讲团走进北京安贞医院，为200多名医务工作者带来了一场精彩的宣讲。

北京天坛医院医生宣讲团是北京市卫生系统评选出来的十佳宣讲团，也是北京市十佳基层百姓宣讲团。此次报告会是宣讲员在卫生系统巡回宣讲的第4场。报告会由北京安贞医院党委副书记、纪委书记程军主持。

北京天坛医院神经外科贾文清医生首先宣讲《榜样的力量》，讲述著名神经外科专家赵雅度教授精勤不倦的大医风范，影响他励志从医的故事；郭伟的《一杯青稞酒》诠释了援藏医生与拉萨人民的杯酒浓情；放射科沈宓讲述了高培毅主任炼就一双慧眼，避免一次儿童脑瘤误诊手术的发生，他精湛的医术，臻于至善，体现了放射科医生的价值与意义；邸飞医生讲述见证老师张俊廷主任勤学苦练手术技巧，尽心竭力挽救患者生命的医者仁心；刘晓楠述说两年前一个真实的故事，25岁患脊髓恶性肿瘤的小吴和医务人员一起携手与死神抗争，在住院两年半的时间里与医务人员建立起了深厚的感情，虽然年轻的生命逝去，仍谱写了一曲医患情深，鼓励医者继续前行，不辍探索。

5位宣讲员用真实而平凡的故事，传递出医务工作者的仁心仁术，传达出大爱无疆，使在场的听众产生了强烈共鸣，会场内不时爆发出热烈的掌声。

宣讲结束后，程军副书记作了总结发言。他指出，5位宣讲员讲述的真人、真事、真感情源于他们亲历、亲闻、亲为，故事感人至深，催人奋进，生动展现了北京市卫生系统医务工作者与患者间的血肉深情，并希望全院职工能够学习宣讲中的好人、好事，以实际行动积极践行北京精神，为医院发展奉献力量，以优异成绩迎接党的十八大胜利召开。

在场的医务工作者纷纷表示，作为医务工作者要为捍卫人民健康、守卫生命安全付出努力，在新医改不断推进的今天，要为人民群众带来更好的健康服务，做到爱院、爱岗、爱患者，为医患和谐做出贡献。（市卫生局宣传处供稿）

（内容略）

报：×××

送：×××

发：×××

市百姓宣讲工作领导小组办公室编

校对人：××× 审核人：×××   （共印60份）

【简析】这是一则工作简报。主要是为配合百姓宣讲团活动而编发，内容截取了百姓宣讲团成员走进宣传系统、卫生系统进行宣讲的情景，以及百姓宣讲团精彩的宣讲所产生的影响和教育作用。通过编发简报便于相互沟通信息，及时交流活动动态，有利于推动工作的开展。此类简报有极强的阶段性、专题性和时效性。

【例文2】

北京市卫生系统创先争优活动
简 报
第 173 期

北京市卫生系统创先争优活动领导小组办公室　　　　　　　2012 年 8 月 21 日

疾控战线上的尖兵

——记北京市疾病预防控制中心消毒与有害生物防制所所长佟颖

"7·21"特大自然灾害发生后，在半个多月的时间里，北京市疾病预防控制中心消毒与有害生物防制所所长佟颖同志作为北京市消毒与有害生物防制专家组成员，每天奔波于全市各个重灾区。佟颖同志舍小家为大家，带领她的团队，运用她所学的消杀防疫知识背景和多年工作经验，在全市有效指导和开展了消毒与病媒生物控制工作，取得了明显效果，为实现"大灾之后无大疫"的工作目标做出了突出贡献。

临危受命，指导全市灾后消毒及病媒生物防制工作

7 月 22 日清晨还没起床，佟颖同志接到北京市疾病预防控制中心值班室电话，通知她 9 时去房山区受灾最严重的乡镇查看卫生情况。接到通知后，她立刻想到，洪水之后消毒工作是防疫工作的重中之重，是确保大灾之后无大疫的关键，而房山区疾控中心由于消毒与病媒生物控制专业人员很少，技术力量较薄弱，一定正在焦急地等待市疾控中心给予技术指导。于是她顾不上吃一口家里已经准备好的早饭，快速设想了一下洪水灾后应该采取的防疫措施，先在家简单起草了一份《北京市水灾消毒及病媒生物控制技术原则》，然后驱车从位于西五环的家中赶往单位。这份文件在水灾刚发生初期作为应急工作方案，对指导全市各区县疾控中心开展消杀工作发挥了重要作用。7 月 23 日，她又结合灾区实际以及应急储备情况，制定了详细的技术文件《北京市水灾消毒及病媒生物控制技术指南》，提出了安全有效、简单可行的现场消毒及病媒生物监测与防制的技术方案，并组织国家级专家组对指南进行了可行性论证，作为"金标准"及时下发给各受灾区县疾控中心，指导专业人员开展水灾后消毒与病媒生物防制工作。技术指南的制定，为全市开展灾后防疫工作顺利开展，提供了科学有效的指导。

身先士卒，一线靠前指挥外环境消毒工作

灾后消杀的重点区域是垃圾站、厕所灭蚊蝇、灭鼠，以及室内消毒。农村厕所多为没有冲水系统的旱厕，平时厕所味道就比较大，被洪水冲刷后的旱厕粪便都浮在地面，空气异常闷热，发出刺鼻的霉味，一进厕所，眼睛就被臭味刺激得直流眼泪。佟颖同志平时非常爱干净，但此时为了查看厕所卫生状况，顾不得讲究，一捂鼻子就钻

进厕所，仔细查看每一处的消杀效果。就这样，从7月24日至30日，她每天奔波于房山、丰台和门头沟重灾区的大小厕所和垃圾站，对每一处卫生隐患都进行了认真评估，掌握了受灾地区消杀工作的准确情况，并有针对性地提出工作建议和指导意见。那一段时间，她每天回家第一件事就是脱下所有衣服先去仔细地洗澡，洗完澡坐在家里都会隐隐觉得周围萦绕着旱厕味道，连婆婆都不爱坐她开的车子了，总觉得车里有臭味儿。她苦笑着对我们说："谁让咱干上了消杀工作，就是哪儿脏奔哪儿去呀，我是所长，又是党员，现在还被选上了北京市的党代表，肯定得带头干，尽快做好灾后的消杀工作，绝对不能出现传染病疫情，这是根本。"

舍小家顾大家，体现一名共产党员的无私情怀

"7·21"暴雨发生前，在美国独自读高中的女儿刚刚回国，已经一年没有见到女儿的佟颖特别想好好陪陪女儿，她特地加班把手头工作赶着做完，向领导请了年假，并定好母女俩7月27日至8月4日去福建旅游的往返机票和酒店。然而特大自然灾害来袭后，她悄悄打电话给旅行社取消了报名，让女儿一个人参团去福建。望着靠在自己胸前撒娇的女儿，她揪心的疼，只好强忍不舍地对女儿说："妈妈不去，你可以锻炼一下独立处理问题的能力。"

7月27日晚，当她拖着疲惫的身体从房山灾区回到家里，发现婆婆有点不对劲，走路晃晃悠悠地差点摔倒，一问才知道，原来婆婆已经低烧近一周了，因为看她工作太忙，都没有忍心跟她讲。听了婆婆的诉说，她心里特别惭愧，但同时也非常着急，因为她爱人正在山东挂职工作，女儿又刚刚去了福建，第二天虽然是星期六，但单位已经停休2周了，况且她已经答应好一个记者安排了采访，心想着要赶快向更多的受灾群众宣传洪水灾后消毒的知识，号召大家共同参与，群防群治，才能有更好的消杀效果。无奈之下，她只好狠心通知还在山东工作的爱人，让他28日乘最早一班高铁赶回北京，带着母亲去看病。她说："自己家里的事怎么都能克服，我们疾控工作者面对的是整个人群，保护大家都不生病才是疾控人的责任与使命。"

报：×××

送：×××

北京市卫生系统创先争优领导小组办公室编

（共印100份）

【简析】一项大的中心工作开始，简报立即跟上。这则简报正文采用了新闻式写法，主标题概括文章内容，揭示主题。副标题做补充、说明。正文采用小标题形式，讲述了佟颖同志在北京"7·21"暴雨灾害后忘我工作的先进事迹，层次清晰，利于读者掌握内容要点。结尾意尽言止，没有单设结尾。

（四）写作注意事项

（1）简报抓要害，抓主导，抓全局性、指导性的问题，抓问题的核心、关键。因为它是结合中心工作来编写的，所以简报的作者要站在单位领导的高度、全局的高度去观察事情、分析问题。

（2）简报内容必须真实、准确，要做到简报所选用的任何材料，包括人名、地点、时间、情节、数字、引语、因果关系等等，都完全准确无误。不允许对那些心理活动、环境、气氛等无形的事实搞"合理想象"。否则，就会造成不良后果。

（3）简报要简明扼要，一目了然。简报的写作必须注意做到简短、明快，用尽可能少的文字说清楚必须说明的问题。要一稿一事，不贪大求全。一份简报只抓住一个问题，不要求面面俱到。如果简报所涉及的内容较多，可以把想说的问题进行归纳、提炼，抓住最能反映事物性质的东西做主题，重点来写，其他则一概省去。

（4）注意围绕主题精心挑选典型事例。撰写简报之前，必须对材料进行分析研究，精心选择能够表现主题的材料。凡与主题无关的材料，即使再好，也必须舍弃。另外选择材料还要注意选择具有代表性的典型材料，做到不堆砌，不罗列，不雷同，少而精。

（5）简报是属于内部资料，内容主要反映本单位的情况和问题，为单位内部交流的资料，阅读范围为本系统、本单位职工，所以要求简报的写作要有针对性。

第四节　调查报告

调查报告是根据调查研究的成果写成的反映事物客观规律的书面报告。调查报告是兼有新闻性、评论性的事务性文书，它的前提条件是必须建立在实地调查的基础上。调查报告的内容是反映规律性的认识，形式是书面的文字材料。它的用途十分广泛，可以在单位内部使用，也可以在报纸刊物上发表。

（一）调查报告的特点

1. 真实性　调查报告内容具有真实性、客观性，是在占有大量现实和历史资料的基础上，用事实说话。如果离开了事实，就不能正确反映客观事物的本来面貌，正确结论就无从得到，调查报告也就失去了存在的意义。

2. 针对性　从调查报告的内容看，调查报告的目的性、实用性很强。所调查的内容有比较明确的意向，相关的调查取证都是针对和围绕某一综合性或是专题性问题展开的。

3. 严肃性　调查报告离不开确凿的事实，但又不是材料的机械堆砌，而是对核实无误的数据和事实进行严密的逻辑论证。所以在语言表达上有一定的严肃性，要求观点明确，表达干净利落，语言质朴实在。

（二）调查报告的种类

调查报告的内容广泛，表现形式多种多样，按照不同的标准和角度划分，可以分为很多种类。有的按内容分，包括社会调查、人物调查、事件调查、经济调查等；有的按调查范围分，包括专题调查、综合调查等；有的按性质分，包括典型经验调查、揭露问题调查等。我们按照既要全面准确地反映调查报告的写作实际，又便于掌握它的写作原则，按照调查报告的性质和反映的基本内容为依据，把它分为以下几种类型：

1. 典型经验的调查报告　是通过发掘某一地区、某一单位、某一企业成绩突出的先进单位或个人，把他们具有代表性的做法、体会和成功经验反映出来，引导大家学习或借鉴。这类调查报告跟工作通讯中那些以反映工作成绩为主的类型有些类似。它们的区别在于调查报告重在调查，特别注重对调查过程和调查所得数据的叙述和列举。

2. 揭露问题的调查报告　是通过对社会中存在的各种弊端、丑恶现象和不良倾向的调查，以揭示这一问题的种种现象和深层原因为主要目的的调查报告。这类调查报告的主要功能是揭露和批判，以引起社会舆论和有关部门的警觉和注意，使人明辨是非，从中吸取教训。

3. 反映情况的调查报告　这是使用非常广泛的一类。就是通过深入、系统的调查研究，反映某方面问题的基本情况。这类调查报告需要客观真实地反映情况，选择对社会发展有重大影响、社会普遍关心的问题，以便为有关部门决策提供依据或针对所反映的问题提出建议。

（三）调查报告的格式和写法

调查报告一般由标题、引言、主体、结尾四个部分组成。

1. 标题　一篇调查报告是否引起读者注意，标题很重要。对标题的总体要求是切题、醒目、简练。通常有三种写法：

（1）单行标题：类似公文标题，由调查对象、事由和文种构成。如《医科大学生阅读兴趣调查》，《216例糖尿病患者接受教育情况初步调查》，《关于卫生教育在防治近视工作中的效果的调查》。

（2）文章式标题：具体方式灵活多样，点明调查的观点或内容。可以用问题作标题，如《儿童究竟需要什么电视节目？》；可以显示作者自己的观点，如《国产动画片很难收复失地》，《PM2.5可增加心血管病死亡率》；可以直接叙述事实，如《面对庞大的失学群》，《倦怠影响内分泌医师的生活方式》等等。

（3）双行标题：双行标题由正副标题组成，其中正标题一般采用常规文文章标题写法，副标题则采用公文式写法。正标题揭示主题，副标题由调查对象、调查内容和文种组成。如《关于农村新型合作医疗保险的调查报告——山东省高唐县农村新型合作医疗制度实施情况调查》。

2. 引言　调查报告的引言一般要简明扼要地交待调查的目的，说明基本情况，揭示文章的主要内容。常见的写法有以下几种：

（1）提问式：这种开头针对性强，态度明确，以提问的方式开头，以引起人们强烈的兴趣，极富吸引力。

（2）叙述式：这是最常使用的一种。从调查的目的写起，简要交代调查的目的、时间、地点、对象、范围和主要内容，使读者在入篇时就对调查的过程和基本情况有所了解。

（3）论断式：开头就开宗明义，把调查者得出的结论摆出来，理论性很强。

3. 主体　这是全文的核心。总体要求是主次分明、详略得当、先后有序、条理清楚。这部分的材料丰富、内容复杂，在写作中最主要的问题是结构的安排。常见的结构有三种：

（1）并列式：是在调查的事物综合性强，面比较宽的情况下，按照事物的不同性质进行归纳，在小标题或序号下分别写出的一种结构形式。

（2）纵式：是按照事物发展的前后顺序，循序渐进地组织材料，层层深入的一种结构方式。这种方式主要适用于内容较集中的调查报告。

（3）综合式：主要是把以上两种写法交错使用，也叫纵横式写法。

4. 结尾 调查报告常在结尾部分显示作者的观点，对主体部分的内容进行概括、升华，深化主题。常见的写法有下述四种：总结式结尾，总结全文，得出结论，升华主题；号召式结尾，提出要求，展示前景；启示式结尾，提出问题，引人思考；建设性结尾，提出意见、建议、办法等，以利于指导今后工作。也可以意尽言止，不单设结尾。

【例文】

护理学专业本科生实习期心理健康状况调查

护理学专业本科生经过四年的理论学习进入临床实习，不仅是将理论应用于实践的学习过程，同时也是步入社会这一复杂环境的过渡阶段。大学校园的生活环境和社会关系较为简单，步入社会后，竞争激烈的就业市场和社会环境将对大学生产生很大的冲击，从而造成一定的心理困惑。护理实习生即将走向工作岗位，因此，调查此时期护生的心理健康状况，对护生从学生到一名工作者的角色转变进行科学的心理指导，对护生更能胜任将来的工作有很大意义。

1 资料与方法

1.1 一般资料

本次调查的对象为在我院实习护理学专业本科生52名，年龄22～25岁，均已修满全部护理学专业课程的学分，并圆满结束实习任务。

1.2 方法

1.2.1 研究工具及评分标准 采用国际上常用的症状自评量表（SCL-90）[1，2]作为评定心理健康水平的工具。本量表共90个条目，分为5级评分。1＝从无，2＝轻度，3＝中度，4＝相当严重，5＝严重。采取统一指导语，要求被试者根据自身情况选择每个条目影响自己的程度。选取常用的躯体化、强迫症状、人际关系敏感、抑郁、焦虑、敌对、偏执等7个因子。因子分越高，说明该项心理症状越明显，因子分在2～5分的说明该项有程度不同的心理问题。

1.2.2 调查方法 向受试者说明调查的目的和方法，采用不记名方式进行问卷调查并收集资料。发出问卷52份，剔除2份填写不完整问卷，收回有效问卷50份，回收率96.15%。

1.2.3 统计学处理 将50份问卷整理计算，得出数据后进行t检验。

2 结果

2.1 两组心理健康状况比较

护生组各因子分均高于常模组，差异有显著性（t＝2.24～6.50，$P < 0.05$、0.01）。（表略）。

2.2 护生组SCL-90因子分≥2分人数分布

主要心理问题按人数多少依次为抑郁、人际关系和强迫、躯体化、焦虑等共19

人，其中抑郁9人（18%）；人际关系和强迫5人（10%）；躯体化3人（6%）；焦虑2人（4%）。

3 讨论

本次调查结果显示，护理本科生在实习期间SCL-90中躯体化、强迫、人际关系、抑郁、焦虑、敌对性、偏执7个因子分均显著高于全国青年常模，差异有统计学意义。因子分≥2分者19人，说明护理本科生在临床实习期间的心理健康总体水平较差，且有19人存在着7个因子项中轻重不同的心理问题。

3.1 分析原因

3.1.1 自身特有的原因 作为新时期高等院校大学生，正处于情绪波动的高峰期和自我意识发展的新时期，而身心发展的快速变化易带给人心理上的困惑和不适。护理专业学生处在一个纯女性的生活环境，社会、学校和家庭环境往往对女生关心和保护偏多，导致了女性感情细腻，谨小慎微且胆小、敏感、内向的性格特点。女生又多爱要面子、羞涩腼腆，有些人在出现心理问题时不爱向老师咨询或向同学倾诉。受自身特有的生理和心理特点的影响，在一定程度上影响了护生们的心理健康。

3.1.2 环境改变的影响 实习生从学校走向医院，是向将来社会角色转换的过渡期，学校生活较为单一，走向医院后，密切接触患者及家属，工作繁重、节奏紧张，责任重大。由于其还处于学习阶段，技术操作不熟练，经验不足，理论尚不能很好地应用于实践，所以在实习工作中普遍存在紧张、害怕出错等心理问题，这就导致护生出现身心疲劳，出现紧张、焦虑的心理状态。

3.1.3 就业压力 在实习期间，职业选择是一个需要迫切解决的现实问题。过去大学生就业由国家统一分配，只要进了大学就等于进了保险箱，而现在则是自主择业，双向选择。我国高等护理教育虽然起步晚，但最近几年得到飞速发展，各医学院校大都设置了高护专业，毕业生的大幅度增加无疑给学生就业带来了竞争压力。护生对毕业后前途担心而焦虑，求职中面试失败、考研成绩不理想等情况更加促进了护生心理问题的激化，如不能很好适应和不断地调节自己，心理平衡就无法维持。

3.1.4 人际关系 协调和处理护理实践中的人际关系是护理人员必须具备的基本技能之一。实习护生经过四年的大学生活，已经能很好地处理人与人之间的关系。但是学校里的社会关系较为简单，容易处理，进入临床实习后，人际关系变得复杂起来，护生需要密切接触患者及家属、医生、护士及其他医院工作人员，刚刚进入医院环境时，面对患者不知该说些什么，因此在实习操作中一言不发的现象十分常见，这些都会带来心理上的困惑与不适。

3.1.5 专业心理矛盾 专业心理矛盾是指大学生对自己所学的专业持不喜爱态度的心理冲突。受传统观念的影响，护理工作一直被认为是低学历、低技能、简单而繁琐的服务性工作，因此常得不到他人的理解和尊重，这在客观上影响了护生的专业态度。在校期间与医学生一起学习医学知识，他们一同进入医院实习后，由于分工的不同，与他们相比护生往往缺乏成就感，这在某种程度上加重了护生心理上的失落。

3.2 应对措施

3.2.1 保持健康的情绪为自己的心理减压 可以通过自我宣泄、请人疏导、情绪转移、爱好冲消等方法为自己的心理减轻压力。①自我宣泄：当自己遇到困惑，心中郁闷时，可以通过一种方式发泄出来，比如大哭一场、写日记倾诉自己的苦恼等。②请人疏导：在有心理上的痛苦时，应该与老师、同学、亲朋好友多交流，从而缓解自己的情绪。这样不但可以找到解决问题的办法，还可以得到心理压力转移的机会。③情绪转移：可以通过看书、看电影、参加体育活动、社交活动等转移注意力。④爱好冲消：根据自己的爱好去找事情干，比如研究问题、画画、写作等，这样可以使人变得开朗。

3.2.2 学会去爱，建立良好的人际关系 爱有着十分丰富的内涵，除了大家通常意义上所指的爱情之外，它还包含着惦念、安慰、帮助、理解、支持、关心、鼓励等等，而这些都有助于自己建立良好而真诚的人际关系。而且关心他人，理解他人，拥有博大的胸怀，可以增加自己生活、学习、工作中的信心和力量。同时，为自己建立良好的人际关系反过来也能使自己得到更多的关爱，当自己遇到困难时也能得到更多的帮助。这些都能最大限度地减少心理应激和心理危机感。

3.3.3 积极培养自己的兴趣和爱好 人不可能总是在工作和学习，在业余时间应该积极参加娱乐活动及体育锻炼。为自己做一次放松和休整，才能得到真正的身心保健，也能使自己更有效地从事工作与学习，当感到寂寞孤独、忧郁焦虑时，通过自我娱乐来缓解情绪也是一种很好的方法。

综上所述，护理学专业本科生在临床实习期间心理健康水平较差。分析其原因，除了大学生常见的学习问题、人际交往问题、情感问题、经济及连带问题外，还有女性特有的心理生理特点、专业心理矛盾、求职和考验带来的压力、学习环境的改变等因素。当有心理问题产生时，应及时向老师、学院及学校心理咨询机构寻求帮助，另外作为新时期的大学生，尤其是将走向社会、走向工作岗位时，更应该加强自我调节能力，对心理健康做自我维护，以便为将来更好地学习、工作和生活做好充分的准备。

（来源：中国论文下载中心 作者：尹相萍 袁倩 徐红英）

【简析】这篇调查报告由标题、前言、主体三部分组成。开头从调查目的起笔，简要交代了调查目的、对象和范围。主体部分交代了调查方法、调查结果，并从自身特有的原因、环境改变的影响、就业压力等五个方面分析原因，从而提出应对措施。分析客观中肯，结论明确，格式完整。

（四）写作注意事项

1. 做好调查前的准备 这是一项十分重要的工作，是调查报告写作的前提条件。调查前的准备工作要从以下三方面入手：一是思想准备。明确调查的目的，端正态度，深入实际。二是选题准备。要从实际出发，选择那些对社会实践有指导意义的、群众普遍关注的事情，确定调查方向；三是提纲准备。事先对调查研究的对象、内容、要求、方法、时间等做好安排，科学地设计调查方案。

2. 坚持科学的调查方法，充分占有材料 这是调查报告写作的基础。要想获得有价值的东西，就要深入社会、深入基层、深入群众，材料收集越详细越好，做到细心看，留心看，虚心问，详细听，认真想。再就是采用科学合理的调查方法。如问卷、访谈、观察等。

3. 认真分析材料，得出规律性的认识　分析综合是调查报告写作的关键，因为调查获得的材料是多方面的，有真实的，有虚假的，有一般的、有本质的。要根据调查的任务进一步对材料进行分类、整理和筛选，提炼出观点，确立好主题。

4. 恰当使用材料，做到观点材料统一　要按照主题需要组织材料，恰当的使用材料，用观点统帅材料，用材料说明观点。可以选用一个典型、完整的材料说明观点；可以用一组材料从不同的侧面印证观点；也可以用对比的材料在比较中鉴别；还可以使用数字使观点准确生动。

5. 要写出新意　写作中要努力挖掘出新思想、新意境、新特色，提供新信息、新观点，这样易引起人们的思考和重视。要写出新意就要牢牢抓住事物的特殊性，善于抓住与其他事物的区别和特点，在选题的角度上尽量不与别人雷同，要在突破传统观念上下功夫，尽可能写出有新意的认识。

第五节　启事、声明

一、启事

（一）概念

启事是机关团体、企事业单位或个人，将自己的要求向公众说明或希望协办的一种应用文。通常张贴在公共场所或者刊登在报纸、刊物上。

（二）分类

启事应用范围广泛，根据其内容，启事可分为：招生启事、寻物启事、招聘启事、挂失启事、征集启事、征婚启事、庆典启事等。根据启事者的身份又可分为两类：公务启事和私人启事。公务启事是机关团体、企事业单位为办理公务而使用的启事。如招聘启事、招生启事、征文启事等。私人启事指个人向社会请求帮助或协助而使用的启事。如寻物启事、寻人启事、证婚启事等。另外，根据启事登载的形式，可以分为报刊启事、广播启事、电视启事、张贴启事等。

（三）启事的格式和写法

启事一般由三部分组成：标题、正文和落款。

1. 标题　首行居中写明启事的名称。名称主要由启事的内容决定，如内容是招生，则名称写《招生启事》。名称字体应大于正文字体。有些公务启事往往写上单位名称，如《××医院护理人员招聘启事》。

2. 正文　是启事的主要部分，即向大家说明的情况。不同类型启事正文内容有所不同，一般要写明启事的目的、意义、具体办理方式、要求、联系方式等，可以分段或分条写，但要写得具体、明白、准确。用语简洁，不能含糊其词。

（1）寻人（寻物）启事：要写明所寻人或物的特征。如"本人于3月6日12时左右在学校食堂不慎丢失一块电子手表，有拾到者请与中药专业2012班张萧联系，失主深表谢意。"

（2）招领启事：要写明所拾物品的时间、地点、名称和联系方式，但不能说明所拾物品的数量、特征等，以防冒领。如"本人在操场边拾到书包一个，内有书本若干，手机、信用卡等物，望失主前来认领。"

（3）招聘启事：首先要写明招聘的目的，然后具体说明要求，包括招聘条件、待遇等，最后要写明联系方式。

3. 落款 正文结束后在右下方写明启事单位或个人姓名、启事日期。

【例文1】

××医院康复医师招聘启事

××医院是一所集医、教、研、防为一体的一家三级大型综合医院。为医保A类医院。医院编制床位1000张，医院地理位置优越，毗邻五环，交通便利。医院在现代先进的管理模式下近年得到快速发展。根据医院发展需要，现招聘康复医师1名。

一、招聘条件

1、康复医学专业，大专及以上学历；

2、具有中级及以上职称；

3、身体健康。

二、待遇

具体面议。

三、应聘材料

有意应聘者，请将您的个人毕业证、学位证、身份证、执业证书、专业技术资格证书、工作简历以及个人近照一张等相关应聘资料（书面或电子版）发至北京大学首钢医院人事处。

四、联系方式：

单位地址：××市××区××路26号××医院人事处

邮政编码：×××××

联系电话：××××××××××

Email：×××××

××××医院（印章）

2012年5月19日

【简析】这是一则招聘启事。标题加上单位名称和具体事项，正文先写出招聘原因，接着分条写出招聘条件、待遇及应聘材料。结尾写明联系方式。落款签署单位名称和日期，格式规范，内容简洁明了。

【例文2】

北京市疾病预防控制中心博士后招收简章

2006年6月，经国家人事部批准，北京市疾病预防控制中心博士后科研工作站成立。中心将与北京知名高校、科研院所合作，联合招收培养博士后研究人员。热忱欢迎有志于我国公共卫生事业发展的优秀博士毕业生来我站开展博士后研究工作。

一、招收对象

凡已取得博士学位（或已通过博士学位论文答辩），品学兼优，身体健康，年龄在40周岁以下的人员，均可申请进站从事博士后研究工作。

符合下列条件者可优先录取：

1. 有从事传染病控制、健康相关影响因素监测等相关专业领域的科研工作经历者；

2. 有从事相关科研专题研究并获科技成果奖者；

3. 有在相关专业领域中做出突出贡献者；

4. 具有较强科研能力及潜质者。

二、招收方向

传染病流行病学及媒介生物控制、病原微生物检测技术、新闻传播（健康在传播领域的应用）等学科。

三、联系方式

通信地址：北京市东城区和平里中街16号北京市疾病预防控制中心科教办

邮　　编：100013

联系电话：010-64407254　　　　　　　　　　　　联系人：×××

【简析】这是一则招收博士后的简章，标题标明单位和启事内容，正文首先介绍单位基本情况，以便有意者了解情况后参与，然后写明招收对象、条件及招收方向，最后标明联系方式，内容具体明确，用语恳切，符合启事的写法和要求。

（四）写作注意事项

（1）注意启事与启示的区别：实际写作中往往把"启示"与"启事"混淆。"启事"，是为了公开声明某事而登在报刊上或墙上的文字。这里的"启"是"说明"的意思，"事"就是指被说明的事情。而"启示"的"启"，则是"开导"的意思，"示"是把事物摆出来或指出来让人知道。两者含义截然不同，所以二者不能通用。无论是"征文启事"，还是"招聘启事"，都只能用"事"字，而不能用"示"字。

（2）启事应该"一文一事"，一般采用说明的表达方式，正文可根据内容分条来写，力求简洁明了，切忌罗嗦冗长。用语也应恳切、礼貌、得体。

二、声明

（一）概念

声明是社会团体、企事业单位或个人就有关事项或问题向社会表明自己立场、态度的应用文体。声明可以在报刊登载，也可以通过广播、电台播发，还可以进行张贴。

（二）种类

声明通常有两类：一类是当自己的某种合法权益受到侵害，为维护自己的合法权益、引起公众关注，并要求侵权方停止侵害行为的声明。另一类是在自己遗失了支票、证件等重要凭据或证明文件时，为防止他人冒领冒用而发表的声明。

（三）作用

（1）声明具有表明立场、观点、态度的作用。一般常用"声明作废"、"特此声明"表明态度、观点。

（2）声明具有警告、警示和保护自己合法权益的作用。一般用严正声明来警示人们以免上当受骗，从而保护自己的合法权益。

（四）声明的格式和写法

声明一般由标题、正文和落款三部分组成。

1. 标题　有三种写法：一种只写文种"声明"；另一种由事由和文种构成，如《遗失声明》等，还有一种由单位名称、事由、文种构式，如《××××医院聘请法律顾问的声明》。

2. 正文　简明扼要地写明发表声明的原因、事情经过，并表明对有关事件的立场、态度。正文根据内容可短可长，原因一般用一句话来概括，事情经过要表述得简明准确，一般不详写具体事例。结尾要对所声明的事项表明态度。

3. 落款　包括署名、时间。有的声明正文内容中写有希望公众检举揭发侵权者的意思，还应在署名项目的右下方附注自己单位的地址、电话、电传号码以及邮政编码，以便联系。

【例文1】

遗失声明

××医药公司于2012年7月2日将公司营业执照（证号：×××××××××）不慎丢失，声明作废。

【简析】这是一则刊登在报纸上的声明。标题是事由加文种构成，正文交代声明单位及丢失物件时间、名称，用"声明作废"表明态度。因正文已交代失物单位，因此不用写落款。

【例文2】

严正声明

近来，有人利用互联网、手机短信等手段，捏造、散布×××医科大学与××公司合谋诈骗等虚假事实，发表、散布严重侵害×××医科大学、学校领导及工作人员名誉的言论，对×××医科大学及其领导和工作人员的名誉造成严重损害。对此，我校郑重声明：

1. 我校与该公司不仅不存在任何法律上的隶属关系，也没有任何合作关系。

2. 某人利用互联网、手机短信等手段，捏造、散布虚假事实，使用侮辱性言词，对我校及其领导和工作人员进行侮辱、诽谤的行为，已经严重侵害了我校及其领导和工作人员的名誉等合法权益。我校正告侵权人必须立即停止一切侵权行为。

3. 我校现已在公安机关立案，依据国家法律追究侵权人的法律责任。

×××医科大学（印章）

2012年3月20日

【简析】这是×××医科大学针对有些人利用手机短信、互联网散布虚假信息的违法行为所发布的声明。题目加上严正二字，表明态度严肃性。开头概述事由和影响，然后提出三点声明，态度严肃，观点明确。最后落款把单位名称和日期写全。体现了声明的严肃性。

（五）写作注意事项

1. 事实要确凿 声明的事项包括具体细节一定要真实无误，要确有其事，否则就会失去声明的严肃性。

2. 措辞要严谨 拟写声明时语言要简练，关键的时间、地点、名称等要表述明白，避免啰嗦影响声明的效力。另要正确使用习惯用语"特此声明"、"声明作废"。

3. 注意启事和声明的区别 两者都有公开告知的特点，但性质和写法不同。启事写作时态度要诚恳、礼貌，甚至是热情的。声明写作时态度要严肃、甚至有警告的意味。

目标检测

一、计划包括哪些类型？

二、总结的种类有哪些？

三、制定一份新学期学习计划。写一份期末学习总结。

四、说说规章制度的基本格式和写法。

五、请制定一份文明宿舍公约。

六、简报有哪些特点和作用？

七、指出下面简报格式上的错误，并加以修改。

秘密

简 报

（第 2 期）

（正文略）

报、送：××××　××××

××× 市人民政府编写　　　　　　　　　　　2012 年 2 月 26 日

八、根据学习或生活实际，自拟题目，写一份调查报告，字数 2000 字以上。

第五章

医学新闻与医学科普写作

学习目标

1. 了解医学新闻和医学消息的概念、特点、作用、种类。
2. 掌握医学新闻写作的结构和写法；会分析不同医学科普文体的特点。
3. 会写常见的两类医学新闻文体：医学消息和医学通讯；学写常见的医学科普文体，向大众宣传普及医学知识。

第一节　医学新闻写作

一、医学新闻概述

（一）医学新闻的概念、特点和作用

1. 医学新闻的概念　医学新闻是指最近发生的医疗卫生行业具有一定社会价值和典型意义的医学事实的报道。它既具有新闻类文体的一般特点，又具有鲜明的医学特征，有广义和狭义之分，广义的医学新闻包括医学消息、医学简讯、医学通讯、综合新闻、名词解释、会议新闻、医学专访、医学动态、医学成果等。狭义的医学新闻仅指医学消息。

2. 医学新闻的特点

（1）客观真实性：客观真实是医学新闻的灵魂和生命。文学作品可以虚构、夸张、想象，进行艺术加工。而医学新闻必须用事实说话，必须反映客观的真实事件，不允许虚构和夸张，所报道的人物、事件、时间、地点以及数据例证等都要准确可靠。

（2）时效性：医学新闻的时效性要求以最快的速度把信息传达出去，应具有及时的效应，以利于医学决策和效益。

（3）新鲜性：医学新闻姓"新"，它是把医疗行业的新经验、新情况、新问题、新动态、新做法、新人物等传达给读者，迎合读者先知而愉悦的心理。

（4）政策性：新闻是舆论工具，具有喉舌的宣传作用，最近事实的报道必须体现一种导向性，那就是必须符合党和国家一定时期的方针政策。医学新闻由于文体不同，它的表现也各异，述评、评论常常是直接阐述观点的；消息、通讯则是寓"政策性"

于事实之中的。

（5）通俗性：医学新闻是针对不同文化程度、不同职务、不同地位的读者和听众来传播的，因此用语要浅显、通俗、易懂；而医护论文，阅读对象一般是医护人员，具有学术性、专业性的特点。

3. 医学新闻的作用

（1）传播信息的作用：信息就是资源，信息就是财富，当今医疗市场，信息量大且更新速度快，医学新闻可以迅速传播医学信息，使人们更快了解医学信息，知晓政策，掌握医学动态，在激烈的医疗市场竞争中立于不败之地。

（2）宣传医疗部门及优秀医护人物、事迹，普及医学知识的作用：通过医学新闻的报道，可以树立医疗部门形象和宣传医护人员的先进事迹，给社会以正确的舆论导向，不但激励医护人员爱岗敬业，全心全意为患者服务，而且使广大人民群众尊重医学人才，了解医学知识及防病治病常识。

（3）舆论监督作用：医学新闻可以通过新闻媒介反映消费者的意见、要求、呼声，对医学领域中的欺诈行为、不文明服务、不正当竞争等行为进行暴露，以引起社会关注，既起到对国家、对消费者权益高度负责的作用，又起到舆论监督作用，从而有助于促进医疗市场的健康发展。

（二）医学新闻写作的常用结构方式

1. 倒金字塔式　倒金字塔式要把最重要最鲜明的事实放在导语中，在主体部分则以重要性递减的顺序安排其他内容，其特点是重要程度先后有序，由大到小，由近及远。这种方式符合新闻短、快、新的特点，是最常用的结构方式。

2. 金字塔式　金字塔式是按照事实发生的先后顺序组织材料的结构方式，也称之为"编年史体"。它在写作中要求突出重点，详略有序，切忌平铺直叙，篇幅过长。

3. 倒金字塔与金字塔结合式　这种结构形式目前较多被采用，写作中第一段往往采用"倒金字塔式"的导语形式，开宗明义，突出重要的新闻事实，然后按照"金字塔式"结构的方法，依事件发生发展的顺序层层交代，两者结合可以"互补"，使文章既能开门见山，引人注目，又能使人了解事件的来龙去脉，这种写作与记述文的倒叙写法相同。

4. 问答式　常用于记者招待会的报道，写作时既要忠于原意，又要善于合理组织，使报道的内容连贯而有层次。

5. 散文式　散文式结构的特点是讲究立意和构思，结构自由活泼，但"形散神聚"。语言洗练，多用白描手法。

二、常见医学新闻的写作

医学新闻的种类很多，在此我们只介绍医学消息的写作和医学通讯的写作。

（一）医学消息

1. 医学消息的概念　医学消息是对新近发生的有一定社会价值和意义的医学事实的简短报道。其显著特点是客观真实性、及时性和简短性。

2. 医学消息的种类　医学消息按写作特点可分为医学动态消息、医学综合消息、医学经验消息和医学人物消息四种。

（1）医学动态消息：医学动态消息是指医学领域中新近发生的新事物、新情况、新成就、新动向的及时简要报道，其特点是直接迅速。它在医学新闻中所占的比例最大。

【例文】

特定刺激或有助于唤醒昏迷患者

新华社莫斯科10月10日电（记者贺颖骏）俄罗斯研究人员最新发现，处于昏迷状态的患者，看似对外部刺激没有反应，但他们的大脑对哭笑声、轻抚等刺激能产生较强反应。施加这些刺激或有助于唤醒昏迷患者。

俄罗斯科学院研究人员在最新一期《生命系统技术》杂志上报道说，他们对十名昏迷患者进行了听觉和触觉的实验，在施加刺激的同时，用脑电图检测患者大脑活动。研究人员让患者听各种声音：咳嗽、哭笑等表现生理反应和情绪的声音，风雨声、动物叫声等自然界的声音，敲击餐盘等日常声音，以及独白、数数等中性声音。他们还用多种方式触碰患者，包括轻抚其手背、用毛笔在手掌写字等。

结果显示，外部刺激所包含的情绪越强，患者的反应越大。在各种刺激中，患者大脑反应最强烈的是用手抚摸和哭笑声等易激起人情绪的刺激，而不含情绪的声音难以引起大脑反应。研究人员由此认为，特定外部刺激确实能对昏迷患者的意识恢复产生影响。

（2）医学综合消息：医学综合消息是指综合反映带有全局性的医学情况、动向、成就和问题的报道。它是在一个主旨统领下，在充分占有材料的基础上，概括归纳，精心选择材料，表现鲜明的主题，给读者深刻的印象。其特点是报道面广，点面结合。

【例文】

与西方女性乳腺癌相比
我国女性乳腺癌恶性度更高

本报讯（记者王丹 通讯员宋清坤）日前，由中国癌症基金会发起，中国医学科学院肿瘤医院流行病学研究室主任乔友林教授、腹部外科张保宁教授共同主持的"中国乳腺癌临床流行病学多中心研究"取得阶段性成果。该研究发现，我国女性乳腺癌恶性程度比西方女性更高。专家据此提出，我国女性乳腺癌患者需要更早期筛查，以及更为特异的治疗模式。据研究，该研究是我国首次在全国范围内开展的大规模乳腺癌病例调查和病理特征分析，相关论文已在《国际肿瘤学杂志》上在线发表。

据该文章第一作者、中国医学科学院肿瘤医院郑闪博士介绍，此次研究从1999年~2008年来自中国传统7个大区7家三甲医院的44226名原发性中国女性乳腺癌患者中随机抽取了4211名，并对其临床、病理及流行病学信息进行了回顾性总结分析。结果显示，上述患者就诊中位年龄为48岁。其中，91.6%的患者为浸润性导管癌，肿瘤大小为2~5cm的患者比例约为51.3%，二期患者比例（47.3%）明显高于一期患者

（16.4%）。此外，雌激素受体（ER）、孕激素受体（PR）、人表皮生长因子受体－2（HER$_2$）阳性率分别为49.5%、50.1%和18%。研究者将上述结果与欧洲女性乳腺癌患者对比后发现，我国女性乳腺癌患者具有发病年龄早、浸润性导管癌多、肿块更大、分期更晚、ER和PR表示比例更低和HER$_2$比例更高的特点。

郑闪表示，"肿块更大、分期更晚"说明我国患者病情较重，"ER和PR表达比例更低和HER$_2$比例更高"说明我国患者的预后也较差。这与环境危险因素和社会经济因素明显相关，例如生活方式、受教育程度等。此外，中西方女性在雌激素受体1基金多态性等遗传特征上也有较大的差别。

该文章同时分析了1999～2008年10年间中国女性乳腺癌的变化趋势。结果发现，我国女性乳腺癌在诊断时呈肿块缩小、分期提前的趋势，提示我国在肿瘤防治工作中已取得了初步成效。

乔友林表示，相比于此前的类似研究，该项目建立了覆盖全国的女性乳腺癌数据库，并且总结了中国女性乳腺癌的病理特征，从而为我国女性乳腺癌的筛查、临床诊治和预防提供了第一手大样本的临床流行病学资料。该研究提示，我国应在较早年龄段开展乳腺癌筛查，并优化诊疗方案，制定更加符合我国患者特点的治疗模式。

（3）医学经验消息（典型消息）：医学经验消息是指对具体经验及成功做法的报道，它往往是指一些具体部门、地区的典型经验、典型做法。其特点是针对性、典型性、指导性。写作上往往先交待情况，述说做法，反映变化，最后总结经验。

【例文】

首例肝源互换手术顺利完成

本报讯（记者王丹 通讯员陈姝）9月15日凌晨1时，我国首例肝源互换手术在武警总医院顺利完成。手术主刀医生之一、武警总医院器官移植研究所副主任医师李威介绍，经过术中观察，两个患儿哲哲和团团的移植后肝脏颜色红润，且胆道有胆汁流出，术后患儿凝血、肝功、动静脉血管超声检查均显示正常。截止9月15日7时，即术后6～8小时，两个孩子均恢复清醒，并脱机拔管，目前状态良好。

10个月大的哲哲和8个月大的团团被先后诊断为先天性胆道闭锁，患有该疾病的孩子平均寿命仅为1～2岁，肝移植手术是他们生存的唯一希望。不幸的是，哲哲的血型为O型，其爸爸、妈妈分别为A型和B型；团团的血型为B型，妈妈的血型为O型；亲属间的肝移植难以成行。

今年5月初，哲哲在妈妈的怀抱下来到武警总医院等待合适的肝源，期间，哲哲的病情开始恶化。而团团恰巧在今年8月住进了哲哲的病房。肝脏为免疫特惠器官，与肾移植和骨髓移植不同，只要血型一致甚至符合输血原则即可移植，而两对母子的血型正好交叉匹配。于是，一个"80后"、一个"90后"年轻妈妈决定"换肝救子"。

据介绍，哲哲和团团两位患儿妈妈的取肝手术于9月14日8时首先开始，2个小时后，两名婴儿的手术也相继进行，武警总医院器官移植研究所所长沈中阳教授担任手术总指挥。按照肝移植手术常规，患儿所需肝脏质量为体重的0.8%～4%，按照此前检查结果，两名患儿体重均约为8kg，所需肝脏为60～320g。因此，术前对两位妈妈进行核磁共振检查以及CT检查进行的肝脏体积评估显示，摘除左外叶肝脏即可满足孩子的需求。

李威解释说，成年人肝脏总重量约为1200g左右，由于肝脏可以再生，摘除70%左右的肝脏不会危及供体生命健康，而此次两位母亲供肝质量仅为整个肝脏的1/5～1/4，2～3个月后肝脏体积将会恢复到原先大小。

李威说，由于婴儿血管细小，肝移植患儿术后发生动脉栓塞等血管并发症的几率（为4%～10%）也高于成人（小于2%）。另据国外报道，由于移植后患儿需终身使用免疫抑制剂治疗，对生长发育也存在影响，但个体间存在较大差异，因此需要对患儿长期随访观察。

截至记者发稿时，两位患儿仍在重症监护病房接受密切观察，两位母亲已转至普通病房接受康复治疗。

（4）医学人物消息：医学人物消息是指对医学领域中先进人物的事迹和精神风貌的简短报道。其特点是抓住人物最有特点的某个侧面，语言简洁明快，篇幅短小，报道及时，与人物通讯相比，给人的感染力稍弱。

【例文】

各界送别大医王忠诚

本报讯（记者闫龑 匡远深）"诚敬行医六十载树一代大师风范，忠贞报国贯一生为万千医者楷模。"10月10日上午，国家最高科学技术奖获得者，中国工程院院士，首都医科大学附属北京天坛医院名誉院长，北京市神经外科研究所所长王忠诚遗体告别仪式在北京举行。胡锦涛，温家宝，贾庆林，李长春，习近平，周永康等党和国家领导同志献了花圈。中共中央政治局委员、中央文明委副主任刘淇，中共中央政治局委员、国务委员刘延东，卫生部党组书记、副部长张茅，北京市委书记郭金龙等领导参加了告别仪式。全国神经外科学界的专家、领导、生前好友、医生代表等2000余人，前往送别一代大医王忠诚。

在遗体告别仪式现场，57岁的刘金玉泣不成声的讲述了与王老结下的医患情谊。早在1999年，刘金玉的爱人因为患有脑胶母细胞瘤而被推荐至王忠诚的门诊，并在神经外科病房住院。刘金玉说："住院期间，因为我爱人到底需不需要做手术的问题找到了王老，王老当时已经70多岁了，但一看片子就准确的说出了我爱人住哪个病房。王院士告诉我，这个手术可以晚些时候再做，等到患者呼吸困难了，你再来找我……"刘金玉含着眼泪告诉记者，王老对待患者的很多细节都非常打动他。

贵阳脑科医院院长、党委书记向德芬在王老遗体前深深鞠了三躬。"王老对我们西南地区的神经外科发展给予了很多帮助和指导。从1994年开始，他每年都义务为我们培养人才，到目前为止，我们医院共有100余名医护骨干到北京天坛医院进修，使一所落后的'菜农'医院脱胎换骨，一跃成为当地的龙头医院"。

卫生部部长、中华医学会会长陈竺向王忠诚院士治丧办公室发来唁电，表示深为失去一位杰出的卫生工作者、神经外科开拓者、医学科学泰斗而痛惜。希望全国卫生工作者以王忠诚院士为榜样，为人民健康事业作出应有贡献。

3. 医学消息的结构与写法

（1）标题：医学消息的标题要用简明生动的语言揭示主题，或概括核心内容、说明意义等，语言要醒目、生动、形象，引人入胜。读者打开报纸首先是浏览标题，根据标题内容有选择地阅读医学消息，因此醒目、新颖的标题能吸引读者选读那些对自己适用的消息，提高读报效率，很好的起到宣传和传播信息等作用。标题的形式通常有单行标题、双行标题和三行标题三种。

①单行标题：也称正题，它是消息的主旨、内容的概括。

【如】

莫用母乳为孩子保湿嫩肤

②双行或三行标题：正题之前可以有引题，正题之后可以有副题，引题与副题的字体都比正题小一些。当正题概括不全时，需要说明范围、交代背景或原因、烘托气氛等，就要借助于引题或副题的补充。

【如】

引题：　　改革传统就餐方式 树立文明卫生新风

正题：　　山东推行分餐制有成效

副题：　　该省在青岛召开现场会，确定在全省范围内逐步推行分餐制

引题：　　人体器官获取与分配管理办法制定

正题：　　移植器官将全国统一分配

正题：　　宫颈癌防治网络初步建立

副题：　　须探索适合国情的防治策略和适宜技术

（2）导语：所谓导语就是医学消息的开头，通常是一句话或一段话，它是该消息中最有价值、最重要、最基本、最吸引人的部分，所以导语设计要尽量鲜明而生动，抓住新闻的主题和核心，引起读者强烈的兴趣和极大的关注。好的开头是成功的一半，导语是衡量写作者水平的标志，要把读者最关注、最感兴趣的内容设计到导语中。新闻导语的传统写作方法有5个W和1个H，即什么人（Who）、什么事（What）、什么时间（When）、什么地点（Where）、为什么（Why）和怎么样（How），这些都是作者写作导语时准备叙述说明的问题，一般来说，写作者往往选取读者最感兴趣和最关注的方面作为最重要和最突出的要素。常用的导语形式有以下几种：

①陈述式导语：用陈述的方式简洁地写出最重要的事实，这是常用的导语写法。

【如】

本报讯（记者甘贝贝　实习记者魏婉笛）10月10日是世界精神卫生日，我国的宣传主题是"精神健康伴老龄，安乐幸福享万年"。在当日召开的新闻发布会上，卫生部给出了2012年中国精神卫生宣传3个要点：社会老龄化应当重视精神疾病危害，老年人要积极应对伴随的身心改变，家属和照料者要帮助老年人维护身心健康。

②对比式导语：用对比的手法将消息所反映的事实进行纵横时空或时间前后的比较，给读者以鲜明的印象。

【如】

1 型糖尿病患者和 2 型糖尿病患者，都需要额外的胰岛素来帮助控制血糖，目前患者获得胰岛素的方法只有靠皮下注射，而这种每天扎针的感觉实在不好受，一种新的胰岛素已经发明出来，它可以用喷鼻吸入方式摄取，让患者省去不少不便。

③提问式导语：把要报道的事实用提问（设问）的手法提出来，然后再在主体中来陈述回答，以引起读者的关注和思考。

【如】

本报讯（记者谭　嘉）如何有效遏制心血管疾病持续高发、复发的趋势？10 月 11 日在京开幕的第 23 届长城国际心脏病学会议暨亚太心脏大会提出，当务之急是修复断裂的医疗服务链，建立符合我国国情的心血管疾病全程防控体系，把心脏康复／二级预防作为一项关键策略，并实行对患者从医院到家庭的全程关爱。

④描述式导语：就是用白描的手法，较生动、形象的语言，对发生的主要事实和环境进行描写，增加现场感，起到烘托、渲染气氛的目的，增强消息的吸引力和感染力。

【如】

本报讯（记者刘泽林）一间紧邻农田的小屋，仅有的一扇窗户几乎被封死，虚掩的门一打开，臭味扑鼻而来。看到几个人进来，坐在地上没有穿衣服的女人顿时哇哇大叫，显得很害怕。这是 10 月 10 日海南省安宁医院对关锁重性精神病患者开展的一次解锁行动。

⑤引语式导语：由一位消息人士或权威人士的话引出要报道的内容，由于人物的身份特殊，使读者感到消息报道的事实可信且吸引人。

【如】

非精神病医生也应"认得"抑郁症

本报讯（记者李天舒）10 月 9 日，在由灵北学院和世界心理卫生联盟主办的媒体发布会上，北京大学精神卫生研究所所长于欣教授指出，抑郁症防治的"主战场"不在专科医院，而是在综合医院和社区医疗机构，因为在临床中，首先接触抑郁症患者的，往往是社区医疗机构和综合医院的医生，所以应重视对综合医院及社区医疗机构非精神科医师的培训，帮助其了解抑郁症相关临床知识，实现抑郁症患者的早期发现。

（3）主体：所谓主体就是在导语之后用充实的、典型的、有说服力的材料详细叙述消息内容的部分，是消息的主要部分。它的写作顺序有以下两种：

①时间顺序：即按照事情的发生、发展、高潮、结局的过程精心选材和组材，妥善处理详略。

②逻辑顺序：即按照事件的因果、主次、并列等逻辑关系来叙述。

（4）结尾：消息的结尾是消息的最后一段。它可以阐明意义、提出建议，也可以交代背景、提出问题、预示事件发展的方向。好的结尾富有启发性、鼓动性，可以大大加深读者的印象。也有的新闻不单独写结尾，事件的结束就是结尾。

（5）背景材料：背景材料是指医学消息中与主要内容相联系的历史背景、环境条件等，它在消息中的位置并不固定，可根据需要灵活安排，起到烘托主题、引导读者对该消息全面理解和加深认识的作用，语言表述上可以叙述或说明。

【医学消息二则】

已知西柚汁与85种药同服可能会出大事

45岁以上人群尤要多加注意

新华社多伦多11月26日电（记者马丹）加拿大研究人员26日在《加拿大医学会会刊》上发表论文指出，越来越多的药物被发现与西柚汁同服会引发不良反应，甚至可能导致猝死等严重副作用。研究人员建议人们服用这类药物时应避免饮用西柚汁，勿进食西柚等柑橘类水果。

以往的研究显示，西柚中富含的呋喃香豆素可抑制人体内分解药物的酶活性，从而导致进入血液的药量倍增。药物学家指出，同服一杯西柚汁和某些药物的一片剂量，有时相当于服用20片这种药和一杯水。无意中加大了服药剂量，结果本来是治病的药可能变成"毒药"。

加拿大研究人员说，近几年来，可与西柚汁发生反应的药物越来越多，目前已发现85种。其中多数是常用药，例如降胆固醇药、抗生素和用于治疗高血压的钙通道阻滞药。此外，还涉及一些抗癌药和器官移植患者服用的免疫抑制剂。在已知的85种可与西柚汁发生反应的药物中，有43种会导致严重的药物副作用，包括猝死、急性肾衰竭、呼吸衰竭、肠胃出血等。

研究人员指出，即便在服药前几个小时吃西柚或喝西柚汁，也可能发生药物反应。可与药物发生类似反应的不仅只有西柚汁，还包括所有柑橘类水果及其果汁，例如柑橘、橙子、柚子等。

研究人员说，45岁以上人群购买西柚较多，他们服用的药物也比较多，因此最有可能面临这类药物反应。一旦出现药物浓度过高反应，这一人群的自身平衡力比年轻人弱，因此，研究人员提醒这一人群要多加注意。

"吃有机食品降低生病风险"无根据

新华社华盛顿10月23日电（记者任海军）有机食品研究有何特点？某些广告会提供繁杂的信息。美国儿科学会发布的新报告指出，有机食品沾染有害物质的可能性和水平较低，但其营养价值与传统食品没有差别。

美国儿科学会在一份名为《有机食品：健康及环境优势和劣势》的报告中指出，与传统食品相比，有机食品在杀虫剂残留水平方面优势明显。以有机方式饲养的家畜染有耐药细菌的可能性较低，因为在饲养过程中，它们只在生病时才服用抗生素。有机食品的益处就在于此。但有机食品在维生素、矿物质、抗氧化剂、蛋白质等营养成分含量上与传统食品并无区别。

报道认为，"从长远角度来看，没有直接证据表明，食用有机食品能改善健康或降低生病风险"，科学界迄今尚未就这一问题征集大量志愿者、开展大规模测试。这份报告同时发表于正在美国新奥尔良举行的美国儿科学会年会及《儿科学》期刊网络版上。

报告作者、美国儿科学会营养委员会委员珍妮特·希尔弗斯坦说："最重要的是，孩子们应该多吃蔬菜、水果、全谷物、低脂或脱脂奶制品——不管他们是'有机'的还是'传统'的，这些饮食已被证明对健康有益。我们不希望有些家庭因为选择价格昂贵的有机食品而减少健康食品的总体摄取量。"

有机食品是指无污染、纯天然的食品，其生产特点是食品从田地到餐桌整个过程都不使用化学合成肥料、农药、生长调节剂等，生产过程符合严格的技术标准，并按无工业污染方式加工，还要通过有机食品认证机构的认证。

（二）医学通讯

1. 医学通讯的概念 医学通讯是运用具体的叙述和描写等表达方式，对医学领域中的典型人物、事件、工作等进行详细而形象地报道的一种新闻体裁。

医学消息和医学通讯的相同点：都具有客观真实性、及时性、政策性、新鲜性和通俗性的特点。

医学消息和医学通讯的不同点：时间上，消息比通讯更及时；内容上，通讯比消息更丰富、具体、完整；篇幅上，对于同一件事实，通讯比消息的篇幅更长一些；语言表达方式上，通讯可以综合运用叙述、描写、议论、抒情、说明等多种表达方式，写作手法上可以运用多种艺术手法，具有较强的文学性；结构形式上，消息结构形式较固定，通讯灵活自由。

2. 医学通讯的特点

（1）新闻性：医学通讯是新闻文体，报道的事件必须及时、具有时代感且客观真实，不能想象虚构。

（2）具体性：通讯的篇幅较长，容量较大，一般要展开情节，比较完整而详尽地叙述描写所报道的人物或事件。

（3）文学性：通讯可以运用多种形象化的表达方式和修辞手法进行渲染，以其文学性引人入胜，增强通讯的感染力。

（4）评论性：通讯有别于消息的客观性在于带有浓郁的主观色彩和思想倾向，在叙述描写人物事件的过程中，可以运用议论、抒情的表达方式揭示鲜明深刻的主题，抒发感情。

3. 通讯的种类

（1）人物通讯：人物通讯是以具体丰富的事例来反映医学领域中的医疗护理模范、开拓者、改革家等典型人物的风貌、业绩，揭示其崇高的思想境界，从而激励人们投身于社会主义医疗健康事业，为人类多做贡献。

【例文】

于井子：用心做一名好护士

在上海市普陀区人民医院心内科病房，有一个爱笑的护士叫于井子。每天早晨，她总是微笑着出现在患者面前"昨晚睡得怎么样？""现在感觉好些了吗？"有的患者慕名而来，就是"因为这个姑娘很好，对患者很亲。"

于井子说："一个护士是不是好护士，就看她用不用心，有没有替患者考虑更多的事情，有没有耐心和真心。"

做护士就要对患者好

一次，一位结核性肠炎患者住进了于井子所在的病区。患者年事已高，脾气暴躁。骂得护士们无法靠近。听说又要灌肠，患者恶语相向。于井子不气不恼的劝说："我知道灌肠很难受，但是不灌肠，你的病怎么能好转？"一边说着，一边轻柔操作。可患者还是骂骂咧咧，一点不配合，以致操作快结束时，粪便因患者没有屏住气息而溅了于井子一身。事出意外，所有人都怔住了，唯独于井子的脸上还是没有一丝愠意。她先是熟练的拔出管子，为患者抹身。把患者擦拭干净了，才自己去更衣洗涮。此情此景，不仅让在场的人大为感动，那位患者也受到震动。从此，那位患者的脾气明显变了，即使别的护士去护理也很配合。

于井子总爱说，人们的心是相通的，你对别人好，别人也会善待你，护患之间也不例外。

金字招牌的护理小组

几年来，以"于井子"命名的护理小组，已成为这所区级医院的金字招牌。

于井子总结出"八心"服务，作为护理小组的工作原则：患者入院热心接，患者住院真心待，患者诉说耐心听，患者疑问细心答，患者需求尽心帮，患者护理精心做，患者出院诚心送，困难患者留心访。

很多患者爱唠叨，希望医务人员关注自己的病情。在于井子的带领下，护理小组的护士们在病区中推出了"谈心角"，《病员心声册》，交流箱等，每个护士身边都备有一本小手册，详细记录患者的病情，护理过程中的要点以及患者家属的需求……于井子护理小组成立以来，这个病区无一例患者投诉。

真心对待患者，总会收获回报。20年来，于井子获得了全国三八红旗手，全国劳模，上海市"十佳"护士等各种荣誉称号。

（本报记者 李天舒 通讯员 刘立文）

（2）事件通讯：事件通讯是指叙述医学领域中具有新闻价值的典型事件的起因、发展过程，揭示其普遍指导意义的主题，以指导医疗工作实践。

【例文】

一声"张爸爸"叫红了医生的眼圈

11月9日，军军的家人带着军军到河北省衡水市哈励逊国际和平医院复查，结果一切正常。临走时，妈妈特意带他来到重症医学科，看望曾经朝夕相处20天的张谨超医生。一见到张医生，原本还有些害怕的军军一下子露出了笑容，一声甜甜的"张爸爸"叫得张谨超红了眼圈……

9月中旬的一天，家住河北省衡水市的两岁半的军军先后被拖拉机前、后轮重重碾过腹部。事发当晚7时，军军由县医院转至衡水市哈励逊国际和平医院。初步检查发现，他的肝脏挫裂出血、胆囊撕裂、内脏穿孔、腹膜后血肿、肾脏挫伤、多发肋骨骨折、创伤性湿肺……当晚8时，军军受伤的腹腔被打开，医生们紧张而细致地为他进行手术，直至次日凌晨1时。可术后不久，军军突发应激性胃溃疡，同时，胸片显示肺部出现创伤性湿肺和血气胸，双肺就像一个吸满了水的海绵，无法自主呼吸，氧饱和度直线下降。重症医学科医生张谨超在加大呼吸机支持力度的同时，紧急床边拍胸片，了解肺部病情。随后，军军出现发热、肺部感染、全身炎症反应综合征、呼吸窘迫、肝肾功能不全等多脏器衰竭。张谨超根据之前的细菌培养及药物敏感性结果，及时调整了抗生素，生命危象一次次被化解。入院第5天，军军右肺呼吸音消失，痰液阻塞右肺气管导致右肺不张。已经熬了几夜的张谨超和护士又开始为军军扣背排痰。由于军军肋骨骨折而且身上有伤口和管子，张谨超一只手轻柔地托住军军，另一只手的两个手指轻轻地为他拍背，直到危险解除……

经过近20天的煎熬和等待，军军各项生命体征终于平稳。护士们买来军军最爱吃的零食和小玩具，而军军与张谨超更是情同父子。

（通讯员 刘晓菲 特约记者 孟宪红）

（3）工作通讯：工作通讯是以客观存在的医疗工作的新经验、新做法、新问题或新情况来反映某项工作经验或报道某个工作成就，语言表述上常采用叙述和议论相结合的手法，概括出具有规律性的认识。

【例文】

优质护理，撑起生命"绿荫"

——湖南省宁乡县人民医院优质护理纪实

本报记者 颜秋雨 通讯员 王昱 卢静妮

"出入病房沐春风，南丁格尔白衣人。轻言细语如剪子，辛勤劳作似蜜蜂。所幸人间有天使，黎民痛苦减几分。"一位患者写给湖南省宁乡县人民医院护士的《天使颂》，颇令人感动。在这家经历73年风雨的二甲医院、卫生部重点联系县医院、"全国百强县级医院"，这样的"平民诗"并不鲜见，616名天使呵护着千万病友的健康。

去年底，该院成为中南大学湘雅医院"国家临床重点专科护理建设项目指导医院"。一家县医院何以得到"国家队"医院的青睐，在"教学相长"中弘扬南丁格尔精神？近日，记者走进这群"不长翅膀的天使"，努力探寻答案。

爱心荡漾 感动常在

医院从来不乏感人的故事。

梅梅的遭遇几乎无人不知。今年正月初九，医院新生儿科接收了一个找不到监护人的30周早产儿，体重仅1600g，全身发绀、缺氧，患有先天性梅毒性脑炎，多器官发育不良。护士们尽全力呵护她：进行CPAP辅助通气联合固尔苏治疗，呼吸困难好转；尽管穿刺困难，护士们仍将其皮肤和血管保护的没有任何破损；防臀红、防感染、称大小便、喂奶、换尿片……爱让这个不幸的孩子重获新生。一个半月后，她的体重增加到2400g，梅毒抗体也成功转阴。最让护士长彭辉君和其姐妹们欣慰的是，被爱心包围的梅梅最终有了温暖的家。

"水烫不烫？"给胡小明洗头发的护士生怕她多一点点不适。19年前，她的脊柱被刺伤导致瘫痪，因家贫得不到治疗，伤口长期感染，臀部压疮腐烂到肛门，危及生命，入院时"屁股上好大一个洞"。医院开展了爱心大接力，"120"急救救援、领导慰问、组建爱心护理小组。同时，医院准备了轮椅和日常用品，护理人员提来一篮篮鸡蛋和可口的营养餐，烧伤整形科还自发为患者捐款。经过2个月精心治疗护理，患者在多次清创缝合、皮瓣转移手术后，压疮部位痊愈出院。

在同事们眼里，感染科护士长苏立红"玩命地爱着"这个职业。2003年非典肆虐，医院收治了一名疑似患者，实行紧急隔离。苏立红主动请缨，与主治医师石银冲一起，穿着"并不特别可靠"的防护服进入隔离病房。酷热难挡，防护服不透气，加上长时间劳累，她晕倒在病房。事后大家说，要是患者真患了非典，苏护士长一定被感染了。

有着24年护龄的神经内科护士刘忠泽是个"爱管闲事"的"热心肠"。前不久，她给12床做康复训练，邻床的老人大便不通憋了四五十分钟，痛苦不堪。她二话没说，戴上手套帮老人把大便抠了出来。老人"哇"的一声就哭了，"就是我的儿女都没这么做过啊！"

安徽患者徐向东的母亲紧拉着护士长易文娅的手，总对记者重复："她是个好人！"她的儿子在宁乡打工受伤做了气管切开。"我们在这里一点都没有外地人的感觉，护士给我儿子擦身、洗头、喂饭，护士长还从家里炖了鱼汤、排骨汤，一勺一勺喂给我儿子吃，呵呵……"

十二病室护士唐婷在日记中写道："我依然清晰记得，那个咿呀学语的孩子叫我阿姨并扑过来要亲亲脸蛋，记得那位孤身住院的奶奶因为我抽空陪她聊天，掉着眼泪握着我的手说我比她孙女还亲。那一刻，我觉得我们所有的汗水和泪水都流得值得！"

因为专业　铸就安心

"爱是一切的开始，丰富的专业知识和娴熟的技能则是优质护理的保障。"该院护理副院长赵竞飞如是说。

泌尿外科很多肾脏手术需要绝对卧床休息，稍有不慎就可能导致大出血，责任护士需要正确判断病情，敏锐地抓住引流液颜色的不同来搭配不同的基础护理。经皮肾镜手术后的患者极易出血，既要保持患者皮肤清洁，不长压疮，又不能过多翻动引起出血，护理难度可想而知。为患者擦浴时，需要几名护士小心平托起患者，轻轻擦洗、更换衣服，在臀部垫上水垫，涂上爽身粉……每次护理完，护士常累得满头大汗，护士刘小婷说："看似简单的护理其实有大学问，我们科从未发生过护理不当导致的出血和压疮。"

随着优质护理的推进，医院改革了护理分工制度，每名责任护士负责一定数量的患者，提供全面、全程、连续的护理服务。

"基础护理做实，专业护理做优。"赵竞飞副院长告诉记者，医院产科、骨科、儿科、神内、神外等专业康复护理形成了品牌特色。神内患者以中老年人为主，率先推出"天天温馨小广播"，开辟"脑卒中康复中心"，有效地拓宽了服务领域；"心血管病防治中心"、"高血压俱乐部"、"烧伤创疡治疗中心"、"糖尿患者沙龙"等深受病友追捧；"PICC"、"小儿脑瘫康复"、"孕妇学校"、"新生儿抚触"、"智能水泳"等由护士独立承担的项目成为服务亮点。

在新生儿科病房，记者被五彩缤纷的墙面和可爱的卡通图案吸引。"现在危急重症小儿转往上级医院的越来越少了，都说这里的医疗环境、医护水平不比上级医院差。"护士长彭辉军介绍，科里有病床39张，康复区有病床9张。新生儿病房配备层流空气净化系统和中央空调，且能充分满足治疗和抢救各类重症小儿及后续康复治疗的需求。

护士们的"爱动脑筋"也是医院出了名的，小小发明解决了大问题：骨科护士设计缝制的方便衣裤解决了牵引患者穿脱衣服的难题；神经外科护士设计的"丁字鞋"让运动障碍患者轻松保持足功能位；五官科护士发明的"失语患者交流卡"让患者轻松表达需求；神经内科护士高亚丽制定的偏瘫患者康复计划颇有成效……

对接高端 提速发展

一家县医院的护理专业何以能得到快速的发展，除了自身的不懈努力，副院长赵竞飞笑着道出"秘笈"：对接高端，为护理学科发展助跑。

去年12月13日，宁乡县人民医院成为湘雅医院国家临床重点专科护理建设项目指导医院后，两院进行了首轮互动。40多名县医院护理"精英"与国家队护理专家"面对面"。在零距离的学习和体检中，她们"拓宽了视野、开拓了思路、更新了理念"。

令人欣喜的是，"湘雅－宁医"合作项目不囿于"蜻蜓点水"，从这张繁忙的"日程表"足可窥见合作的紧密：

去年11月24日，双方签订为期一年的帮扶、指导和培训的合作协议，正式启动湖南首次由国家临床重点专科护理建设项目医院对县级医院的"一对一"指导合作；

去年12月19日，从湘雅医院组团学习以后，赵竞飞副院长主持召开交流汇报会，理清思路，明确方向，周密部署，落实到行动；

今年2月22日，护理部邀请湘雅医院伤口护理专家、国际伤口治疗师贺爱兰外科护士长来院进行疑难伤口病例护理会诊，迄今为止护理会诊6例次；

湘雅每月派出护理专家来院进行专题讲座，"有的放矢"的20场次讲座，培训护理人员3000余人次，分批次选到湘雅医院进修的近40人次；

今年5月9日，医院邀请湘雅医院新生儿科姜玲护士长和廖和平护师，对新生儿科两名极低出生体重早产儿进行PICC置管术的现场指导，帮助医院首次成功开展了新生儿PICC置管技术……

"通过湘雅医院的重点指导和人员培训，我院建立了新生儿科、内分泌科（糖尿病教育）、肠胃外科3个具有湘雅特色的对口专科护理技术示范病房，分别组建了糖尿病俱乐部、静脉治疗及伤口护理专业小组，开展了新生儿PICC置管技术；对供应室的技术指导加快了我院实现供应室、手术室集中消毒管理的全面开展。"说起两院合作带来的成效，副院长赵竞飞感受颇深。

"最终选择这家医院作为我院国家临床重点专科护理建设项目唯一指导医院，因为他们身上不乏让我们感动和值得学习之处。"湘雅医院护理部主任李映兰将双方的合作定位为"共同探讨、共同进步、共同发展"。

温暖你我 让爱传递

护士大量流失是让很多护理管理者头痛的顽症。让副院长赵竞飞欣慰的是："我们医院的护士流动率很低。护理的主体和客体——护士与患者都应得到同样的关怀。"

医院为此定制了不少"特殊政策"。就拿聘用护士同工同酬来说，2003 年该院就已实现。"这一措施留住了不少优秀的聘用护士"。

此外，医院的一系列举措让天使们感动于无形：2002 年起展开"星级护士动态管理"，设立每年 40 万元的专项奖励，激励着护士"更上一层楼"；连续八年举办"我是天使我最美"等活动让团队激情飞扬，今年百年护士节纪念活动中，为 30 年护龄护士授勋的场面更是感动了现场所有人；早在 2005 年医院就引入了专业物业公司，日常领取物资、领送药、送检查标本等非专业性"琐事"从护士手上彻底剥离，现在又全面实行 APN 弹性排班。

此外，对天使们的心灵呵护一直是医院的"重头戏"。每年组织健康体检，建立生日档案，建立"四访五必谈"制度；建立时尚的瑜伽室、专业的心理咨询室等，让护士有自我减压平台；开展"80 后"、"90 后"护士交心会；每年分批组织护士进行拓展训练和旅游。

"充电"之后"能量倍增"，天使们保持着激扬的学习热情。医院狠抓"三基三严"和在职培训，积极创建"学习型护理单元"，实现个人目标和组织目标的巧妙结合。目前，全院已有高级职称护理专家 26 人。在 2007 年全国卫生系统职业技能竞赛湖南赛区的角逐中，文慧一举夺得理论竞赛第一名，年轻的男护士杨炯在今年 4 月的留置针操作竞赛中与护士长一起夺得团体第二名的骄人成绩。

这一群"不长翅膀的天使"，与患者一起收获着生命的感动。他们将"爱心"献给患者，用"诚心"回报医院，以"精心"追求专业，演绎着一场永不停歇的爱心大接力。

（4）概貌通讯：概貌通讯以一个地区或一个单位的新气象、新面貌为报道的对象，给读者一个新鲜的、概括的、规律性的认识。常见的"访问记"、"见闻""侧记"等都属于这类文体。

【例文】

呵护心脏，更呵护心灵

——中南大学湘雅二院心胸外科一病区优质护理见闻

本报记者　颜秋雨　通讯员　倪丹　王玉林

"谁的表现最好，阿姨就给他贴个小星星。"一脸阳光的欧阳沙媛变魔法似的从随身口袋里拿出几个小星星贴纸。几个"小不点"跑过来："阿姨，我今天打针没哭，给我贴个小星星吧。""阿姨，我今天学会了自己穿衣服，可以给我发奖吗？"别以为这是在哪个幼儿园，这些孩子都是在湘雅二院心胸外科医院一病区住院的小病友。7 月初，当记者走进这个"首批卫生部优质护理示范病房"，切身感受到了他们所倡导的"温馨快乐护理"的魅力所在。

爱心呵护：让"折翅的精灵"复苏

5 岁的小男孩肖轩静静地躺在 NICU（小儿重症监护室）的病床上，刚刚做完手术的他身上布满了 20 多根管子。值班护士指着他床边一摞厚厚的资料介绍："每十分钟我们就会给他进行检查,并将反应变化详细地记录起来。"因为需要非常细致地记录数据,每名患儿出院时,资料都堆得像座"小山"了。

NICU 是医院晚夜班最多、工作量最大的地方。80 多名白衣天使每天悉心照料着患儿,值夜班最多的护士一年要在这里度过 170 多个不眠之夜。护士们将床栏设置成柔软的海绵围栏,即可防坠床又增进舒适感;悬挂温馨提示板,把患儿需要的服务和信息送到床边;备生活便民盒,设置健康教育手册和专栏;精心装订的出院资料袋和复查预约服务极大地方便了患儿和家长。

为更好地提高护理工作,该科开展了护士规范化培训,为每个护士建立专业技术档案,建立护理骨干到重症监护室轮训等制度。同时,持续开展肺部体疗、重症先心病护理知识等专科培训,并进行护理安全、法律法规、沟通技巧、伦理文化等多元化教育。在静脉留置针穿刺比赛、健康教育比赛、急救技能大练兵等一系列操作技能竞赛中,该科护理团队代表湖南省参加全国卫生系统操作技能竞赛,并获得银奖。

开心治疗:在玩乐中对抗病魔

据该院小儿心脏外科主任杨一峰教授介绍,为了让孩子们在玩乐中对抗疾病,他们建成了国内不多见的"阳光活动室"。充满童趣的装饰、生日 PARTY、圣诞聚会、知识抢答赛、亲子活动等丰富多彩的活动让孩子们忘却了生病的恐惧;读书、唱歌、健康操、游戏贯穿患儿的住院生活;责任护士像"妈妈"或"姐姐"一样的照顾,增加了孩子们的归属感和安全感。

"我喜欢这里的护士阿姨,有她们陪着,打针开刀都不怕。"五岁的先心病女孩洋洋被护士们亲切地称作"小画家"。进院的第一天,她悄悄告诉护士阿姨自己喜欢画画,护士于是天天来看她画,自豪的洋洋每天画一幅,渐渐成了一本厚厚的小画册。洋洋和小病友们充满童趣的作品,被护士们挂在病区走廊,布置成了"艺术长廊"。

经过护士们的精心装饰,"阳光活动室"大门变成了一副美丽的卡通画,"许愿墙"贴满了孩子们的小心愿。8 岁的曾磊刚刚动完手术,虽然他只能静静地坐在活动室一角,但看到病友们和护士阿姨一起玩知识抢答游戏,正在打点滴的他也不时扑哧一笑。

精心管理:将公益力量最大化

6 年前的 5 月,医护人员认识了 14 岁男孩谭树清,严重的先心病让他有着苍白的脸和瘦弱的身躯。他的家庭非常困顿,他父亲在孩子枕头下藏了 145 块 4 毛钱后,偷偷回了家。

全科医护人员都心疼这个孩子,当时没有专门的慈善项目,科主任杨一峰联系了媒体,希望借助社会的力量帮助他,很多爱心人士伸出了援助之手。某天,护士长办公室来了一名男子,他交给护士长 6 万元,并没有留下名字。不久,专家们成功为谭树清进行了手术治疗,安置了起搏器。

"谭树清的事例是我们实施慈善项目的雏形。自此之后,小儿心脏外科的慈善项目就蓬勃发展起来,现在像这样由于家庭贫困而延误治疗的孩子也越来越少了。目前我科 80% 以上的孩子都可以接受免费的治疗。"小儿心脏外科主任杨一峰也是该院党委副书记，他自豪地告诉记者，该院是湖南省最早一批开展儿童先心病救治的医院。

从2006年起，在杨一峰和同事们的努力下，一批批先心病患儿先后得到了香港嘉里郭氏基金、"鑫远心灯"救助计划等慈善项目的救治。2010年6月，医院成为湖南省新农合第一批免费救治儿童先心病的定点医院，去年有1108名患儿在这里得到了免费救治。医院成为省内先心病慈善项目开展数量最多、规模最大的科室。今年6月30日，该院成功地主办了湖南省首届儿童先心病新农合项目论坛。

天使们为患儿倾注的是一份亲情、一份责任、一份感动。每每看到出院时孩子甜甜地挥手告别，天使的眼里噙着感动，这一刻，他们忘掉了所有疲惫。

（5）主题通讯：主题通讯是以热门话题为通讯题材，确立主题，并围绕主题写作，回答公众关心的问题。由于这类通讯政策性、针对性、时效性较强，如能分析透彻，写得切实中肯，将很受读者欢迎。

【例文】

合肥"最美护士"感动江淮大地

王红梅　朱沛炎

安徽省合肥市一个年轻护士，下班途中遇到生命垂危的车祸重伤患者，毅然推开众人上前急救，撕开自己的披肩为患者包扎涌血的伤口，用碎玻璃割断绕在伤者脖子上的包带，使伤者转危为安，然后自己悄然离去……她，就是合肥市第二人民医院急诊科护士童春香。

一时间，童春香的事迹传遍合肥大街小巷，她被人们冠以"最美护士"、合肥版"美小护"等诸多称号，她的行为感动着当天在场的很多市民，也感动着医疗卫生系统的所有工作人员。合肥市卫生局授予童春香合肥市卫生系统优秀共产党员称号；合肥市文明委与合肥市卫生（药监）局联合号召全市卫生系统向童春香同志学习；在卫生系统各个单位，学习童春香同志先进事迹演讲报告会一场接一场的举行，她的先进事迹引起了台下听众强烈的共鸣。

面对重伤患者她挺身而出

7月9日上午8时30分，刚上完夜班的童春香与早班同事交班后，拖着疲惫的身体骑车回家。行经合肥市长江东大街与东二环路交口处时，亲眼目睹了一个惊悚的场面，一名年轻女子被一辆重型水泥搅拌车剐倒在地，身受重创，生命危在旦夕。

处于护士的本能，她拨开围观人群挤上前去。边上有人拉着她不让她靠近，她急了，对着阻拦她的人大喊一声："我是护士，我要去救她！"

童春香双膝跪地，仔细为伤者检查伤口。伤者的右下肢如被斧头砍了一样，动脉血管汩汩地向外冒血。凭着多年的职业经验她很快判断，必须第一时间止血！童春香环顾了一下四周，现场没有任何合适的止血器具。童春香低头看到自己身上的白色披肩，便立即摘下来，用力撕成绑带，紧紧扎住伤者伤处。

童春香看到，伤者的颈部勒着背包皮带和坎肩，随时可能发生窒息。童春香问了一圈，围观的人都说没带剪子或小刀。她略一思索，便从地上捡起一块玻璃碎片，用力去割皮带。皮带和坎肩终于被割断，患者的呼吸畅通了，童春香的手也被划破了好几道大口子，鲜血直滴。

120急救车来了，她将自己观察到的伤者情况对急救医生进行了介绍，便于医生施救。看到急救医生准备为患者建立输液通道，她一边说："我是急诊护士，我来吧!"一边上前为伤者作静脉注射。

伤者情况缓解了，被120急救车载着呼啸而去。童春香擦擦手上的血迹，骑上车悄然离去。

"最美护士"下班途中勇救车祸伤者的消息很快引起了当地社会的广泛关注，大家都在猜测，这名护士到底是谁? 伤者和其家人也希望能尽快找到这位救命的护士，向她说声谢谢。有现场目击者说，她可能是合肥二院的一名护士。有关人员来到医院打听，可该院有3个院区，1000多名护士，谁才是临危救人的"最美护士"?

经过医院宣传处工作人员反复打听，到当天中午时分，才知道"最美护士"是该院广德路院区急诊科护士童春香。电话打到她家时，童春香正下夜班在家休息。

事后有人问她，你就不怕施救不成，还要惹上一身麻烦? 童春香说："当时没想到那么多，我是一名护士，目睹伤者躺在地上十分危急，没办法不管不问。"童春香事后感慨地说，从医这么多年来，她认准了了一个道理：患者为大，在医护人员的心目中，患者的安慰始终是最大的!

从事护理多年坚持"患者为大"

童春香，中共党员，1983年6月出生，2003年毕业于巢湖职业技术学院，毕业后在无为县人民医院从事护理工作，2009年调入合肥市第二人民医院。现为该院广德路院区急诊科护士。

在急诊科护理岗位上，童春香始终兢兢业业，无怨无悔，默默无闻的奉献着自己的青春年华，用炽爱温暖着病榻上的疾困患者，用满腔真情感动着每一位患者的心灵。"患者生病已经很痛苦了，我们面对他们时，一定要记得微笑一下，让他们感受到我们的温暖和关怀"这是童春香经常挂在嘴边上的一句话，她也正是这样要求自己的。工作中的她总是面带笑容，无论是在病房，还是在为患者治疗，只要面对患者，她都是以真诚的微笑相迎，认真询问，耐心解答，真正做到百问不厌，百答不烦。

急诊科是医院的窗口部门，每天都要面对大量形形色色的患者，但在她眼中，他们都是需要帮助的患者。护士长程芳说，去年7月，医院急诊科收治了一名醉酒男子，由于无家人陪同，童春香便陪着醉汉去做CT检查。她艰难的将根本不听使唤的醉汉挪到检查台上，又蹲身给醉汉脱鞋。刚脱下一只鞋时，醉汉便开始呕吐，一大摊秽物直接吐在毫无防备的童春香身上，从头淋到脚。同事劝她先去洗洗，再给伤者做检查，被她拒绝了，经过简单擦拭后，她陪同醉酒男子做完了所有检查。检查结果显示，患者得的是蛛网膜下腔出血，出血量非常大，需立即住院治疗。后来男子的家人赶来，知道事情原委后，特地向她道歉并表示感谢，童春香只淡淡的笑了笑说："没事，这都是我应该做的。"

"你当了10年护士，接触到形形色色的患者，对这个职业有没有特别的理解?"对于这样的提问，童春香想也没想就说："仁心仁术，要像'美小护'一样善解人意，患者的利益始终是最大的。"

钻研业务做"有上进心"的护士

在急诊科护理岗位上，不仅要靠爱心，更需要护士娴熟的操作技艺，来为患者解除痛苦，挽救患者的生命。有一位外伤导致失血性休克的患者被送到急诊科，当时患者因失血量过多，血压极低，面色苍白，呼吸微弱，随时有被死神夺去生命的危险。童春香沉着冷静，按照急诊抢救流程，很快为患者建立起多条静脉通道、抽血、配血、吸氧、保暖，协助医生做诊断性检查。很快，患者被诊断为脾脏破裂，由于补液及时，手术及时，患者很快得救了。

在急诊科，经常会遇到误服药物的小儿患者，由于给成人洗胃的胃管较粗，护士一般会选用吸痰管来代替胃管，然后用注射器不停地把洗胃液打进患儿胃内，然后再吸出胃里的药物，反复抽吸，直至将药物冲洗干净。输液器抽吸时吸力较大，操作起来非常费劲，往往给一个小孩洗胃，要两三名护士一起协助才能完成。童春香看到这种情况后，和科里的小姐妹一起动脑筋、想办法，最后她们想到了用灌肠袋装满洗胃液，然后把吸痰管与其相连，利用虹吸原理使孩子胃内药物自动排出，这样洗胃效率高、质量好、而且大大减轻了工作量。

近年来，随着医学的发展，童春香清楚地意识到，仅做一名会打针、会操作的护士还不够，一名优秀的护士还需要具备厚实的、超前的护理前沿知识和理论才能永不落伍。为此，她不断在工作之余学习和掌握护理新知识、新技术，广泛吸取医学营养，丰富自己的护理知识。正是这种拼搏向上的力量，使得她所在的护理小组在医院急诊科首届心肺复苏大赛中名列前茅。

作为科室的护理骨干，新院区运行初期，她经常协助护士长打点科里杂事，为科室建设出谋划策。新院区急诊科大部分护士都是刚踏入工作岗位、缺少工作经验的应届毕业生。作为护理组长，童春香坚持手把手的带教，不遗余力的帮助新同志和技术薄弱的护士尽快提高急救专业技术，主动帮助她们解决工作中遇到的实际问题，在组内形成良好的学习风气，大家互相交流，互相促进。一些新护士不会使用急诊设备，她就利用工作间隙，给大家演示急救仪器的使用，使新护士很快适应急诊科工作。

"最美护士"事迹引起强烈反响

童春香的先进事迹被广为传播后，合肥市委宣传部、市卫生局的领导当即予以高度关注。市委宣传部副部长、市文明办主任王浩，市卫生局局长陈杜新，副局长雷鸣亲自到医院看望慰问童春香，先后组织召开了以"弘扬行业正气，争做道德模范"为核心内容的主题座谈会，称赞童春香同志是新时期医护工作者的楷模，道德模范的代表，并号召全市卫生工作者、共产党员向她学习。合肥市二院广德路院区门诊支部还特地组织医护人员对她救人的事迹进行了讨论。大家一致认为童春香能够主动去救人是卫生人职业精神的迸发，是强烈的职业道德感使然。

医院一位护士说，我们为有这样一个同行、同事而感到骄傲和自豪。眼看一条鲜活的生命遭遇重创，她毅然停车，实施急救，扯下披肩当绷带，割断包带促呼吸，包扎、止血、安抚、输液……一系列动作，专业、精准、及时，为抢救生命赢得了宝贵时间，一句"我是护士，我要去救人"，成为广大护理人员最时髦的流行语。

合肥市第二人民医院院长张晓庆说，长期以来医院始终重视医护人员的职业精神和职业道德的培养，始终坚持以患者为中心，经常组织开展各种活动，童春香此举绝非偶然，她的精神是我们今天的时代精神，代表了卫生系统广大职工的职业道德和职业情操。

合肥市卫生局局长陈杜新说，作为一个普通的医务工作者，她在危急关头毅然挺身而出，在围观者的质疑声中，她勇于施救，充分展现了一个医务工作者高尚的道德情操和高度的社会责任感，从她身上，充分展现了白衣天使的"心灵美、行为美、道德美"……

（6）小通讯：小通讯往往是通过一些片段的描写，来反映医疗实践中的工作成效、人情世态、经营方式、消费观念等。由于小通讯的切入点小，反映面小，篇幅短且撰写生动，被称为新闻小故事、小通讯。

【例文】

告诉乡亲们"狼"来了

——记一堂艾滋病防治知识宣讲课

南国深秋的一个傍晚。七点多，天已完全黑下来，广西壮族自治区龙州县响水镇的一间大会议室灯火通明，自治区疾控中心副主任卓家同的艾滋病防治知识宣讲课即将开始。

能容纳100多人的大会议室挤得满满当当。听课的"学生"有附近村民，有街道干部，也有小诊所的医生。

卓家同走上讲台。他身穿白衬衫，打着领带。

"性传播是当前艾滋病最主要的传播途径。爱美之心人皆有之，但面对诱惑不能贪婪，要学会自控。"卓家同的幻灯片先以几幅大尺度美女照片开场，紧接着是一组艾滋病晚期患者饱受病痛折磨的照片。两组照片反差巨大，给人的感官以强烈的刺激。

接着讲艾滋病发病情况。卓家同从全球讲到全国，再讲到广西：广西艾滋病发病率已排到全国第二位，平均每天新增十几名艾滋病病毒感染者，疫情防治形势严峻。而龙州县的发病数又在全区以县为单位排名前列，新报告病例中九成以上为性传播感染，其中农民占70％，通过嫖娼染病的占80％。

结合几个发生在广西的真实案例，卓家同告诫说："不要以为艾滋病离自己远。狼已经来了，大家一定要提高警惕！"

针对不同人群，卓家同编写了一些顺口溜，予以警示。对伴侣的忠告是："恪守道德不去乱爱，偶遇诱惑也先防艾"；对青年学生的警示是："十年寒窗苦，一病全呜呼"；对青壮年人的宣传是："生活刚改善，一病全无盼"；给老年人讲的是："一生苦奋斗，一病全没救"。

讲得精彩，听得专注。人群中时不时发出惊叹声，不知不觉间，一个半小时过去了。"没想到艾滋病这么可怕！"不少人听完后发出感慨。

像这样的课，过去一年多，卓家同在广西部分地区已经讲了30次，仅在龙州县就讲了 12 次。他还培训许多乡镇卫生院的防保医生，教会他们去向更多的人宣讲防艾知识。

卓家同说，很多农民对艾滋病的危害性认识不足。"特别是在高发区，防控措施如果再藏着掖着、温情脉脉，对疫情控制不力，应针对实际，适当加强对未感染人群的警示教育。"

因为讲得好，卓家同如今在龙州县已是名人。一位私营诊所的医生，是第二次来听讲，他说，自己的家离这里 5 公里远，听说卓主任来讲课，专门骑着摩托车来听，"多学，才能讲给更多的人听"。

也有不少人是第一次听这样的讲座。会后，他们排队每人免费领取一本卓家同参与编写的《我要幸福：预防艾滋病科普读物》。一位小餐馆老板表示，要把书带回去好好读，再给手下的服务员看看，让周围的人学会保护自己、保护家人。

（本报记者　孟庆普）

4. 医学通讯的结构和写法　通讯由标题和正文两部分组成。

（1）标题：标题是通讯的重要组成部分。拟写时要注意所拟标题要鲜明地表现通讯的主题，这样可以增强通讯的可读性。标题的形式通常有主题式或主副式标题，副标题可以交代报道的对象和新闻的来源。

通讯的标题一般来说采用文学式的揭示主题的标题，以起到引人注目的作用。

【如】

"顶天立地"北医人

（2）正文：正文是通讯的主体部分，要用典型的、有说服力的、足够的事实来充分表现该通讯的主题。写作顺序一般有时间顺序和逻辑顺序。

5. 医学通讯的写作要求

（1）注意选取典型材料：要注意选取体现时代精神，具有鲜明个性的材料，要注意在典型细节上下工夫，挖掘事件的本质特征和人物的突出品质。

（2）恰当运用文学艺术的表现手法：无论写人还是记事，在客观真实的前提下，恰当运用文学的表现手法和技巧，这样可以文情并茂，真挚感人，使读者喜闻乐见，更好地发挥医学通讯的作用。

【医学通讯一则】

帮孩子圆那一个个童真的梦想

——第三军医大学大坪医院救治贫困先心病患儿记事

重庆市合川区患先天性心脏病的女孩陈雨婷有一个梦想，就是和同学们一起上体育课、一起爬山郊游。

7 月 31 日上午，小雨婷在第三军医大学大坪医院成功接受了主动脉三尖瓣畸形矫治手术。小雨婷是该院开展的"爱助童心"活动救治的第 908 名先心病患儿。

与此同时，在海拔 4000 多米的西藏高原，大坪医院院长、心血管内科专家周林第二次率领医疗队，行程3000多公里，辗转在昌都地区的类乌齐、芒康等藏区乡村，初步筛查出26名藏族先心病患儿。8月4日，这些藏族小朋友陆续开始了他们的圆梦之旅。

并不算奢侈的童年梦想让人动容

"李伯伯好!"7月29日，该院心血管外科副主任医师李志平顶着39℃的高温来到重庆市璧山县正兴镇石院村，回访去年接受先心病手术治疗的贫困孩子唐一玉，刚到村口，便远远地听到她清脆的声音。

唐一玉的父亲唐友翔眼睛湿润了。"要不是人民军医的无私救治，我女儿就不会有机会成为一个健康的孩子。"

谁能想到，这样一个活泼可爱的孩子，因患了先天性心脏病，每天需要让外婆背着走30多分钟的山路才能到镇里上学。

唐一玉的人生转折，始于大坪医院开展的"爱助童心"救治贫困先天性心脏病患儿活动。

2010年4月，第三军医大学大坪医院"为民服务专家医疗队"到三峡库区、渝东南山区等地对基层卫生单位进行技术帮扶，给那里的老百姓送医送药。在那里，医疗队员了解到，有不少先心病患儿因家庭贫困，不能得到及时救治。

患儿们在与医疗队叔叔阿姨的交流中，都迫不及待地道出自己的心声。

重庆市彭水县偏远山村的土家族先心病患儿林安安心中的偶像是姚明，他盼望有一天能在球场上，像姚明一样成为灌篮高手。

重庆市黔江山区患先天性心脏病的13岁小女孩冉倩的梦想，就是能像正常孩子一样跳跳橡皮筋。

……

面对一个个并不算奢侈的童年梦想，随队的医务人员无不为之动容。

2010年7月26日，对那些有先心病孩子的贫困家庭来说是一个难忘的日子。大坪医院联合爱佑华夏慈善基金会、中国红十字基金会"天使阳光基金"，启动了"爱助童心"救助贫困家庭先心病患儿的活动，该院以内部捐资、减免医疗费用等形式资助1000万元，中国红十字基金会和爱佑华夏慈善基金会共资助1000万元，计划在"十二五"期间完成1000名贫困先心病患儿的救治。

海拔再高的乡村也要去

2011年12月20日中午，由周林带领的大坪医院医疗队乘坐的航班抵达昌都邦达机场时，这个世界上海拔最高的机场，地面温度为零下19℃。医疗队员一下飞机，就直奔400多公里外丁青县的一名患儿家。

这一路，医疗队员们相继出现高原反应。嘴唇发紫、头痛发晕、呕吐。22时，医疗队才从那名患儿家赶到丁青县招待所。一下车，他们就被群众团团围住。许多群众高喊：金珠玛米来了，我们的孩子就有救了!

"听到这样的声音，一路的疲劳顿时没有了。"为了不让患儿在寒夜中等待太久，医疗队员克服身体不适，立即开始为患儿做筛查，最后一名患儿离开时，已经是凌晨两点。丁青县县委书记郝树民握着周林的手深情地说："咱们人民军医就是作风过硬，从你们身上，我再一次看到了亲人解放军缺氧不缺精神的动人场面，你们真是好样的。"

为让更多的先心病患儿早日解除病痛，年近八旬的专家蒋耀光、邹咏文等一批老教授不顾年事已高，主动请缨，纷纷加入了救治先心病患儿的医疗队。

自2010年以来，大坪医院先后组建了20余支医疗服务队，把目光锁定在革命老区、少数民族地区、三峡库区、贫困山区的贫困先心病患儿家庭上，帮助这些家庭的患儿早日恢复健康。

每一个细节都浸满爱

在大坪医院心外科，一名男子"扑通"一声跪倒在地上，向医护人员猛磕3个头，泣不成声道："孩子的命是你们救回来的，这样大的恩情我就是当牛作马也报答不了！"

这名男子叫莫世河，来自重庆市铜梁县，他8岁的儿子莫洪也是大坪医院"爱助童心"活动资助的对象。莫洪看上去个子比同龄孩子矮得多，有些害羞，笑起来脸上还有2个小酒窝。

"这孩子命苦！"莫世河摸着儿子的头说，为治儿子的先心病，他已经倾家荡产。去年，妻子因忧伤过度，得了精神病，被送进医院，家里全靠他做零工维持生计。现在一家人只能住在岩洞里艰难度日。

在对贫困患儿基本情况摸底后，大坪医院范士志、钟前进等专家走进了莫世河的"家"。在严冬里，专家小组对莫洪的病情进行了诊断，随后安排他住进医院，免费进行了手术。术后，小莫洪恢复得非常好。

先心病手术难度大、风险高。为了保证患儿安全，大坪医院针对患儿个体差异制订了一对一的手术方案。

他们不但救"心"，还考虑患儿的未来。特别是对于女童，能做胸腔镜微创手术，绝不轻易做开胸手术，以免术后留下的疤痕给孩子日后的生活带来影响。

"我们都是你的妈妈"

琪嘎次仁是一名5岁的藏族小姑娘。在病房里，她是最活泼的，也是唯一会说汉语的藏族孩子。

2011年岁末，她随周林带领的医疗队从昌都来到重庆接受手术治疗。活泼可爱的次仁术后却给护士们出了一道难题：在重症监护室里闹着要见妈妈。

"在病房里，我们都是你的妈妈。"轮流守候的护士用女性特有的温情感染了次仁，她不哭闹了，甜美的笑容又挂在了小脸蛋上。

今年1月，在大坪医院的迎新春文艺晚会上，藏族小喇嘛益西尼玛的父亲斯郎旺堆主动要求上台，为医护人员献上了一首《幸福美满》，表达他们一家人对亲人解放军的谢意和祝福。而5岁的尼玛则把刚学会的汉语"谢谢"，送给医生和护士。

"爱助童心"救助贫困家庭先天性心脏病患儿行动开展两年来，已救治了908名家庭困难的先心病患儿，他们中年龄最大的14岁，最小的仅3个月，其中，有82名是藏族、回族、苗族、白族等少数民族同胞。

第二节 医学科普写作

一、医学科普概述

（一）医学科普写作的概念和特点

1. 科普和医学科普的概念 科普是科学知识与技能普及的简称，它通过各种通俗的方式和途径，把先进的科学思想、知识、方法、技能，广泛传播给人民大众，了解科学技术的发展趋势，推动科学技术的进步与发展。

医学科普写作是以医学为内容，医用为功能，运用文艺的、通俗化的手段，通过描写抒情等表达方式，以达到传播、普及医学知识这一目的的写作实践活动。

2. 医学科普写作的特点

（1）准确真实地反映医学科学知识，在概念、事实、数据上必须符合医学科学的本质，所谓欲写千字文，必读万卷书，因而医学科普写作要广泛地占有材料，扩大知识面，开阔医学视野。

【例文】

血型的自述

我的名字统称为"血型"，我的父亲是一位聪明的奥地利维也纳医生，他叫"兰德斯坦纳"。

1901年，他发现人类红细胞A，B，O三个血型。1902年，他的学生又发现了第四型"AB"型。他被称为血型之父，1930年获诺贝尔奖。

人们把我界定为A，B，O，AB四种血型的理由是指：血液中红细胞所带不同的抗原物质和血浆中所具有的不同抗体而言。A型：红细胞上含有A抗原，血浆中含有抗B抗体；B型：红细胞上含有B抗原，血浆中含有抗A抗体；AB型：红细胞上同时含有A和B两种抗原，血浆中无抗A抗B抗体；O型：红细胞上既不含A抗原，又不含B抗原，血浆中有抗A抗体又有抗B抗体。

算起来，人们认识我才109年，其实自从有了生命的存在，也就有了我的存在，我的年龄应该以亿年来计算了。1921年，世界卫生组织才统一为我命名：A，B，O，AB四种血型家族。

1940年，人们又把A，B，O，AB四种血型划分为Rh阳性和Rh阴性血型。人们把Rh阴性血型称之为稀有血型。所谓Rh血型是指红细胞上含有Rh抗原，称之为Rh阳性血型；红细胞上无Rh抗原，称之为Rh阴性血型。Rh阳性血型在我国汉族及大多数民族中占99.7%，个别少数民族约为90%，中外一些民族中占85%，欧美白种人Rh阴性血型占15%。

近年来，随着医学的发展，人们对我的研究越来越深入，发现血型存在千差万别，1995年又发现23个红细胞血型系统，不同血型抗原400多种；1958年发现人类白细胞抗原（HLA），1995 年公布 HLA 表型特异112 种，HLA 等位基因已达503 个，白细胞8 个系统，120 余种血型抗原，白细胞血型配型（HLA）在干细胞移植术中是成功与否的关键。1957 年后陆续发现血小板抗原。血小板有特异性抗原7 个系统，系统中又有10 多种抗原；其他组织细胞抗原148 种。

另外有20 多种血清蛋白、血清酶以及30 多种抗原，共计在600 种以上，如将红细胞、白细胞、血小板等进行排列组合，那么人类血型就有数十亿种之多。

科学研究表明，人类血型是由遗传决定，子女的血型由父母双亲的染色体遗传而来，人血中的红细胞、白细胞、血小板以及血浆蛋白等分成不同血型，除同卵双生外，再也找不到两位血型完全相同的人。

总之还有很多很多，只不过是人类还没有发现而已。

血型是每个人终身不变的符号，但有时在某些病理状态下也会发生短暂改变，如某些疾病（白血病）尤其是中晚期，由于造血器官功能障碍，使大量不成熟的红细胞进入血液循环，这些不成熟的红细胞膜上的血型抗原物质减少或消失，因此，血型就会发生改变。如果造血器官功能恢复，那么改变后的血型又可恢复原形。长期大量输血后的患者，血型也会出现暂时性改变，这种改变维持不会太久。目前，人们在试图研究将 A 型、B 型改造成 O 型血，相信在不久的将来一定会成功。

我虽被发现的历史不长，但是我的很多奥秘在近年来被逐步发现，为安全输血提供了科学依据，让人们都知道，我们血型家族虽然同宗同源，但我们的遗传基因千差万别，随便混合相输容易发生排异等免疫反应，只有通过科学配型相合后，才会既挽救了生命，又不发生副作用反应，由此可见，科学认识我是多么的重要。

（湖南省郴州市输血协会　郑旗林）

【简析】本文准确真实地介绍了关于血型的科学知识。作者在广泛占有材料的基础上，说明了人们界定 A 血型、B 血型、O 血型、AB 血型的原因，血型的发现人及其成就等事实；Rh 阳性阴性血型在中外民族所占的比例，不同血型抗原种类等诸多数据。这些知识均符合血型科学的本质，为人们科学认识血型，安全输血提供了科学依据。

（2）医学科普的显著特点是普及，科学的内容还需以喜闻乐见的形式表现，寓抽象于形象之中，科学性与趣味性相结合，写作上要深入浅出，化深奥为浅显，变抽象为具体，在适应大众接受能力和欣赏水平上下功夫。在创作中要选取读者感兴趣的角度，可以先拟定一个艺术性的标题，开头从典型事例或故事引入主题，适当运用描写、抒情等表达方式，以及比拟、比喻等修辞手法或配以插图，图文并茂，引人入胜地介绍医学科学知识。

【例文】

视力突然下降要迅速就诊

热播电视剧《心术》中有这样一个镜头：一位医生急匆匆抱着一位五岁的孩子要插队先做检查，可排队的患者不干，怀疑医生"开后门"，大骂医生没素质。医生急了，解释这名小患者罹患视神经炎，半个小时前什么也看不见了，怀疑视网膜动脉小分支阻塞，得做造影才能明确诊断。如果马上做眼球前方穿刺，孩子的眼睛还有一线希望。究竟什么是视神经炎？视网膜动脉阻塞为何需要急诊处理？

江苏省人民医院眼科孙红副主任医师说，儿童视神经炎多与感染有关，多数属视神经乳头炎，双眼发病率高，典型症状为视力急剧下降，突然发病，数日间恶化，视力多降至0.1以下，短期内可出现黑朦，伴有眼球转动痛。患儿眼球外观通常没有明显变化，在视力完全丧失时才出现瞳孔散大，而部分幼儿出现视物模糊后表达不清或没有及时告诉父母，往往延误病情。

孙红副主任医师说，视神经炎是一种致盲性眼病，但如早期发现，及时进行大剂量糖皮质激素冲击等治疗，大部分患者能迅速恢复视力，但少部分患者可复发。因此，当孩子视力骤降或突然出现色觉障碍时，家长一定要及时带孩子到医院检查。

那么，视网膜动脉阻塞是怎么回事呢？孙红副主任医师说，视网膜依靠中央动脉供血，一旦动脉阻塞，会导致视网膜缺血缺氧。90分钟是抢救视网膜中央动脉阻塞患者的黄金时间。超过90分钟，视网膜神经组织常常发生不可逆性损伤。视网膜中央动脉阻塞发病突然，表现为一眼无痛性急剧视力下降，甚至无光感。视网膜动脉阻塞的老年患者，有的发病前可以有一过性视力丧失并自行恢复的病史。视网膜动脉阻塞多见于患动脉硬化、高血压者，患者多为有心血管病的老人，偶见于年轻患者。

因此，中老年人尤其是有心血管病史者，如单眼突然出现无痛性视力下降，甚至没有光感，一定要迅速到眼科就诊，医生和患者都需"与时间赛跑"。

（谢 瞻 吴倪娜）

【简析】本文开头是由读者喜闻乐见，颇感兴趣的热播电视剧故事引入主题，形象生动，趣味性与科学性相结合，适应了大众的接受能力和欣赏水平。化深奥为浅显地告诉读者什么是视神经炎及其原因、视网膜动脉阻塞如不及时救治的危害，了解到"中老年人尤其是有心血管病史者，如单眼出现无痛性视力下降，甚至没有光感，一定要迅速到眼科就诊，医生和患者都需'与时间赛跑'"的医学知识。

（3）医学科普的取材可以是自己在科研中得到的第一手材料；也可以是调查研究、参观采访、查阅医学文献所获得的第二手材料；或是把一种体裁的医学科普作品改写成另外一种医学科普作品，如把医学说明文改写成医学科普小品，或是把一种文字的医学科普作品翻译为另外一种医学科普作品，当然翻译的作品应署名翻译或编译。

【例文】

人体的分化和统一

地球上有数不清的大江小河。我们体内也有"河流"。人体毛细血管的总长度约10万公里，它们和动脉、静脉一起组成了一条红色"长河"。这条"长河"在体内循环不息，一方面纳新：把氧气、蛋白质、糖、脂肪等代谢原料源源不断的供应给各组织器官；一方面吐故：将二氧化碳、尿素、尿酸等代谢废物不停地运出体外。

毛细血管是在显微镜发明之后才看到的。不过，人们早已推测到它的存在。《内经》上说，在经脉和络脉之间有"孙脉"联系。孙者小也。孙脉是指微不可查的小血管。毛细血管确实很小很短，其直径只有8μm，长度只有700～800μm，但它数量极多，每平方毫米肌肉的横断面上就有近200条，全身约100亿根。毛细血管是联系动脉和静脉的桥梁，它纵横交错，遍布全身，内联五脏六腑，外络四肢百骸，灌溉着每个组织，滋养着每个细胞。"足受血而能步，掌受血而能握，指受血而能摄"。即使是十几万根头发，上亿根汗毛也离不开血液供应营养。西汗古墓中发掘的女尸，历经2千多年血液早已不复存在，但用她的头发却验出了血型。

20万里"长河"为什么会川流不息？"心主身之血脉"。心脏只有拳头大小，重量不过250～300g。但20万里"长河"却源于心脏，止于心脏。"千里江河归大海"，心脏，就是体内的"大海"。由于心脏的作用，血液才能在"长河"里循环流动。心脏的工作能力是惊人的，即使在安静时每次跳动可以把60ml的血挤向血管，每分钟压出的血量约4.5L，每年压出的血量起码有2000多吨。一个人活上70岁，心脏压出的血液，用15艘万吨轮都装不完哪！

心脏就是一个矛盾统一体。心脏活动，主要是收缩和舒张，成年人每次心跳时间约为0.8秒，收缩0.3秒，舒张0.5秒左右，节律性很强。心脏收缩，射出血液，心脏舒张，接受血液。"文武之道，一张一弛"。正是在这一张一弛中，心脏保持着旺盛的活力，生命不止，工作不息。

心脏和血管也是一对矛盾。心脏收缩时射出的血液对血管壁会产生一种压力（血压），这种压力相当大。曾有人将一个铜管插入马颈动脉，喷出的血液竟达2.5m（185mmHg）。长颈鹿的血压，更高达360mmHg。人的正常血压，约为80～120mmHg。接受心脏血液的动脉管不是直挺挺、硬梆梆的玻璃管，而是富于弹性的肌性管道。它能将心脏收缩的一部分能量贮藏起来（压强能），表现为压力增高，血管膨胀，容纳一部分额外血量。在心脏舒张时，血管回缩，部分压强能转化为血液的动能，血液继续流动。有了这个转化，才是血压不致过高过低，使心脏的间断性射血变为动脉管中持续的血流，在体内周而复始，奔流不止。否则，动脉内血液便会时流时停，血压也会大起大落。心脏和血管的矛盾，既是血循环的动力，又是决定血压高低的主要因素。心脏收缩过强，或者外阻力过大，血压就偏高，反之则偏低。高血压患者，通常是动脉血管痉挛或管壁硬化，外周阻力增大，从而加重了心脏负担。

动脉和静脉又是一对矛盾。动脉压力高，血流快，但数量少；静脉压力低，血流慢，但数量多。动脉输送充氧血，静脉收回缺氧血。断肢再植术从"必然"向"自由"发展的重要一环，就是由于正确处理了动脉和静脉的矛盾。把断离的肢体接活，关键在于接好血管，保持肢体的血流畅通。开始，上海市第六人民医院医务人员把断裂的动脉和静脉相等数量的接上，但接上去的断肢却象馒头似的肿胀。为什么接上等量的动脉和静脉血流仍不畅通？他们认真分析肢体的血流情况，认识到根本原因是没有正确对待动脉和静脉的矛盾。静脉多，肢体断裂后受破坏的也多，等量的接上动脉和静脉，势必造成静脉回收血液不足，使缺氧血在组织内滞留，引起肿胀，而静脉回流不畅，又反过来影响动脉输血减少，最终使肢体因缺血而重新坏死。后来他们采取适当地多接静脉的办法，有效地防止了肿胀，大大提高了断肢再植的存活率。

血管和血液是循环系统的两个组成部分。只了解血管一方，不了解血液一方，还不能认识血液循环的本质。

血液总量约占体重的8%，一个百来斤的人有血液4～5kg。血液看来很均匀，内部却充满着各种差异，存在着复杂的变化。血液中包含着红细胞、白细胞和血小板，大分子、小分子和水分子等几百种成分。各类物质，各有功能，既分工，又协作。

红细胞是辛勤的"运输队"，体内的氧由它输送，其主要特点是"红"。红色来自血红蛋白，红细胞像个圆圆扁扁的小口袋，当血液流过肺脏时，氧气钻进小口袋，同血红蛋白结合；血液流过组织时，氧气陆续从小口袋钻出来供给各组织器官的细胞。正常成年男子每100g血液约含12～15g血红蛋白（女子略低些）。贫血，主要就是血液中血红蛋白的含量偏低，而不是血少。红细胞另一个特点是小。在芝麻大小的一滴血（$1mm^3$）中，有400万到500万个。小才使红细胞有大的惊人的数量（22万亿），才能适应全身100万亿细胞供氧的需要。小又使红细胞有巨大的表面积（$3500m^2$），比整个人体表面积大2000倍，为红细胞在肺部多装氧气，在组织内快卸氧气提供极大的便利。既然运输的功能主要靠血红蛋白分子，干脆不要红细胞，使表面积更大些，行不行？不行！赤裸裸的血红蛋白分子在血液内很快会解体，或从肾脏排出体外。

白细胞是坚守职责的"巡逻兵"。它与红细胞都发生于红骨髓中的原血细胞，称得上是"孪生兄弟"。白细胞和变形虫有点相似。它虽然没有耳、目，但有趋化性，当细菌侵入人体后，白细胞凭着趋化的本领，会从四面八方集合起来和细菌战斗。白细胞数量不多，每1立方毫米5000～10000个，但它们英勇善战，以一当十，一个白细胞就能吃掉15～20个细菌。白细胞还有分工协作。中性白细胞对付引起急性炎症的细菌；嗜酸性白细胞对付寄生虫；淋巴细胞主要起免疫作用。因此，白细胞的分类计数测定，在临床上具有重要意义。

血小板是精心的"护堤工人"。血小板又称凝血小体，它所含的凝血激活酶能使血液凝结。长河一旦决堤，血小板便和血液中的纤维蛋白一起来堵堤塞洞，或者直接粘合在管壁上。通常的小出血，往往过了一会儿就自然停止了。有一种血友患者，划破点皮或拔牙齿出了点血，从此血流不止，甚至死亡。这种人的血小板数量虽然不少，但所含凝血激活酶却很少，因而起不了"护堤"作用。

20万里"长河"流向身体的每一个角落，带动全身的吐故纳新。塞尔维特在发现肺循环时就指出，血液在肺部放出"焦味、煤烟、尘埃"，重新恢复鲜红的颜色。当时虽然还没有发现氧气，也不知道二氧化碳，而血液重新恢复鲜红的颜色，则是由于在肺部充过氧气的缘故。因此，肺部的工作就是不断地一分为二：把氧气从空气中分出来，吸入到血液内：把血液中的二氧化碳分出来，呼到体外。很明显，这个一分为二的过程，也就是吐故纳新。只纳新（吸收新鲜氧气）不吐故（呼出二氧化碳）不行，因为氧一旦进入体内，就必定有一部分与有机物的主要成分碳结合，向"故"转化而去。同样，只吐故不纳新也不行，因为没有新鲜氧气，二氧化碳不可能排出体外。氧和二氧化碳是一对孪生兄弟，哪里有氧，哪里就有它的对立物——二氧化碳。正由于吐故，又有纳新，20万里"长河"才不会死水一潭，而是千帆竞发，百舸争流，一派繁忙景象，肺泡是现实气体交换的功能单位。前面提到，成年人小支气管上的肺泡可达三四亿之多，通入肺部的血管也分枝繁多，每个肺泡外都有密密麻麻的毛细血管网包围，以利于进入肺泡的空气和血液进行气体交换。

血液中并没有尘埃，塞尔维特把鼻涕、痰液中见到的尘埃误认为是从血液中放出来的。其实，尘埃是呼吸道从空气中分出来的。呼吸道包括鼻腔、喉头、气管等结构。呼吸道表面为柱状上皮细胞所被覆，每一个细胞都长有130～150根纤毛，他们每分钟摆动160～1500次，向前摆的速度比向后退的速度快2倍。这种纤毛称得上是呼吸道中的"清洁工人"，能把空气中的颗粒超过 $4\mu m$ 的移出去95%；超过 $1\mu m$ 的移出60%；超过 $0.2\mu m$ 的移出21%。香烟雾可停止纤毛的扫除运动，使气管黏膜的细胞增生与变形，有可能形成肺癌。无怪乎，男性患肺癌者中吸烟的占96%以上，其中烟龄悠久（20年以上），烟瘾比较大（日吸20支以上）者超过一半。我们应不吸烟或者少吸烟，特别是青少年，正在长身体的时期，更不能吸烟。

长河里蛋白质、糖、脂肪等养料是从消化道中通过门脉循环流入的。消化的实质是分解食物。食物千差万别，不外三种主要成分：糖类、脂肪、蛋白质。消化食物工程浩大，但不外两种手段：物理分解与化学分解。物理分解即把食物在口里嚼得烂一些，在胃里捣得稀一些，在肠里揉的均匀一些。化学分解是通过消化酶，把糖类、蛋白质、脂肪三类大分子，分别拆散成葡萄糖、氨基酸、甘油和脂肪酸等小分子，物理分解与化学分解是相辅相成的，是消化过程的两个缺一不可的组成部分。在嘴里嚼烂食物时，唾液腺同时把淀粉酶掺进去使部分淀粉分解为麦芽糖。食物在胃内捣得稀烂时，胃腺分泌胃蛋白酶使部分蛋白质分解为多肽。经过胃消化的食物称为食糜，它们分批分期进入小肠。食糜在被肠壁运动搅拌得十分均匀的同时，又掺入了来自胰腺的三大类酶，以及胆管流入的胆汁，把食物分解为可以吸收的养料，再由肠壁上的绒毛吸收到血液中，随20万里"长河"进入各组织器官。分解总是不完全的，消化力再强，也总有一部分食物残渣消化吸收不了，这就是粪便。

人体吸收的养料，除脂肪外，都必先经过门静脉流入肝脏，经过一番处理，然后才能通过大静脉管流到心脏遍布全身。盖伦曾认为肝脏制造血液，后来虽然被否定了，但肝又确实和血液关系密切。肝脏血管分布特别密集，肝细胞素与血窦有密切关系，如同浸泡在血液里。血液在肝脏里干什么？有人通过摘除动物肝脏的实验，发现肝脏能把吸收的葡萄糖合成为肝糖原贮藏起来，再随时转化为血糖，使之维持一定水平。肝脏摘除以后，血糖急剧下降，动物仅存活3小时就丧命了。给摘除肝脏的动物滴注葡萄糖，能使其苟活数十小时，但还不免死亡。于是进而发现肝脏在改造蛋白质上具有特殊功能：使蛋白质从异体向自体转化，有毒向无毒转化。蛋白质代谢的最终产物是氨，氨对人体是一种毒物，经过肝脏加工后，合成尿素，再由肾脏排出体外。肝病严重时发生的"肝昏迷"，就是氨中毒所致。肝脏是一个具体而微小的化工厂，能进行的生化反应超过500多种，其生产的产品，对造血、免疫、制造激素、乃至脑的活动都有直接关系。

因为肝脏重要，不少人把肝脏看得十分神秘，觉得肝脏碰不起，惹不得。其实肝脏是非常顽强的器官。低能动物有很强的再生能力。海星只要还剩下一瓣，不久又会依然故我。水螅即使"碎身万段"，还会长成许多水螅。这种再生能力，人体肝脏也是具备的。古希腊的神话，普罗米修斯在造出了人以后，又从天上把火偷到了人间，因而受到宙斯的惩罚，被钉在高加索山的一块岩石上，白天都有一只鹰来啄食他的肝脏，可是到夜里，他的肝脏又长出来了，白天被咬掉多少，晚上就长上多少。神话是虚构的，却也曲折的反映了人们对肝脏再生能力的认识。肝脏的再生能力确实十分惊人，把狗肝脏切去四分之二，过了三四个星期，它又长成原样了。即使是肝硬化已发展到腹水的动物，切除硬化部分，肝脏也能再生。人患肝病的时候，肝脏一部分在死亡，另一部分却在新生。因此，患了肝病当然要认真对待，但也不必"忧肝忡忡"，徒增"肝郁"。也不该自作主张，大食大补，用药过量，这样增加了肝脏的负担，反而会弄巧成拙。

肝脏加工改造后的物质，一部分通过肾循环排除体外。肾循环的血流量是惊人的，心输出量的五分之一在这里通过。两个肾脏加起来只有六两重，但每天要从上千升的血液中"分"出尿素、尿酸等废物，繁重的排泄功能使肾脏内部有繁复的分化。肾有二三百万个肾小体，紧接着肾小体的是肾小管，把所有肾小管的长度加起来，可长达 $60\sim120km$。肾脏的工作是去粗取精。血液流过肾小球时，除血细胞和蛋白质外绝大部分流入肾小管，其中还含有大量的葡萄糖、钠、钾等盐类，肾小管细胞又把他们吸收回来，尿素等废物则让其通过。肾小管出了毛病，就会不分青红皂白，在小便中白白地流走许多好东西。排废很重要。废物好比体内的一种隐患，隐患不除，后祸无穷。清除了废物，才能接纳更多的养料，以保持和增进人体的健康。然而，废物又是清除不完的。比如扫地，一天扫 24 小时，还是有灰尘。人体 20 万里"长河"在每次循环中，只清除一部分废物，总是保持着一定量的渣滓。所以，健康人也只是相对的纯，不纯才是绝对的。正由于不纯，才有养料和废物、纳新和吐故的斗争，才分化出了肾等排废器官，锻炼出了和废物斗争的能力，20 万里"长河"才长流常新。

20 万里"长河"汇于一身，全身也在"长河"里留下了烙印。在血管里时时刻刻流动着全身各组织、器官、系统的代谢产物，各组织、器官、系统的变化，都会迅速而灵敏的反映到血液中来。血液是人体的一面镜子。现在，通过血液化验，已能测定出 100 多种物质的变动，全身八大系统都可以通过验血来反映其正常还是异常。例如，通过红、白细胞计数、分类，出血、凝血时间，胆固醇、甘油三脂等的测定，有助于诊断心血管系统的许多疾病。化验血液中胆红素，谷丙转氨酶，甲胎蛋白等是检查肝病的重要手段。血液中非蛋白氮，尿毒氮，肌酐等是泌尿系统病变的可靠指标。血糖浓度，钾、钠、钙、磷等元素的浓度，酸碱度等则能相当灵敏地反映出内分泌系统、呼吸系统、消化系统的变化。血液中浓度仅为百分之几到十亿分之几的锌、钴等微量元素的波动，也能作为诊断疾病的手段。当然，血液只是一种指标，单凭验血往往还不能确诊，必须结合其他指标。同时，血液化验的结果常有种种假象，需要多次测定才能去伪存真。

（沈铭贤等）

【简析】本文选自《医学和哲学》1980年第2期。节选部分是根据医学教科书的知识改写为医学科普文的一篇较好的医学科普作品。作品通过形象化的手法介绍了人体循环系统的相关知识，很好地体现了医学科普文的特点。①先拟定一个艺术性的标题"二十万里'长河'汇于一体"吸引读者；②作者在广泛占有材料的基础上，运用相关的知识、数据做到了准确真实地反映医学科学知识；③医学科学的内容以喜闻乐见的形式表现，巧用比喻、比拟：将血管比作二十万里"长河"、心脏比作体内的"大海"、红细胞比作辛勤的"运输队"、白细胞比作坚守职责的"巡逻兵"、血小板比作精心的"护堤工人"、呼吸道纤毛比作呼吸道中的"清洁工人"、血液比作"人体的一面镜子"，既形象，又生动；④将深奥的医学知识浅显化、通俗化，如谈到"心脏与血管的矛盾"时用"心脏和血管的矛盾，既是血循环的动力，又是决定血压高低的主要因素。心脏收缩过强，或者外阻力过大，血压就偏高，反之则偏低。高血压患者，通常是动脉血管痉挛或管壁硬化，外周阻力增大，从而加重了心脏负担"，道出血压高低的原因。谈到血小板是"护堤工人"能止血的原理时写道"有一种血友患者，划破点皮或拔牙齿出了点血，从此血流不止，甚至死亡。这种人的血小板数量虽然不少，但所含凝血激活酶却很少，因而起不了'护堤'作用"，几句话道出血友病的病因。在谈到"呼吸道上皮细胞纤毛"是呼吸道的"清洁工人"时，指出"香烟雾可停止纤毛的扫除运动，使气管黏膜的细胞增生与变形，有可能形成肺癌。无怪乎，男性患肺癌者中吸烟的占96%以上，其中烟龄悠久（20年以上），烟瘾比较大（日吸20支以上）者超过一半。我们应不吸烟或者少吸烟，特别是青少年，正在长身体的时期，更不能吸烟"，起到宣传吸烟有害的教育作用。

3. 医学科普写作的作用

（1）医学科普写作可以增加人民群众防病治病的知识，提高全民族健康意识、身体素质。人的一生都和医学发生着关系，人的生老病死是每个人关心的问题，一个民族健康水平的高低，疾病的多少，和其所掌握的医学知识成正比。近代的生物医学模式，已转变为生物-心理-社会医学模式，广大人民群众越来越关心自身的健康，迫切想了解与自己的生活（饮食、环境、精神卫生）和身体健康（常见病、多发病、流行病、防癌、保健优生优育等）密切相关的医药卫生知识，因此医学的普及比其他科学的普及更有其重要性，把这些医药知识通过医学科普文章的形式介绍给人民群众，是社会发展的需要和医学发展的必然趋势。

【例文】

吸烟寿命短10年

世界卫生组织的统计数字显示，全世界每年因吸烟相关疾病死亡的人数高达600万，即平均每六秒钟就有一个人因吸烟相关疾病死亡，其中吸烟者约为540万。现在的吸烟者中将来会有一半人死于吸烟相关疾病，吸烟者的平均寿命要比不吸烟者缩短十年。

我国是世界上最大的烟草生产国和消费国，每年因吸烟导致死亡的人数超过 100 万，到 2050 年该数字将突破 300 万。

烟草烟雾中至少含有 69 种致癌物质

烟草烟雾中含有数百种有害物质，有些是以其原型损害人体，有些则是在体内外与其他物质发生化学反应，衍化出新的有害物质后损伤人体。吸烟与二手烟暴露有时作为主要因素致病（如已知烟草烟雾中至少含有 69 种致癌物质可以直接导致癌症），有时则与其他因素复合致病或通过增加吸烟者对某些疾病的易感性致病（如吸烟增加呼吸道感染的风险即是通过降低呼吸道的抗病能力，使病原微生物易于侵入和感染而发病），有时则兼具以上多种致病方式。

烟草烟雾中的致癌物会引发机体内关键基因突变，正常生长控制机制失调，最终导致细胞癌变和恶性肿瘤的发生。有充分证据说明吸烟可以导致肺癌、口腔和鼻咽部恶性肿瘤、喉癌、食管癌、胃癌、肝癌、胰腺癌、肾癌、膀胱癌和宫颈癌等，而且吸烟量越大，吸烟年限越长，开始吸烟的年龄越小，这些癌症的发病风险就越高。而戒烟可以明显降低这些癌症的发病风险。此外，吸烟还可以导致结肠直肠癌、乳腺癌和急性白血病等恶性肿瘤。

吸烟可导致多种重要脏器疾病

吸烟对呼吸道免疫功能、肺部结构和肺功能均会产生不良影响，引起多种呼吸系统疾病。有充分证据说明，吸烟可以导致慢性阻塞性肺疾病和青少年哮喘，增加肺结核和其他呼吸道感染的发病风险。戒烟可以明显降低上述疾病的发病风险，并改善疾病预后。

吸烟会损伤血管内皮功能，可以导致动脉粥样硬化的发生，使动脉血管腔变窄，动脉血流受阻，引发多种心脑血管疾病。有充分证据说明，吸烟可以导致冠心病、脑卒中和外周动脉疾病，而戒烟可以显著降低这些疾病的发病和死亡风险。吸烟还可以导致 2 型糖尿病，并且可以增加糖尿病患者发生大血管和微血管并发症的风险，影响疾病的预后。

女性吸烟会影响受孕

烟草烟雾中含有多种可以影响人体生殖及发育功能的有害物质。吸烟会损伤遗传物质，对内分泌系统、输卵管功能、胎盘功能、免疫功能、孕妇及胎儿心血管系统及胎儿组织器官发育造成不良影响。有充分证据说明，女性吸烟可以降低受孕几率，导致前置胎盘、胎盘早剥、胎儿生长受限、新生儿低出生体重以及婴儿猝死综合征等。还有证据提示，吸烟还可以导致勃起功能障碍、异位妊娠和自然流产。

二手烟暴露对妇女和儿童危害巨大

二手烟中含有大量有害物质及致癌物，不吸烟者暴露与二手烟同样会增加多种吸烟相关疾病的发病风险。有充分的证据说明，二手烟暴露可以导致肺癌，烟味反感，鼻部刺激症状和冠心病。此外有证据提示，二手烟暴露还可以导致乳腺癌、鼻窦癌、成人呼吸道症状、肺功能下降、支气管哮喘、慢性阻塞性肺疾病、脑卒中和动脉粥样硬化。

二手烟暴露对孕妇及儿童健康造成的危害尤为严重。有充分证据说明，孕妇暴露于二手烟可以导致婴儿猝死综合征和胎儿出生体重降低。孕妇暴露于二手烟还可以导致早产、新生儿神经管畸形和唇腭裂。另有充分的证据说明，儿童暴露于二手烟会导致呼吸道感染、支气管哮喘、肺功能下降、急性中耳炎、复发性中耳炎及慢性中耳积液等疾病。儿童暴露于二手烟还会导致多种癌症，加重哮喘患儿的病情，影响哮喘治疗效果，而母亲戒烟可以降低儿童发生呼吸道疾病的风险。

（世界卫生组织烟草或健康合作中心　卫生部北京医院　王　辰）

（2）医学科学的普及是医学发展的基础。新的医学理论、新的诊疗技术、新的医疗器械、新开发的药品，都必须向民众推广普及，才能得到认可、响应或让民众正确了解其利弊，这样才能在帮助患者同疾病作斗争、主动配合医疗护理、取得更快更好的疗效方面发挥更好的作用，从而推动医学研究的发展。

【例文】

近日国家食品和药物管理局发布消息称，彩色平光隐形眼镜（俗称美瞳）属较高风险的医疗器械产品，将正式纳入医疗器械监管范畴，并建议生产、经营者暂停该产品的生产或进口，以减少可能带来的损失。专家提示——

别让美瞳伤害了眼睛

美瞳是能使眼睛看起来又大又漂亮的隐形眼镜。美瞳虽美，但长时间佩戴容易引发眼部疾病甚至会降低眼睛视力。

过年聚会戴美瞳　眼睛充血吓坏亲友

过年少不了亲朋好友的聚会，刚参加工作的王女士为了让自己看起来更漂亮，特意从网络上购买了一款黑色平光隐形眼镜（俗称美瞳）。在一次聚会中，王女士戴了一整天的美瞳，她的眼睛便出现了充血、干涩、痛痒的症状，布满血丝的眼睛着实让亲友下了一跳。第二天王女士到医院检查才知道，她的眼角膜出现了局部磨损，还有细菌感染，而这一切的罪魁祸首竟是她最爱的美瞳。在眼科医生的指导下，王女士滴用了一些抗感染的眼药水，折腾了好半天眼睛才恢复了正常。

美瞳难把质量关　佩戴风险不容小觑

美瞳片是彩色隐形眼镜，是一种戴在眼球角膜上，用以矫正视力或保护眼睛的镜片，属于三类医疗器械，需要同眼睛直接接触，其透氧率越高越好。劣质彩色隐形眼镜由于含有过多的化学成分，常常会受佩戴方式不正确、个人卫生习惯不良、眼睛敏感程度差异以及天气变化等主客观因素的影响，引起眼睛充血、发炎，情况严重的会导致角膜缺氧变形，造成眼睛感染、角膜穿孔等重大眼部疾病，甚至使眼睛失明。因此，不建议一般人群用于美容及装饰。

此外，彩色隐形眼镜还会缩小眼睛视物时的视野。美瞳染色的部分，一般透光性比较差，所以人们戴上后就感觉视野变小了，有一种管中窥物的感觉，这种旁若无人的状态对于我们开车、运动非常不利。

佩戴美瞳 也需专业医生配镜检查

时下网络购物发展迅速，许多年轻人喜欢在网上购买色彩各异的美瞳，然而，往往只根据自己现有的眼睛度数作为参考来选购隐形眼镜，佩戴前并未进行验光等眼部检查。其实在选择佩戴美瞳时应与佩戴框架眼镜一样，都需要进行视力检测、验光等专业的眼科检查。在隐形眼镜的度数选取上同样需要综合视力、散光等情况，由专业的眼科医生给予意见后，才可购买佩戴。

另外，隐形眼镜的佩戴及保存都需要特别注意卫生条件。隐形眼镜在佩戴时需要彻底清洁双手，小心轻柔地戴上隐形眼镜，以免用力过猛伤及眼球。而在存放隐形眼镜时需注意隐形眼镜及镜盒的清洁，而经常佩戴美瞳的人还需警惕在泪液长期的浸泡下，存在色素渗出的风险。

美瞳本身不利于眼角膜接触空气，眼睛会因缺氧而无法正常代谢，进而导致抵抗力下降，对眼部健康造成危害。即使是高透氧、高含水量的美瞳，从医学的角度讲都存在健康隐患。佩戴隐形眼镜和美瞳的人，都有患上角膜炎症的可能，建议大家最好选择佩戴框架眼镜，而佩戴隐形眼镜者最好定期到医院检查眼睛。一旦发现眼睛有任何不适，就要立即停用，及时到医院就诊。

（徐州市中心医院眼科主任医师 智淑萍）

（王玫 孙海琴 整理）

（3）医学科普创作对继续进行医学教育、培养医学人才起着重要作用。现代医学发展迅速，而学校所学的知识有限，离开学校后如果不补充更新知识，就不能适应现代医学的发展。因此，以医学科普的形式传播、介绍新的医学知识、技术、产品，是继续进行医学教育的重要手段之一。医学生是医疗卫生事业的后备军，医学生学习医学科普写作是造就高素质新一代医疗护理人才的需要。医生、护士和患者的接触最多，对患者的了解也更多，如能根据患者的需要，撰写相应的医学科普文章，不但能提高自身的业务水平，还为运用医学知识造福民族、造福人类作出了重要贡献。

【例文】

太瘦当心疾病缠身

近来，随着减肥时尚的潮流兴起，社会上出现了一大批由于长期节食而导致消瘦的人群。人真的越瘦越好吗？其实，过度消瘦会带给人一些健康隐患。

过瘦埋下七大隐患

记忆力减退：当体内脂肪存储量不足、机体营养匮乏时，这种营养匮乏会使脑细胞受损，直接影响记忆力。

免疫力下降：消瘦者体内蛋白质储存缺乏，体内合成的白蛋白和免疫球蛋白均明显减少，因此易患感冒等多种感染性疾病。

骨质疏松：消瘦人群体内激素分泌紊乱，不仅影响骨骼代谢，还易出现骨质疏松，发生骨折。

贫血：过于消瘦者普遍存在营养摄入不均衡的问题，铁、叶酸、维生素 B12 等摄入不足，从而出现贫血。

内脏下垂：当人体过于消瘦时，会出现腹壁松弛、腹肌薄弱，导致悬吊、固定胃部的肌肉和韧带松弛无力，腹压下降，胃蠕动减慢，引发胃下垂。同时，其他脏器如肾脏、肠管、子宫等缺乏肌肉的牵拉也容易易位，导致功能异常。

头发脱落：对过瘦者来说，体内脂肪和蛋白质均供应不足，而头发的主要成分是蛋白质和锌、铁、铜等微量元素，因此头发会频繁脱落，逐渐失去光泽。

胆道梗阻：胆汁里面含有一定比例的胆固醇、胆盐、钙和卵磷脂等。而过于消瘦者由于体内能量储备不足，会加速分解体内的脂肪，使胆固醇在胆汁中的含量增加，胆汁因而变得黏稠，析出结晶并沉淀下来形成胆结石。

女性过瘦流产风险增加

对于不同人群，消瘦的的影响也有所不同。

对于患者而言：不论什么原因引起的消瘦，都可能干扰疾病治疗，影响预后和康复。如消瘦的肿瘤患者很难顺利接受手术及放化疗。

对于儿童而言：儿童消瘦会导致组织器官功能低下、精神代谢失调和免疫功能受损等。

对于女性而言：女性过度消瘦不仅影响形象，还易引起子宫脱落、贫血、闭经或周期紊乱而导致不孕。女性体内的脂肪含量只有达到一定的百分比，才能维持正常的月经周期。体内脂肪过少会影响雌激素合成，影响女性的生育能力。

对于孕妇而言：如果孕妇体内的脂肪含量过低，会影响胎儿智力及身体的发育，可能造成胎儿早产或免疫力过低，导致胎儿夭折。另外，孕妇脂肪含量过低还可能导致脂溶性维生素 E 缺乏，引起流产等。过于消瘦的女性怀孕前 3 个月流产风险将会增加，同时，孕期妊娠反应也会增加。

对于男性而言：消瘦男性胆固醇降低，影响下丘脑垂体性腺轴的正常功能，雄激素分泌减少进而影响性功能，严重者可能导致不育。

（张片红）

二、常见医学科普写作的文体

常见医学科普作品种类多样，内容广泛，从体裁的逻辑范畴分类，医学科普写作的文体可以分为讲述体、文艺体、图说体、漫画体等。下面简要介绍几种医学科普文体的特点及其写作。

（一）讲述体

讲述体重在"述"，是医学科普写作最常见的文体，这类文体与教科书不同的是它一般不系统讲授某一专门学科的知识，而是选择一个角度来阐发某方面的医学问题，主要通过说明、叙述等方法来普及医学知识，文字浅显易懂，适合不同层次的读者，极少使用专门术语。讲述体常见的形式有医学科普说明文、自叙体、他叙体、对述体、趣谈、对话、传记、史话等。

1. 医学科普说明文 以说明为主要表达方式,通俗地介绍医学知识的文体。它既可以对事物进行解说,又可以对抽象原理进行阐释,从而使读者获得有关的医学知识,达到普及医学知识的目的。这种文体是医学科普写作最常用的一种文体,在此就其特点作较详细介绍。

(1)医学科普说明文不论是对医学基本知识的解说,还是对医疗手段的普及,都必须如实、客观地反映,语言通俗,较少使用抒情的语言,夸张的修辞。

【例文】

第一胎人流可致不孕

采用人工流产中止妊娠,只是作为避孕失败的补救措施。虽然安全简便,但由于是在非直视下操作,极易引起并发症。最常见的并发症是感染,以急性子宫内膜炎居多,也可发生输卵管炎、盆腔组织炎和腹膜炎……一旦患了输卵管炎,输卵管黏膜受到损害,管腔就会变狭窄甚至堵塞。输卵管被堵塞后就阻碍了精子的通行,使之无法与卵子结合成受精卵,也就不能受孕。另外,在做人工流产时,因吸宫负压过高,吸宫时间过长,宫腔受到过度骚刮,手术器械反复进出宫口等,损伤子宫内膜和肌层,引起宫腔粘连,使精子不能进入子宫腔,造成不孕。

(《大众医学》1991 年第 12 期)

【简析】本段客观、如实地说明了第一胎人流可引起并发症,最常见的并发症是感染、炎症,从而导致不孕,语言通俗,明白易懂,给人以第一胎慎用流产术的知识。

(2)主题单一,中心突出。就某一篇医学说明文而言,主题往往比较单一,或介绍一个医学问题、一项医学检查,或说明一项医学原理,或解释一种医学现象,或推荐一种新药、新疗法,都围绕着一个主题解说和介绍。

【例文】

做 B 超前应做哪些准备

B 超检查准确、迅速又无痛苦,患者容易接受,医生亦乐于采用。特别是近年来 B 超检查技术发展很快,除了肺部外,几乎全身各种脏器都能应用。可是,做 B 超检查前应做哪些准备,许多人并不十分了解,常常为此而耽误了检查,或者影响了检查质量,有时甚至会造成错误的结果,给诊断和治疗带来不利。下面就不同部位和不同情况的 B 超检查,谈谈各自应做的准备工作。

腹部。一般的腹部 B 超检查,包括肝脏、胆道、胰腺、脾脏、肾脏等项目。进行这些项目检查前,不要吃易产生气体的食物,如土豆、红薯、蚕豆等、否则会产生大量的气体,淤积于肠腔内,阻碍超声波的穿透,影响成像质量,使检查的脏器显像不清。

另外,检查前必须禁食 8 小时以上。因为胆囊是一个空腔脏器,内含有帮助消化的胆汁，如果患者在检查前吃了东西，尤其是吃了含有大量蛋白质、脂肪的食物后，胆囊就会收缩，排出胆汁以帮助消化，这样胆囊的体积将缩小，胆囊壁会增厚，使观察结果不准确，容易造成误诊。B超检查胆道时，胆囊和胆管必须充盈胆汁，因此进食也是十分必要的。具体做法是：于检查前一日晚餐后即开始禁食，次日上午空腹检查。不过，适当饮水还是允许的。

有些患者在做B超检查的同时，还要进行X线钡剂或X线造影剂检查。由于钡剂是超声波的强反射剂和吸收剂，如果胆囊、胆管附近的胃肠道内残存有钡剂，便会影响超声检查，妨碍显像。胆道造影剂对胆道的正常生理状态也有一定的影响。为了排除这些干扰，患者一般应该先安排B超检查，或者在X线钡餐检查后3天、胆系造影后2天，再进行B超检查。

....

上面介绍的都是一般情况下常规的准备工作，如急症情况，就不必过分强调准备工作，以免延误了诊断，造成无法挽回的后果。

（《大众医学》1991年第7期）

【简析】本文紧紧围绕着B超检查应做哪些准备和为什么要做这些准备这个主题而做了详细的说明。主题突出，层次清楚：为什么不吃易产生气体的食物；为什么必须禁食8小时；为什么要与X线检查间隔3天、胆系造影间隔2天，再进行B超检查等，给读者以知识，为B超检查的质量和正确诊断打好基础。

（3）以说明为主，适当地运用叙述、议论、描写等语言表达方式，综合运用分类别、作比较、举例子、下定义、作诠释、列数字、列图表等说明方法介绍医学知识。

【例文】

你能读懂身体肿瘤的"仪表盘"吗？

肿瘤标志物作为血液检查的一项，为很多人所知晓。但英文字母和难懂的中文医学词汇，让患者看着发蒙，即使看明白了向上向下的剪头，也不知代表着什么意思。目前国际上发现的有一定临床价值的肿瘤标志物约为100多种，包括胚胎类，糖类糖蛋白酶类蛋白类，激素类三大类。而如下几种常见的肿瘤标志物比较有临床意义——

AFP（甲胎蛋白）：原发性肝癌早期诊断指标

AFP是肝细胞癌和生殖细胞癌的标志物，可用于肝癌高危人群随访。AFP是原发性肝细胞癌早期诊断的主要指标之一，可在临床症状出现前6～12个月给出"答案"。同时AFP偏高可能与生殖细胞肿瘤有关，资料显示，大约50%患有生殖细胞肿瘤的患者其AFP呈阳性。另外，若AFP轻度升高，而肝脏检查无异常的男性患者，还要考虑睾丸癌的可能。

CEA（癌胚抗原）：广谱肿瘤标志物

CEA是广谱肿瘤标志物，在结直肠癌中，其升高与分期相关，并且在乳腺癌及癌性胸水中均明显提高。CEA可用于恶性肿瘤术后的疗效观察及预后判断，也可用于对化疗患者的疗效观察。一般来说，病情好转时血清 CEA 浓度下降，病情恶化时升高。手术完全切除者，一般术后六周 CEA 恢复正常，无法切除而行姑息手术者，一般持续上升。

HCG（人绒毛膜促性腺激素）：生殖肿瘤细胞标志物

除正常和异常妊娠诊断外，主要见于胎盘滋养细胞，生殖细胞肿瘤和睾丸肿瘤，是诊断或辅助诊断的标志物，主要用于疗效判断和随访。在葡萄胎，绒癌及生殖系统的恶性肿瘤中可见 HCG 升高，经手术或化疗后降低，因此，其可作为临床治疗的检测指标。此外，HCG 在胃癌、小肠癌、结肠癌、肝癌、支气管癌、乳腺癌和睾丸癌中也有不同程度的升高。

CA19-9（糖链抗原 19-9）：胰腺癌敏感标志物

CA19-9 是胰腺癌敏感标志物，在肝胆系癌、胃癌、结肠癌、直肠癌中也升高。与 CEA、AFP 联合检测对消化道肿瘤诊断、复发判断效果更佳。同时，CA19-9 在卵巢癌、淋巴癌、肺癌、乳腺癌中也升高。

CA125（癌抗原 125）：卵巢癌敏感的诊断指标

CA125 是卵巢癌标志物，对卵巢癌（尤其是浆液性腺癌）的诊断、疗效监测及复发监测、随访非常有价值。卵巢癌患者血清中 CA125 浓度明显升高，已被公认为卵巢癌最敏感的诊断性指标。术后化疗后 CA125 浓度很快下降，当复发时，在临床确诊前几个月便可呈现 CA125 增高。子宫内膜癌及其他妇科肿瘤也有 CA125 的升高，在乳腺癌、胰腺癌、胃癌，肺癌、结直肠癌中也有一定的阳性率。经常有健康的体检者因检查的肿瘤标志物项目稍高，就表现的特别紧张，甚至怀疑自己得了不治之症。

而事实上，肿瘤标志物升高不一定就是患了癌症，其筛查的意义在于提示作用。肿瘤标志物升高也可见于非肿瘤性疾病，比如慢性肝炎、前列腺增生、子宫内膜异位以及服用某些药物等都有可能干扰检查结果。

如果一次检查结果某项指标轻度提高，不必过于紧张，可到专科医院找专家分析，排除潜在影响监测结果的因素，并在检测后的一两个月再次复查。

如肿瘤标志物动态监测结果仍持续升高，则提示可能存在异常，需要进一步做彩超、CT、PET-CT 等予以确认，必要时可通过病理活体组织检查以明确诊断。

（哈医大附属三院检验科主任 彭世云）（衣晓峰 徐 正 整理）

【简析】本文主要是以说明的表达方式为主，辅以少量描写语句，运用了举例子、打比方、分类别、作诠释、列数字等多种说明方法通俗地介绍了通过血液检查肿瘤标志物的临床意义，使读者通过对相关知识的了解，认识到肿瘤标志物监测项目稍高不必特别紧张，更不能怀疑自己得了不治之症，造成心理上的压力。而事实上，肿瘤标志物升高其筛查的意义在于提示作用，为读者提供了对疾病的自我预防和自我甄别的能力。

2. 自述体 以叙述的语言，拟人化的手法，从"我"的角度，去认识、阐述、发挥医学中的事物，向读者形象地"自我"介绍，这种写作体式叫自述体。

【例文】

阑尾的申辩

对于我——阑尾，人们是很熟悉的，也一定很痛恨。因为我很容易发炎给人们增添不少麻烦。特别是那些曾经罹患阑尾炎的人，于我更是咬牙切齿，深恶痛绝。他们逢人便把我奚落得一团漆黑，毫无是处。有个时期，有些人甚至说我有百害而无一利！有人干脆主张在新生儿诞生的第一天，就大刀阔斧，开膛破肚，毫不留情地把我从人体右下腹的安乐窝中揪出来，"咔嚓"一声，手起刀落，将我从腹腔内永世开除。

可是，朋友们，在人体内，我虽然身体矮小，二寸之躯的细长盲管，直径不过 0.5 厘米，在食物的消化吸收过程中也没有什么了不起的大作用，但是，我在与人们健康长寿息息相关的免疫系统中扮演十分重要的角色。

随着免疫学的飞速发展，科学家们终于发现了我是培养 B 淋巴细胞的重要场所之一。我同饮誉免疫界、素有"人体内的军事学院"之称的胸腺具有同等的地位，同属中枢免疫器官。也就是说，胸腺产生和培养担任细胞免疫主角的胸腺依赖性淋巴细胞（即 T 细胞），而我则产生和培养担任体液免疫主角的囊依赖性淋巴细胞（即 B 细胞）并将 B 细胞派往外周免疫器官（包括脾脏和全身淋巴组织）让他们在那里安家落户，繁衍子孙，产生体液免疫力。

我家住盲肠末端，大、小肠相连接处，犹如日夜守卫在口咽峡两旁的扁桃体，忠于职守，任劳任怨。我身上有很多围聚成堆的淋巴细胞组成的小结节，富含大量 B 细胞，随时准备合成释放免疫球蛋白——抗体，迎头痛击任何来犯之敌——病原微生物。有识之士称赞我是"腹腔内的扁桃体"、"消化道的免疫司令部"。

我很容易发炎，这是最苦恼的事情，大概也是人们恨我的唯一原因吧！不过，这也不能全怪我。事实上，正常情况下我的细长管腔内总是有大便和细菌大摇大摆的进进出出，而且通畅无阻。只有在我与盲肠之间的唯一通道——一个小管口，被异物、粪石、寄生虫等堵塞后，我成了四周封闭严实的盲管，这时细菌才会在我的细小管腔内繁殖积聚，连同我的粘膜分泌液一起压迫我的管壁，阻断我的血液供应，大伤我的"元气"。这时，老奸巨猾的细菌便乘机侵入我那赢弱不堪的身体，导致典型阑尾炎发作。此时，我的主人便会发烧、右下腹疼痛、恶心、呕吐。即使在强大的细菌部队侵占我的领土后，我身上的淋巴细胞仍然竭尽全力，拼死抵抗，直至壮烈牺牲。

我默默无闻地为人体健康服务，我的神圣职责是抵抗病原侵略。我的一生任劳任怨，鞠躬尽瘁，别无他求，只希望人们不要再骂我恨我，只盼望有更多睿智的人们来研究、探索我的奥秘！

（丁自强）

【简析】本文在遵循科学性、真实性的前提下，用叙述的语言，拟人化的手法，采用自述的形式，从"我"的角度去认识、阐述和发挥有关阑尾的知识。先叙述人们对阑尾的痛恨，认为毫无是处，接着笔锋一转，指出阑尾在与人们健康长寿息息相关的免疫系统中扮演着十分重要的角色，表明其为人体健康、抵抗病原侵袭所做的贡献，消除人们认为阑尾有害无益的偏见；又客观地分析了阑尾容易发炎的原因，从而重视预防阑尾炎的发生；最后希望人们改变对"我"的观念，不要一味谴责，而应多加研究、探索"我"的奥秘。

3. 他述体 运用"第三人称"对所写的医学事物的本质特征、发展规律等客观、真实地揭示说明，这种表述方法叫他叙体。

【例文】

大脑的司令员是谁

人们常说，大脑是指挥身体一切活动的最高司令部，这个比喻十分贴切。那么，大脑这个司令部有司令员吗？在复杂的大脑组成中，谁是管理和协调全脑活动的主宰者呢？谁又最能体现人脑的本质呢？

铁棍事件的回忆

1848 年，在新英格兰卡文迪什小镇附近的采石场里，发生了一起事故。一天下午，年轻领班盖奇，正在用一根铁棍将岩石上孔洞里的炸药捣实，以便爆破。不料，铁棍与石头摩擦打出的火星，竟点燃了孔里的炸药。刹那间一声巨响，这根铁棍从孔内发射出来，正好从盖奇的左眼下射入，穿透头盖骨，从头顶飞了出去。盖奇惨叫一声，倒在了血泊中。

几个月后，盖奇的创伤奇迹般的愈合了，他又重新回到了采石场上班。然而人们发现，盖奇变了，似乎成了另外一个人。他工作马马虎虎，无责任心，脾气古怪，喜怒无常，蛮横无理，言吐粗俗。后来盖奇被解雇了。

盖奇死后，医生们解剖了他的大脑。终于发现，影响盖奇心理变态的根本原因在于大脑前额区遭到了损伤。经进一步研究发现，大脑前额区患病，会产生以下前额区损伤综合征：（1）随意运动障碍：患者只习惯固定做一件事，很难改换做别的事；（2）视觉障碍：患者视线呆滞、固定，对多个画面、景象难以获得整体、连贯的印象；（3）记忆障碍：近事记忆显著减退；（4）思维障碍：患者有不同程度的痴呆，对事物只能表面理解；（5）个性及行为障碍：患者缺乏自制力，好奇心强，性格孤僻，思维幼稚，失去道德观念。

前额区是大脑两半球靠近前额的部分。科学家们发现，在大脑进化过程中，前额区出现得很晚；在胎儿大脑发育过程中，前额区也成熟得最晚。前额区与大脑皮层的听、视、嗅区以及其他脑结构有广泛联系，进出该区的粗大的神经"电缆"近 10 多条之多。最近，我国学者还发现，几乎全身各种感觉信息，包括视、听、嗅、触、热、痛等，不但可以汇合到前额皮层的同一区域，而且可以汇合到同一个神经元！

外交家的杰作

葡萄牙医学博士莫尼茨曾是葡萄牙政坛上的风云人物。第一次世界大战结束后，他退出了政界，把主要精力转到学术研究上了。已走向老年的莫尼茨，以敏锐的眼力，抓住了又一个契机，使他对医学做出了一项巨大贡献。

1935 年，美国耶鲁医学院的富尔顿教授，在伦敦做了一次关于切除猩猩大脑前额区的精彩演讲。在听众席上，坐着刚刚弃政从学的莫尼茨。突然，他产生了一个大胆的设想。报告结束时，莫尼茨站起来发问：这种外科手术是否能够用于解脱患者的忧郁状态？这个问题使富尔顿也感到震惊。莫尼茨从此下定了决心，要去实现自己的设想。

莫尼茨回到葡萄牙后，立即与一位叫利当的外科医生合作，对 50 名欲生无望的精神病患者，实行了前额叶切除手术。手术刀把大脑前额区与其他部分的神经联系给切断了。术后，约有 60% 以上的患者精神症状得到缓解和好转。手术的成功，很快就风靡意大利、美国、日本等地。短短几年，全世界有上千个精神病患者被送上了手术台。莫尼茨也因此荣获 1949 年诺贝尔医学生理学奖金。

攻克的顽固堡垒

杰出的加拿大神经外科医生潘费尔特，曾经用电极扎遍了整个大脑皮层。他发现：电刺激前额区，不会引起人体的任何反应，甚至损伤前额区皮层，也不会出现视、听、嗅、皮肤感觉的异常。因此，他把这个地方叫"沉默区"。其实，这是一种误解。"沉默区"恰恰是全脑最活跃的地方。近年来，国外用放射性同位素检测发现：人在闭目沉思、回忆、想象的时候，前额区的血液量大大增加。用多极脑电描记法检测也发现：人在进行心理活动时，前额区的脑电波比其他脑区更为活跃。另外，我国学者还发现：气功师在入静或发功过程中，前额区的脑电波可汇集成能量高峰，这可能是气功的生理机制之一。

今天，人们已经清楚地意识到大脑前额区的神奇功能。美国心理学家霍尔斯特领导的芝加哥大学神经病研究小组，在长达 12 年的研究期内，对 237 人进行了四种基本心理测验，得出下列结论："长期以来被认为是'沉默区'的大脑额叶皮层，对于生物学智力来说，是最为重要的部分。"然而，比起脑的其他部分来说，人们对大脑前额区的认识，几乎还是个空白。大脑的"司令员"，将是脑科学家们抓住的最高级"俘虏"。

（秦潮）

【简析】本文开头以生动形象的比喻引出"大脑是指挥身体一切活动的最高司令部"，那么大脑的司令员是谁呢？以设问提出问题，然后通过事例及研究成果从反面、侧面、正面三个不同方面真实、科学地叙述了大脑前额区的重要作用，最后指出：目前"人们对大脑前额区的认识，几乎还是个空白。大脑的'司令员'，将是脑科学家们抓住的最高级'俘虏'。"首尾呼应，提出新的研究目标，激励人们不断攀登医学高峰。

4. 对述体 是用第二人称对别人解说、介绍某种事物，这个第二人称是作者要解说、介绍的医学事物、技术、实验和成果等，作者往往自问自答，自己提出问题，自己加以说明，目的是引起读者的兴趣和思考，起到较好的效果。

【例文】

您曾有过非凡的潜水本领

您知道吗？作为龙的传人，您曾经有过一段象龙王一样在"水晶宫"中畅游、生长、发育的历史哩。

话还得从您在母体中做胎儿时说起。那时，您所居住的"宫殿"——母亲的子宫里，充满了大量叫做"羊水"的液体，使您恍如置身于巧夺天工的"水晶宫"中。您当时的潜水本领，与龙王根本不相上下，至于同《水浒传》中的"浪里白条"张顺相比，那就简直是小巫见了大巫了。这是因为您那时维持生命所需要的氧气，不必依赖于肺的呼吸，而是可以从母亲供给的新鲜血液中获得。所以，在水中潜伏长达数百天的时间里，您非但未被"淹水"，而且还从一个小的要用显微镜才能看到的受精卵，迅速发育成具备完整人性的成熟胎儿。

俗话说："靠山吃山，靠水吃水。"您当初之所以能够顺利的成长发育，正是依赖了周围大量的"羊水"立下的丰功伟绩——它犹如一层安全的缓冲垫，使您免受了外界振动的直接刺激；它恰似一汪清澈的湖水，有利于您在"宫殿"中四肢舒展的畅游，防止了胎体的粘连；它好比恒温箱上的冷热装置，保证了您生长的环境"四季如春"；它正如高级的润滑剂，让您在呱呱坠地时减轻了与母亲产道的摩擦。此外，他还为母亲减轻了您当初伸拳踢腿引起的不适，使得您和母亲能够和平共处，相安无事。正是根据您和您的同类们都曾有过非凡的潜水本领这一事实，科学家们发明了"水中分娩法"，并且在实验中取得了令人满意的结果。现在，美国就已正式建起了一座专供产妇在水中分娩婴儿的场所。

（秦建明）

【简析】本文开篇就以第二人称的方式，比喻的修辞手法引出要介绍的问题："您知道吗？作为龙的传人，您曾经有过一段像龙王一样在'水晶宫'中畅游、生长、发育的历史哩。"把胎儿赖以生活的环境"子宫"比作"水晶宫"、"宫殿"，把羊水比作"缓冲垫"、"恒温箱上的冷热装置"、"高级润滑剂"，它可以使胎儿"免受外界震动的直接刺激"，防止"胎体的粘连"，生长环境"四季如春"，便于"呱呱坠地""还为母亲减轻了您当初伸拳踢腿引起的不适"，这一切都通俗形象地说明了羊水的生理功能，引人入胜地解说了胎儿在母体中依靠子宫里的羊水安全发育、成熟的知识。当然，水中分娩婴儿的场所不止美国现在很多国家也有了，只不过要求条件较高，不便于普及。

5. 趣谈 是融叙事、说理、趣味性于一体的一种文体，它内容广泛，形式自由，触此悟彼，借古喻今，以小见大，把有关社会生活，文化动态，政治事件的杂感、杂谈、杂论借用医学达到隐喻、调侃的目的。趣谈的最大特点是自由性、生动性、趣味性和科学性。

【例文】

红楼梦与肺结核

"开谈不说红楼梦，读尽诗书是枉然"。纵观《红楼梦》一百二十回，书中所描述的主要人物，不论奴婢、主子，其命运和结局几乎都和肺结核相关联。何以如此？《红楼梦》并非梦，实为现实社会的写照。作者曹雪芹所处的时代，正是全世界结核病流行之时。不仅《红楼梦》，凡是以20世纪中叶前为时代背景的悲剧作品，如《家》、《寒夜》、《秋海棠》、《茶花女》等，不少都跟肺结核结下了不解之缘。

作者笔下人物患痨病的，黛玉自不必多论。且说："贾赦发往台站，效力赎罪"，一日来信说，得了"痨病"，如是去晚了，或许就见不着了；甄士隐元宵佳节观灯，丢失的幼女英莲，后卖入贾府为薛蟠做妾，因"干血痨"死去；一个外号叫"多浑虫"的厨子，是因"酒痨"死去的；尤二姐吞金自杀，贾母道："谁家痨病死的孩子不烧？"说明原有痨病；宝玉房中的丫头晴雯，一身重病，死后，王夫人道："女子痨死断不可留"；史湘云的丈夫也是因"痨病"去世的。痨病，即今之结核病，大多指肺结核而言。肺结核多有咯血之症，书中有此症者，亦大有人在。

黛玉因父亲林如海病重，登舟回扬州去了。宝玉因思念姐妹，又忽在梦中听说秦氏死去，心中似戳了一刀，不觉"哇"的一声，直喷出一口血来。贾瑞垂涎凤姐已久，凤姐独设相思局，冻了他两夜不算，最后还饱尝凤姐一桶尿粪，十冬腊月，哪经得住！于是"痰咳带血"。凤姐去瞧探春，碰上秦氏阴魂，心下发虚，又赶上锦衣军查抄宁国府和贾母病逝，这位脂粉队里的英雄，到底支撑不住了，口吐鲜血，一病不起。

如此来说，《红楼梦》里的人物患肺结核的竟有10人之多，贾府上下400余口人，平均每百人就有4人是肺结核。据我国建国前的官方统计，全中国每百人中有肺结核6人。与之相比，贾府还稍有逊色。

尤二姐和晴雯死后，贾母和王夫人都认为痨病死的不可留，令人送出立即焚化。黛玉和秦氏死后未作如此处理，是由于身份、地位不同而致。西方19世纪末，对此病有"遗传"与"传染"两派争论。直到发现结核杆菌后，才肯定为传染病。又过若干年才知此病的传染是由于吸入开放性肺结核患者咳嗽喷出的飞沫所致。肺结核何以总是在家族中广泛传播？原来系家族之间接触最为密切，且多在室内之故，即所谓"兄弟子孙，骨肉亲属，绵绵相传"是也。贾府中上述诸人的肺结核也是如此传染的。

作者对荣国公长子贾代善（贾母丈夫）未做过交代，只言死得很早。有两子（贾赦、贾政），一女（贾敏）。长子贾赦有痨病。贾政虽未提及，然其子宝玉有病足以说明。书中第二回"贾夫人仙逝扬州城"，据黛玉老师贾雨村言："女学生之母一病身亡……女学生过于哀痛，因此旧病复发……"，时黛玉年仅5岁，如此年幼即有"旧病"，多半生下不久就染上了病。所以推测贾夫人所谓"仙逝"，乃是死于肺结核，黛玉则很可能是受他母亲传染而患病的。那么黛玉的病有没有可能是他父亲传染的呢？黛玉之父林如海，死时年仅50。书中倒有那么一段："……林家支庶不盛，人丁有限……"古有"痨之为病，甚者灭门"之说。也许林家因为肺结核"灭门"也未可知。

　　林黛玉生活在优裕的环境中，为何没把病治好呢？正如黛玉自己所说："……从会吃饭时便吃药，到如今了，经过多少名医，总未见效……如今还吃人参养荣丸……"祖国医学认为，肺结核系虚劳所致，"法当补虚，以复其元，杀虫以绝其根。"人参、燕窝、银耳……固属上等补品，而恰恰是不能"杀虫以绝其根"。直到20世纪中叶，先后出现了一系列强有力的抗痨药物，才真正起到了"杀虫"之能。

　　《红楼梦》距今已有200余年。今天，肺结核已是"治有办法，防有措施"的疾病，世界上防痨先进国家的肺结核传染源，每10万人口3人，而我国则是187人，10亿人口就有187万个传染源。其中由于没有得到有效的治疗管理，而沦为慢性传染源，长期传播结核菌的，约有80余万，他们的病情反复无常，不少是终身服药，其结局有似林黛玉，不可不为之警惕。我们希望全社会的人，都来关心肺结核病的防治，经过几代人的努力，危害人类几千年的肺结核病，最终会在地球上灭绝。

（雷去疾）

　　【简析】本文就《红楼梦》中所描述的几个主要人物，无论主子还是奴婢其命运和结局几乎都和肺结核相关的现实，趣谈了在那个时代，肺结核是非常流行的，是不治之症；这个家族中如此多人得肺结核，原因在于它是一种传染性疾病，家族之间接触密切，传染机会多；林黛玉生活在优裕的环境中，也没能把病治好，是因为"人参、燕窝、银耳……"虽属上等补品，也不能"杀虫以绝其根"，直到20世纪中叶，先后出现了一系列强有力的抗痨药物，才真正起到了"杀虫"功能，唤起了人们最后战胜肺结核的信心，并希望全社会的人，都来关心肺结核的防治，使危害人类几千年的肺结核，最终在地球上灭绝。

　　6. 对话　是用人物间对话的形式，在一定的情节和场景中介绍医学知识的一种文体。人物间的对话可以是医务人员和患者或家属的对话、师生对话、编辑与读者的对话、亲朋好友间的对话等等。这种文体写作形式自由灵活，可以采用讨论、启发，在问答中穿插背景介绍和医学术语解释，常通过电台、电视播放或报刊刊载。

　　【例文】

关于一个典型病例的问答

　　甲：老师，我有一个表妹，年方20，她已经两次进精神病院住院治疗。第一次，她总觉得有人想暗害她，每天躲在屋里痛哭不已；第二次，是在出院后不满3个月，突然躲在屋里大笑，又住院治疗4个月。然而，我姨妈一个同事的孩子，犯病的情况跟我表妹一模一样，只是看门诊，吃了两副中药就好了，后来还考上了大学。对这事，您怎么看？

　　乙：具体情况不了解，无法做正面评价。但有一点可以肯定，你姨妈同事那个孩子的"心病"，并不是两副中药吃好的，而是在治病期间，其他因素使患者获得了某种彻悟的能力。对成年期生活准备不足的青年人，在职业、社交、爱情和婚姻等各种问题逼近时，会觉得恐慌，由此出现的某些"症状"会与精神病很相像，这是一种正常的危机。也就是说，它不是一种疾病，而是一种暂时的错误而已，往往一经点拨，便能霍然而愈。

甲：为什么您说的这点很少为人所知呢？

乙：这是因为在我国心理学曾一度被认为是伪科学，应用心理学的研究至今几乎是空白，随着社会生活节奏的加快，精神病发病率增加，可是有关精神病的治疗条件和研究条件又极欠缺。这种落后首先表现在治疗目标上，我国目前精神病治疗目标是让精神患者承认自己有病。当精神患者承认自己有病时，便可出院了。其实，精神病的治疗与一般疾病的治疗是两回事，这样做，对抑制患者的变态行为有所帮助，但对解除患者的恐惧和忧郁却无裨益，相反却使患者更加自卑。因此，精神患者出院以后，无论是患者或亲属，个个提心吊胆，生怕再发病。

甲：我姨妈家就是这种情况。表妹经过两次住院治疗以后，人变得痴呆，常常想死。经过我姨妈再三宽慰，表妹才答应等二老离开人世以后，再随着他们而去。我姨妈说："人们常说，人活着不容易，我们现在是死也难。"你说这可怎么好？

乙：实际上，利用心理治疗方法治愈年轻精神患者，一般来说还是比较容易的。有些精神患者，只要让他们想象自己是正常人，就可以使他们尽早康复。医生不应只着眼于治疗，还应尽量协助患者发挥潜在创造力。

甲：具体到我表妹该怎么办？

乙：首先要激发她对生活的兴趣，对未来的憧憬。或许她现在不敢想象未来，那就要艺术地唤起她童年的追求。

甲：我表妹小时候很想当电影演员，因为她长很漂亮，很可爱。

乙：那就让她想象自己已经成了一名电影演员，想象她参加拍片的场景，或者，想象她已经成了中国影坛上的红星，随着摄制组外出拍外景的生活：一大群少先队员围着她，争着要她签名，有的叫她大姐，或许有的叫她阿姨……

甲：当她想着有趣时，可以笑吗？

乙：可以笑。

甲：可以大笑吗？

乙：可以大笑。我们不应该对患者强加限制。对一个正常人，既不准他笑，也不准他哭，他还会觉得生活乏味，更何况患者呢？

有的年轻人之所以犯精神病还由于缺少责任心，面临困难会产生逃避生活的想法，而逃避的简捷方式是患精神病。因此，要使精神患者康复，就要帮助他们学会在现实中生活，让他们懂得每一个人都有责任做使自己和他人感到有价值的事。心理治疗并不是什么神秘的事，无非就是教人以生活的诀窍。

甲：为表妹的病，我们大家都十分担心，着急，又不知所措。现在总算有点明白了。

乙：无论是患者，还是其亲属，都希望康复，但又害怕康复。你姨妈有一句话很典型，"只要不再犯病就好。"这不正是安于现状，畏惧变化吗？要想完全康复，就必须拿出勇气来，敢于康复。如果只想着不再犯病，往往最容易再犯。

甲：那是为什么呢？

乙：因为每一个人身上都有两套力量。一套力量在于推动人向前，建立自我的完整性和独立性；另一套力量则出于畏惧而使人依附于过去，害怕独立，害怕遇到风险。也就是说，人既有趋向健康的天性，又有畏惧健康的惰性。精神病也就是对于成长的阻碍、回避或畏惧，也就是惰性压抑了天性的结果。

甲：在家庭生活中怎样解除压抑和惰性呢？

乙：重要的是使家庭生活多一份欢快，多一份色彩，多一份幽默，多一份人情，切忌单调、僵化、紧张。清晨，与患者到野外走一走，或登山观日出，或漫步花园，或信步山间小溪静静听潺潺的流水；傍晚，一家人可以一起散散步，一路上既可借景抒情，也可谈古论今，甚至可以谈点古今中外的奇闻轶事……总之，康复之路在于放松而不是紧张。患者每天坚持画画，练练书法，听听音乐，也都是有利于康复的。望你的表妹早日康复。

（杨仲明）

【简析】本篇是患者家属和心理医生就青春期年轻人面对升学、就业、爱情、婚姻等问题而出现的心理、精神症状进行的一段对话，话题明确，意义清楚。指出青年人的"心病"尽管和精神疾病很相似，但这仅是一种正常的危机，而不是一种疾病，仅是一种暂时的错误，一经点拨便能使其彻悟，则会不药而愈，突出强调了心理学不是伪科学的观点，并强调轻松、愉快的生活有利于心理健康，也有利于精神疾病的康复。该篇对话一事一议，问题清楚，回答明确具体，中心突出，针对性强，通俗易懂。但有些过分夸大心理治疗的作用。

7. 传记　是真实地记叙医学家一生事迹和片断故事的科普作品。它通过详细而生动的记叙描写，展示医学家不平凡的道德品质、理想情操、科学成就、进取精神等，在写人记事中给人以医学科学的内容，它既有文学欣赏的价值，又有医学科普的作用，并引导读者敬重、爱戴医学家，激励有志之士走上医学科学的道路，为医学事业做出更大贡献。

【例文】

做医生就是要认真一辈子

今年91岁的胥少汀。从医71年没有一天离开过医生这个岗位，80多岁仍然坚持手术，90多岁还出诊查房。从意气风发的青年医生，到满头银发的知名专家，凭着"医生一刀子，患者一辈子"的严谨，他完成了上千台手术，而他也一直用行动坚持着自己的"四不"原则：不见患者不下结论，不查体不做诊断，不充分准备不做手术，不随访患者不做总结。

胥少汀1921年出生，山东省平原县人，1946年毕业于国防医学院（第二军医大学前身），原北京军区总医院骨科主任，全军骨科中心主任，首批享受国务院政府特殊津贴专家，1998年离休后担任医院专家组成员，2009年被评为医院终身专家。参加过抗美援朝医疗队、河北邢台和唐山抗震救灾医疗队。先后荣获国家科技进步奖二等奖1项、全军科技进步奖二等奖9项，发表论文180余篇，主编专著6部。

9月12日，北京军区总医院骨科医生齐聚一堂，讨论本周最为疑难病重的病例。当总住院医生介绍完病情后，大家开始各抒己见。91岁的胥少汀坐在中间，认真聆听，并讲述了自己曾经接诊过的几个类似病例的治疗方法和疗效。

在之后的大查房中，胥老走到一位12岁的小患者床边，亲手卷起男孩的裤管，一边查体一边问："这疼吗？疼的话别忍着。"担心老人家太累，护士推来了一把轮椅。记者赶上前问胥老，都这么大年龄了，干嘛不好好休息休息，做点自己喜欢的事情呢？胥老笑着回答：我现在就是在做自己喜欢的事情呀。

医生最重要的就是向患者学习

"医生的工作就是治病救人，要想有本领，就要一辈子不断的学习。"在采访中，这位老人最常提及的就是"学习"和"创新"。他对记者说："不仅要向老师学、向书本学、向同行学，更重要的是向患者学习，学好才能治好。因为医生直接接触患者，只有通过给他们做检查、给他们治好病，才能从中学到对这个病的根本认识。"

1971年，一位二十多岁的患者因车祸造成脊髓马尾神经断裂，大小便失禁，双下肢瘫痪。专家会诊后认为，修复72条细若游丝的马尾神经，在世界医疗领域也是个难题，根本不可能做到。但在胥少汀看来，放弃虽然符合医学规定，但作为一名医生，自己还没有尽到责任。为此，他做出了一个大胆的决定：修复马尾神经。

显微镜下，胥少汀手中的银针像绣花一样精细，一根，两根，三根……经过三个多小时的精心修复，患者的神经重新有了知觉，他创造的用细尼龙线吻合马尾神经的方法获得了成功。

一个月后，患者排尿功能恢复，两个月后，患者能够借助拐棍直立行走。之后，胥少汀进行了10多年的跟踪随访，发表了论文《马尾神经断裂修复研究》，在世界医学界引起轰动。借助这一成果，他又连续治疗了7名马尾神经断裂患者，开创了这一领域的治愈先河。

为什么要追踪十年才出一篇论文？胥少汀回答，医学是一项严谨的科学，没有足够的研究不能轻易下结论。

做医生就是要把患者治好

在胥少汀救治过的众多患者中，最为人熟知的就是"怪病女孩"杨晓霞。虽然已经过去了十八年，但杨晓霞至今仍记得第一次见到胥老的那个下午。

那天，北京洋洋洒洒飘起了雪花。经一个远房亲戚介绍，杨晓霞的父亲带着女儿，怀揣着借来的2000元，来到北京军区总医院，挂了胥少汀的专家号，就在三个月前，杨晓霞因右手拇指一个小黑点被挑破，继而引发感染，导致双手红肿溃烂。3个多月的时间花光了家里所有的积蓄，辗转济南、北京等地的5家医院，杨晓霞的病情不但没有好转，反而越来越严重。特别是右臂，溃烂到了肘关节部位，看起来像烧焦的木头，流脓发臭，触目惊心。

见多识广的胥少汀同样被这种从未见过的"怪病"呆住了，一些同事建议他，没把握的患者最好别收，但胥少汀力排众议"救命要紧，先收下再说。"

为了帮助杨晓霞，胥少汀在科里发起捐款，并引起媒体关注，社会各界自发为她捐款 87 万元，这在当时可以说是天文数字。媒体的广泛报道还引来了北京医疗界的高度关注，北京 26 家医院的 60 多位专家为杨晓霞进行了 5 次联合会诊，终于揭开了"怪病"之谜：多种细菌协同性坏疽。

由于病情危急，杨晓霞右臂肘关节以下肢体被截除。为了遏制左手手指继续溃烂，不少人提出，将左手也截掉，这样做既可避免感染扩散，又有利于创面一次性愈合。

她是一个小姑娘，今后还要学习，还要当妈妈，还要操持家务，如今两只手都没有了，她该怎么生活？我们能够多保留一个指关节就保留一个指关节吧，这对她一生都有好处。最后发言的胥少汀说出了自己的想法，现场一片寂静。最终，胥少汀的提议被采纳。

通过手术和药物治疗，杨晓霞很快康复出院，她留着泪说："我是一个知恩图报的女孩，回家后一定好好读书，将来做一个对国家有用的人。"由于保留了左手三个指头，右手安上假肢的杨晓霞学会了用左手写字，学会了骑自行车。2001 年 7 月，她以优异的成绩考入北京交通大学，现在北京康复研究中心工作。

今年 2 月，在一期电视节目中，杨晓霞见到了久别的胥爷爷，握着老人家的手，数度哽咽落泪。她对记者说："虽然和胥爷爷相处的很多细节都记不太清楚了，但他的样子我永远也不会忘。为我治疗，胥爷爷肯定也知道有风险，但他想得更多的是把这个患者治好。"

把技术传下去就等于生命在延续

虽然已经退休多年，但胥少汀一直关心着医院的骨科发展。从 2002 年至今，他先后给现任骨科主任孙天胜写了 22 封信，总计 28000 多字，内容大到科室发展规划，小到资料收集、整理。在信中，胥老写到："病例是供医生科研用的，如果病例记录不真实，或没有随诊结果，该病例毫无价值。因此他建议，要依照明确要求，定期检查和奖惩，做好患者随诊及病历记录。"

孙天胜告诉记者，每次翻看老师写来的信，不是家书，胜似家书。那是一双严师的眼睛，是一颗慈父般的心，是一架躬身为桥的人梯。

胥少汀从不担心，"教会徒弟，饿死师傅"。他说："后来者居上，医学事业才能发展，我把技术传给学生，那就等于我的生命在延续，为什么要保留呢？"

由于参加过邢台和唐山大地震伤员的救治，胥少汀积累了丰富的地震骨伤救治经验。2008 年 5 月 14 日 8 时，孙天胜参加完组建医疗队赴汶川抗震救灾的会议，一推门，就看见老师正在办公室里等他。老师对他说："你们都没有参加过抗震救灾，没有实际经验，把参加医疗队的其他人都叫过来，我给大家说一说。"从腰椎骨折说起，到如何准备上木波郎式架，再到怎样后送，胥老足足讲了半个多小时，"正是老师的嘱咐，为我们在灾区开展紧急救治提供了经验，少走了很多弯路。"孙天胜告诉记者。

80多岁时，胥少汀还经常带着刚分配来的年轻医生，一起查房、讨论病例或同台手术。有时一台手术要做七八个小时，年事已高的胥少汀就让人搬来椅子，坐着指导手术。如今，遇到什么疑难病症，91岁的他同样参加会诊讨论和查房。在他的带动下，骨科几任退休的老主任都坚守在临床一线，形成了医院骨科"四世同堂"的局面。

去年，胥少汀从医整整70周年，他连夜给医院写信，提出要把自己购买、收集、珍藏的书籍和撰写的笔记，全部捐献给医院；把自己从医以来获得的10万元奖金和稿费捐出来，作为人才培养基金。医院为此专门成立了"胥少汀人才培养基金"，每年滚动注入100万元，用于培养人才。

（本报记者：孔令敏 通讯员：冯飞）

【简析】中医学有诸多记载著名医学家的传记作品如：《扁鹊传》、《华佗传》、《孙思邈传》、《东垣老人传》、《李时珍传》等等，由于篇幅所限，这些传记横断面写得多，突出了医学家最突出的片断故事——医德和医术。本文也是采取这种写法：先概括了骨科专家胥少汀从医71年没有一天离开过医生这个岗位，90多岁还出诊查房。然后为了突出表现胥老的高尚医德、高超医术，作者选取了他诊治好的疑难病例、"把技术传给学生，那就等于我的生命在延续"、他把珍藏的书籍、撰写的笔记和获得的奖金稿费全部捐献给医院等片断事迹的生动描写，旨在激励行医者向胥老学习，为医学事业努力探索并为人类的健康事业做出突出贡献。

8. 史话 医学史话是记叙历史上医学领域中有意义、有价值的人和事。这里的"话"是指有史实根据的故事。医学史话可展现一个国家或某一历史阶段的医学历史；或某一医学家的医学活动（医学活动片段）；或医学上某一发明的始末等等。医学史话要求在遵从史实的基础上，时代、地点、事件、人物必须真实，某些细节、描写、情节等可以进行适当的艺术加工。让民众了解人类医学历史，这对继承人类医学遗产，促进人类医学的发展有着重要意义。

【例文】

苏东坡和安乐坊

公元1089年，杭州由于人口稠密，加上连年遭灾，造成瘟疫流行，不少人死亡。

也正是这一年，苏东坡被调任杭州太守。他面对着瘟疫流行的杭州，不禁长叹起来。其妻说："你曾学过医，知道这种瘟疫属于哪一类么？""属于湿性。"

"这可以用我们的'圣散子'来治呀！""说的也是。但杭州人多，我们哪来那么多钱呢？""拿我首饰变卖，开个病坊，施舍'圣散子'。"苏东坡觉得这个办法很好，于是，一方面卖了妻子陪嫁的首饰，加上家里积蓄共筹集黄金50两；另一方面，他又号召有钱人募捐，得钱2千缗（1千文为1缗）。他以这些钱为"基金"，在杭州众安桥旁边办起了一所"安乐坊"病坊（相当现在的医院）。同时，苏东坡又请来名医庞安时坐堂问诊（看门诊），并将"圣散子"秘方传授给庞安时。病坊收纳贫困患者，施舍药、粥。苏东坡在杭州2年，共治好1000多贫困患者。

苏东坡治瘟疫的"圣散子"秘方是哪里来的呢？是他从同乡四川眉州名士巢谷那里学来的。巢谷出于友谊，把家传秘方传给苏东坡，并要他莫传给别人。但是，苏东坡为了拯救灾民，毅然将秘方传给了庞安时，让秘方发挥更大的作用，这样，巢谷的名字和"圣散子"药方也就在民间广为流传。

（晓木）

【简析】本文是记叙苏东坡办"安乐坊"治病救人活动片段的医学史话。根据历史上苏东坡办"安乐坊"的史实，再加上人物行动、对话的描写，形象地写出了苏东坡面对杭州百姓遭受瘟疫之苦而内心不安，在妻子的帮助下筹办"安乐坊"，并为了拯救灾民将秘方"圣散子"传授给了庞安时来济世救人的高尚行为。激励人们学习苏东坡救民于疾苦，无私奉献的精神。

（二）文艺体

是采用文学艺术的形式，使用描写、抒情等语言表达方式，拟人、比喻等修辞手法，借助故事或人物形象使读者增长医学知识的一种文体，这种文体最突出的特点是文艺色彩浓厚，极具艺术魅力。常见的有小品文、故事、童话、诗歌、小说、剧本曲艺等形式。

1. 医学小品文　是一种以普及医学科学知识为目的，寓医学科学内容于文艺之中，篇幅短小，题材广泛，活泼生动地反映医学科学的新思想、新方法、新动态的一种艺术性散文。

（1）医学小品文的特点：医学科学性与艺术性的圆满结合。它的文辞生动感人，笔调清新流畅，语言自然活泼，篇幅短小；蕴含深刻或给人以哲理启示。

【例文】

笑

随着现代医学的发展，我们对于笑的认识，更加深刻了。

笑，是心情愉快的表现，对于健康是有益的。笑，是一种复杂的神经反射作用，当外界的一种笑料变成信号，通过感官传入大脑皮层，大脑皮层接到信号，就会立刻指挥肌肉或一部分肌肉动作起来。

小则嫣然一笑，笑容可掬，这不过是一种轻微的肌肉动作。一般的微笑，就是这样。

大则是爽朗的笑，放声的笑，不仅脸部肌肉在动作，就是发声器官也动作起来。捧腹大笑，手舞足蹈，甚至全身肌肉、骨骼都动员起来了。

笑在胸腔，能扩张胸肌，肺部加强了运动，使人呼吸正常。

笑在肚子里，腹肌收缩了而又张开，及时产生胃液，帮助消化，增进食欲，促使人体的新陈代谢。

笑在心脏，血管的肌肉加强了运动，使血液循环加强，淋巴循环加快，使人面色红润，神采奕奕。

笑在全身，全身肌肉都动作起来，兴奋之余，使人睡眠充足，精神饱满。

笑，也是一种运动，不断地变化发展。笑的声音有大有小；有远有近；有高有低；有粗有细。笑有快有慢；有真有假；有聪明的，有笨拙的；有柔和的，有粗暴的；有爽朗的，有娇嫩的；有现实的，有浪漫的；有冷笑，有热情的笑。如此等等，不一而足。这是笑的辩证法。

笑有笑的哲学。

笑的本质，是精神愉快。

笑的现象，是让笑容、笑声伴随着你的生活。

笑的形式，多种多样，千姿百态，无时不有，无处不有。

笑的内容，丰富多彩，包括人的一生。

笑话、笑料的题材，比比皆是，可以汇编成专集。

笑有笑的医学。笑能治病。神经衰弱的人，要多笑。

笑可以消除肌肉过分紧张的状况，防止疼痛。

笑也有一个限度，适可而止。有高血压和患有心肌梗塞毛病的患者，不宜大笑。

笑有笑的心理学。各行各业的人，对于笑都有他们自己的看法，都有他们的心理特点。售货员对顾客一笑，这笑是有礼貌的笑，使顾客感到温暖。

笑有笑的政治学。做政治思想工作的人，非有笑容不可，不能板着面孔。

笑有笑的教育学。孔子说："学而时习之，不亦说乎！"这是孔子勉励他的门生们要勤奋学习。读书是一件快乐的事。我们在学校里，常常听到读书声，夹着笑声。

笑有笑的艺术。演员的笑，笑得那样惬意，那样开心，所以，人们在看喜剧、滑稽戏和马戏等表演时，剧场里总是笑声满座。笑有笑的文学，相声就是笑的文学。

笑有笑的诗歌。在春节期间，《人民日报》发表了有笑的诗。其内容是："当你撕下八一年的第一张日历，你笑了，笑了，笑得这样甜蜜。是坚信：青春的树越长越葱茏？是祝愿：生命的花愈开愈艳丽？呵！在祖国新年建设的宏图中，你的笑一定是浓浓的春色一笔……"

笑，你是嘴边一朵花，在颈上花苑里开放。

你是脸上一朵云，在眉宇双目间飞翔。

你是美的姐妹，艺术家的娇儿。

你是爱的伴侣，生活有了爱情，你笑得更甜。笑，你是治病的良方，健康的朋友。

你是一种动力，推动工作与生产前进。

笑是一种个人的创造，也是一种集体生活感情融洽的表现。

笑是一件大好事，笑是建设社会主义精神文明的一个方面。

我这篇科学小品，再加上外国的资料，可以在大百科全书中，在笑的项目下，占有一席的地位。

让全人类都有笑意、笑容和笑声，把悲惨的世界变成欢乐的海洋。

（高士其）

【简析】人们常说"笑一笑，十年少"虽是夸张的说法，但却表明了"笑"对健康的益处。当代著名科普作家高士其通过准确、简洁、通俗、生动的语言，大量排比段地运用，对比、比喻、拟人化的手法，从医学的角度向我们阐释了对于"笑"的基本认识，"笑"对健康的基本作用："扩张胸肌"、"使人呼吸正常"、"促进新陈代谢"、使人"神采奕奕"、使人"精神饱满"。另外还深入浅出地从社会学及文学艺术等方面说明了"笑"的内涵、意义和作用。结尾总结全文，展示作者美好的意愿："让全人类都有笑意、笑容和笑声，把悲惨的世界变成欢乐的海洋。"激励自己也激励人们致力于创造一个更加美好的世界，蕴含深刻，以小见大，深化主题。

（2）医学小品文的写作要求：首先在选题上应是自己所熟悉的医学领域，然后注意选取与人们生活实际密切结合的内容，增加作品的吸引力。结构上一般由开头、主体、结尾三部分构成。开头要引人入胜，主体要结构清晰，文情并茂。结尾可概括全文，或展望未来描绘前景。

【例文】

向癌细胞开火

目前，一些国家的科学家们正在日夜奋战，研制一种救人的"生物导弹"，全力拯救世界上数以百万计的癌症患者的生命！

"生物导弹"的大名叫单克隆抗体。请你不要嫌弃它的名字陌生难懂，它是当今医学科学舞台上刚刚露面的"大明星"。今后几十年中，你将会像说到"抗生素"、"爱克斯光透视"那样随便地提到它。

克隆是英文 clone 的译音，指的是一个细胞，经过连续分裂，一变二、二变四……由少到多，成了一群。它又叫无性细胞系。可惜它至今还没有一个确切的意译名字，只能像"沙发"、"咖啡"、"可可"似的直呼其英文读音——"克隆"。

说它像导弹，名不虚传，它确能像那些长着"眼睛"的定向导弹一样，进入人体后直奔目标——癌细胞，而且还能像带核弹头的导弹一样，在它身上也可带上"核武器"——足以杀死癌细胞的放射性同位素，去"轰炸"身上的癌灶；甚至有人把蓖麻毒素分子或抗癌药物附在单克隆抗体上，不偏不倚地直奔癌细胞，将其毒死。

单克隆抗体何以有如此神奇的"眼力"呢？原来，现代免疫学认为：一种抗体是由一个 B 淋巴细胞克隆产生的。人体内大约有 1 亿种不同的 B 淋巴细胞！也就是说，可以产生 1 亿种不同的抗体！真可谓"卤水点豆腐，一物降一物"。为此，医学家千方百计地培养出各种人的癌细胞株。此举实非易事。倘若把这种癌细胞株接种到老鼠身上，使其长癌，老鼠体内就会产生一种针对此癌的 B 淋巴细胞抗体。然后，再把这种 B 淋巴细胞取出在体外培养繁殖，于是得到了单一的专攻此癌的抗体。可是困难接踵而来。B 淋巴细胞在体外寿命太短。有人巧妙地把它与一种能在体外无限生长的骨髓瘤细胞进行杂交，结果产生了一个"混血儿"——既能无限生长，又能产生 B 淋巴细胞抗体的杂交瘤。人们把杂交瘤注射进老鼠的腹腔里，杂交瘤便产生出一批批"生物弹药"——单克隆抗体，并被源源不断地运到"抗癌战场"，向着癌细胞开火！

最近，我国已试制成功第一枚"生物弹药"——"抗胃癌单克隆抗体"。虽然还处于实验阶段，但征服癌症的曙光毕竟已露，单克隆抗体就像一颗启明星似地在闪着光芒。我们期待着更多"生物导弹"的出现。

（冰子）

【简析】本文以危害人们健康的疾病——癌症的单克隆抗体治疗为内容，运用第二人称"你"，给人以与读者娓娓交谈的亲切感。采用"系列化"的比喻、比拟的修辞手法，如"导弹"、"开火"、"目标"、"定向"、"核武器"、"战场"，使得前后格调一致，喻体、拟体灵活多变，深入浅出，生动活泼，引人入胜地让读者了解到科学家们正日夜奋战：研制一种救人的"生物导弹"——单克隆抗体，"全力拯救世界上数以万计的癌症患者的生命"；最近，我国已试制成功第一枚"生物弹药"——"抗胃癌单克隆抗体"。结尾描绘前景展望未来："单克隆抗体就像一颗启明星似地在闪着光芒"，"我们期待着更多'生物导弹'的出现。"

2. 故事 在医学知识内涵真实的前提下，通过生动的故事情节（可以是真实的，也可以是虚构的）的描述，给人以某一方面的医学知识或同时给人以思想的启迪。

【例文】

吸烟与肺癌的故事

张老汉70多岁了，身板还是硬邦邦的。一根尺把长镶着碧绿玉石嘴子，磨得油光锃亮的竹子旱烟管，一天到晚不离他那紫里透黑的嘴唇。"滋啦……滋啦……"小烟锅里闪着火星，缕缕青烟欢腾地从鼻孔、从嘴角向外逸散着，似乎在诉说它在主人的气管和肺里旅行受到的热情欢迎和接待。

从十几岁开始吸烟，其烟龄差不多60年了。老伴张大娘和老汉同庚，5年前患肺癌去世。使张老汉不解的是前几年听广播里宣传吸烟容易得肺癌，可他老伴并不吸烟，为什么患了肺癌？而自己吸了近60年烟，在县医院做肺部X光检查却是"心肺正常"呢？

张老汉是个信科学的人。这些年来，科学种田增产的事实使他逢人便说"什么事都得讲科学、信科学"。可偏偏在吸烟和肺癌这个问题上，对"科学"却打了问号。四、五年来，张老汉心里始终是一个谜。

昨天，省医疗队来到俺山村，王医生的一席话逐渐驱散了张老汉心里的疑云。

王医生说："吸烟的烟雾中含有多种有害成分，有不少是致癌物质。有一种叫苯并（a）芘的东西，就是一种强致癌物。但是，它进入人体必须由体内一种叫'芳烃羟化酶'的物质帮助活化后才起致癌作用。由于每个人的体质不同，芳烃羟化酶的活动能力大不相同。酶活性强的人就容易活化苯并（a）芘，助纣为虐，使苯并（a）芘发挥致癌作用；酶活性弱的人，就起不到活化苯并（a）芘的作用。看来，张大娘是生活在吸烟环境里的被动吸烟者，体内芳烃羟化酶的活性比较强；而张大爷虽然是主动吸烟者，可是体内这种酶的活性可能较弱，大量苯并（a）芘不能活化致癌。"

"当然，这是推测的因素之一，人体致癌的因素还是很复杂的。"王医生继续说下去。

"人体的神经体液因素对肺癌的发生有很大影响。当着情绪波动或其他原因造成人体内分泌紊乱或失调时，可使某些内分泌持续作用于敏感组织，这种慢性刺激可以促使这一组织的细胞增殖，结果导致癌症发生。所以，情绪容易激动，或精神受创伤，及情绪长期抑郁时容易得癌症。

再就是人体的免疫功能不一样，对癌的抵抗力也有差别。如有的人细胞免疫功能低，对癌的抵抗力就差，在同样的环境里就容易得癌症。

关于癌有没有遗传因素问题，科学家们用动物做实验，发现癌症是有遗传性的。但是对人来讲，还没有证实，还需要做大量调查研究。"

王医生讲到这里，稍微停了停接着又说："好了，总之烟雾里的致癌物质进入人体这是外因，每个人由于体内的内因变化不同，所以在同一环境里有人就患了癌症，有人就不患癌症。既然这样，消除吸烟这种致癌的外因，没有通过内因起作用的因素了，就可以大大防止肺癌的发生，所以宣传戒烟是很重要的。"

张老汉听罢，点点头，摸了摸黄橙橙的小烟锅，心想：老伙计，可别和你沾上边，要戒烟还真得下决心哩！

（王福琳）

【简析】本文故事色彩浓厚，开头结尾通过对张老汉这个"烟民"吸烟形象的生动描写，给人以较强的吸引力。通过对话解释了导致肺癌的四个因素：无论主动吸烟还是被动吸烟，只要烟中的苯并芘同人体内的芳烃羟化酶结合就能致癌。但这种酶在人体内的活化能力是不同的，活化能力强的就容易致癌。张老汉虽是主动吸烟者，但活化能力可能低，所以未致癌；张大娘伴张老汉吸了60多年的烟雾，她的活化能力又可能很强，所以得了肺癌。另外还有人体神经体液、免疫功能和遗传三个因素。最后让读者认识到烟雾是"外因"，戒烟就消除了外因通过体内活化这个条件，也就可能有效地防止了肺癌，使吸烟者认识到戒烟的必要性。

3. 童话 是在医学科学真实的前提下，借助丰富的想象，运用拟人、夸张的表现手法，通过曲折、离奇的故事情节，浅显生动地对儿童进行医学科学知识教育的一种文体。好的童话作品，不但对儿童，而且对成年人也有着较大的吸引力，所以医学科普童话创作是对大众进行医学科普教育的良好途径。

【例文】

孙小空拜访神经"司令部"

我离开了肌肉"现场经验交流会"来到了"王国"的"首府"，也就是最高神经

"司令部"——大脑皮层。它设置在左右两半大脑的表面，平均厚度2.5毫米，上面密布着150亿个神经细胞，他们是这个"司令部"的工作人员。

大脑皮层是个庞大的指挥中心，里面分设许多部门：有的接受各种感觉，有的支配运动，有的指挥思维活动，有的专管语言、文字……分工细致，有条不紊的主宰着"王国"的一切活动。

我跑到专管语言、文字的那几个部门一看，这里酷似珍藏千万册书籍和录音带的图书馆，蕴藏着大量语言、文字和渊博的知识。需要的话，可随时以最快的速度找出有关资料，经过综合分析，及时作出反应。

我想看看神经细胞是怎样工作的，先来到专管计算机的神经细胞那儿，出了道数学题：$372 \times 3 =$？只见专管数字的神经细胞一阵忙碌，然后通知管理语言的神经细胞读出答案：1116。嗬！这真是一家最精密的"电子计算机"。

为了进一步考验神经"司令部"有多大能耐，我又心生一计，拔根毫毛变个小蜂去刺咬一下"王国"的面部。立刻，专管面部感觉的神经细胞大声嚷嚷："痛极了！有蜂子叮咬！"

说时迟，那时快，叫声未绝，负责指挥手部运动的神经细胞迅速命令手去拍打。"啪！"传来一声拍打声，乔装的小蜂还算机灵，脱险回到我身边。我深深感叹神经"司令部"的厉害。

一个好心的神经细胞送给我一份大脑皮层领导下的其他一些神经"分司令部"的花名册。我按图索骥地一一浏览，嗨，可多啦！大脑、小脑、间脑、脑干、脊髓等，他们各有各的本领，齐心协力，共同管理着"王国"各方面工作。

那么，神经"司令部"是怎样与外界联系呢？从各神经"司令部"里发出许多神经，分布到人体各处：有分布到头干的脑神经12对，分布到躯干、四肢的脊神经31对和通向内脏器官的交感与副交感神经1对，它们是神经"司令部"传递消息与命令的线路。

大家知道，电线、电缆是由铜铝等金属制成的，可"王国"的神经线路是由什么制成的呢？我考察的结果发现：神经是由无数的神经元组成。神经元的外形像棵小树，彼此首尾相接，犹如传递接力棒一样传递消息。

我用秒表测定神经传递消息或命令的速度。一些管理躯体的神经，传递速度每秒5～120m；一些指挥内脏器官的神经，传递速度每秒3～15m，速度快得惊人！难怪人体的感觉与运动如此敏锐迅速。

我沿着通讯线路继续考察，看到交感与副交感神经默契配合着指挥内脏的工作。交感神经能使心跳加快，支气管扩张，胃肠及膀胱的平滑肌放松，而副交感神经的作用正好与之相反。原来这对神经的工作酷似植物所具有的液体和气体交换以及吸收养料的本能，所以他们又被叫做植物神经。

夜幕降临，我又赶去观摩大脑皮层的脑电波表演。原来，脑子也有一座微型"发电厂"。他发出一股股电流，电压很低，仅有几十到几百微伏。要是通过脑电图仪来观察这些电波的变化，能帮助诊断脑子的许多疾病。

当"王国"还未入睡时，我记录到一种频率为 14～30 次/秒、波幅为 5～20 微伏的 β 波。表示人体还处于清醒、兴奋或运动的状态。

不久，"王国"闭上眼睛即将入睡，β 波逐渐变成频率为 8～13 次/秒、波幅为 50 微伏的 α 波。这时我发现，大脑皮层里的许多神经细胞纷纷撂下手边的工作，开始休息了。

"王国"睡着了，α 波又渐渐变成频率为 4～7 次/秒。波幅为 100－150 微伏的 θ 波。随着"王国"的阵阵鼾声，一种频率只有 0.5－3/秒、波幅更大的波又替代掉 θ 波。千姿多变的脑电波使我看呆了。

忽然，沉睡的神经"司令部"里有一群神经细胞重新兴奋起来，大吵大闹，我问一个手舞足蹈的神经细胞："你们在干什么？"他回答说："在做梦。白天有些事给我们的印象太深，我们在追溯这些事。"噢，做梦的奥秘原来如此。

我高兴地观察了"王国"的梦幻奇景，赶忙记下笔记，这时自己也感到倦意来临，真该睡一会了，醒来还要去参观肝脏"化工厂"哩。

（姚德鸿）

【简析】神通广大的孙悟空是我国家喻户晓的神话形象，尤其受到儿童的喜爱。作者据此仿造了一个神猴后代——孙小空，以孙小空口述的形式，运用恰当的比喻、拟人，亲切、生动、形象地介绍了孙小空在人体的最高神经"司令部"——大脑皮层的游历过程：大脑皮层的构成、功能，如何向外界传递信息和命令等；又用了具体科学的数据说明了"神经元"的传递速度和神经"司令部"休息的情况，并描写了梦的情景及其形成原理。总之本文较好地体现了医学科普童话严谨的科学性和引人入胜的形象生动性。

4. 诗歌　运用诗歌（大多用押韵的）这种人民群众喜闻乐见的、朗朗上口的艺术形式来介绍医学或医药科学知识，在一定程度上更好地起到普及医学或医药知识的目的。

【例文】

抱病谢李吏部赠诃黎勒叶

包佶

一叶生西徼，赍来上海查。
岁时经水府，根本别天涯。
方士真难见，商胡辄自夸。
比香同异域，看色胜仙家。
茗饮暂调气，梧丸喜伐邪。
幸恭却老疾，深愿驻韶华。

注：本诗选自清圣祖敕传《广群芳谱·卷一百》，见《万有文库》，商务印书馆 1933 年版。

【简析】诗作的意思是诃黎勒叶生长在西面边远的地方，是从海上通过船只运送来的。每年按季节要浮过很深的大海，它的叶子和它的根本来是离得很远的。因为它珍贵，所以一般从事医药的人是难以看到的，因此远方的商客就自夸其珍贵，您送来的诃黎勒叶，它的香味与外来的相同，看它的颜色胜过了仙药。用诃黎勒叶作茶饮，可以调气，制成梧丸善于攻邪。值得庆幸和恭贺的是除了老年陈疾，很希望能留住韶华，永葆青春。最后四句突出了诃黎勒叶调气、伐邪、却疾的作用。诗作虽是为了答谢李吏部赠送诃黎勒叶而作的诗，但却表达了对诃黎勒叶的喜爱、赞美之情，对战胜疾病的信心和希望，相应地宣传了诃黎勒叶的药用功能，一定程度上起到了宣传普及医药知识的作用。

5. 曲艺　是通过带表演动作的说、唱来叙述故事、塑造人物、表达思想，传播医学科学知识，它的种类有很多，如：小品、评书、快板、相声等，曲艺的语言一般幽默、诙谐，深受群众的欢迎，是人民大众喜闻乐见的一种艺术形式。

【例文】

勤劳勇士的保健

甲：咚嗒，咚嗒，咚嗒……

乙：这是什么毛病？

甲：（不予理睬地）没有毛病，这正是它在辛勤的劳动。咚嗒，咚嗒，听，这声音多么铿锵有力。

乙：（向众指甲）他……

甲：它，是机体生活的原动力，是生命的基本象征。

乙：我怎么听了糊涂！

甲：（不在意地）一点不糊涂，他每分钟工作 70 余次，一昼夜就有 10 万次咚嗒声，一位年过花甲的老人，他的心跳已达 20 亿次挂零，（醒悟地）哎！我这不告诉你了。

乙：噢！我明白了，你说的是人的心脏的跳动。

甲：（满怀诗情地）我们的心脏啊！是伟大的英雄，不知疲倦的勤劳勇士。人们工作，学习，睡眠，总有劳有逸，它却从不停息一秒钟。

乙：（伸出拇指）真是劳苦功高。哎，我问你：心脏真的不知疲倦吗？

甲：不，它也需要营养和休息。它舒张就是相对的休息，而收缩则是工作，给机体输送血液和营养。（突然严肃起来）不过，我郑重宣布：严重的问题是，这样勤劳的勇士也会有"敌人"！

乙：嗬！你再说一遍？

甲：心脏也会遭到"敌人"的进攻和破坏。

乙：（不解地）人有敌人，国家有敌人，从没听说心脏还有什么"敌人"！

甲：（蔑视地）不足为奇嘛！因为你的知识太少了。

乙：你别瞧不起别人，你要能讲明了，我就服你。

甲：（胸有成竹地）你可知道，当今，人们谈癌色变，殊不知急性心肌梗死更厉害，这是中老年人死亡率很高的常见疾病。

乙：（自豪地）这个，我略知一、二。

甲：我问你，这个病的主要特点是什么？

乙：（肯定地）来势凶猛，速度快，如不及时抢救，很快就置人于死地。对吧？

甲：哈！还真行，从哪儿学来的？

乙：（俏皮地）跟你呗。

甲：（不解地）跟我？

乙：是呀，你不是讲比癌症还凶吗！

甲：（拍乙）好！聪明。

乙：咳！不敢当。（求知地）你说心脏有敌人，我还是不理解。

甲：（放高嗓门）好生生的心脏，突然就发生急性心肌梗死而停止了它的工作，（反问）这是不是敌人的破坏？

乙：噢？

甲：我再问你，"冠心病"是什么东西，你知道吗？

乙：（向甲鞠躬）领教，领教。

甲：冠心病是一个隐藏得很深的"敌人"

乙：（俏皮地）这属于什么性质的矛盾？

甲："冠心病"就是供给心脏本身流血、营养的动脉发生了粥样硬化斑块。是它，断绝了心脏的后勤供应！是它，停止了勤劳勇士的工作，是敌我性质的。

乙：（边听边咬牙切齿，摩拳擦掌）可恼啊！可恨！（朝甲就抓）我要抓住它，非狠狠地……

甲：哎哎……你抓我干什么？（指乙胸）它在这儿，你能抓得着吗？

乙：（挠头，不好意思地）把我给气糊涂了。那么，"敌人"是怎样打入内部的呢？

甲：长话短说，一句话，我们的同志警惕性不高，生活不注意，吃好得多，不运动，这就是给"敌人"以可乘之机，久之就潜伏了下来。随着年龄的增长，机体代谢能力的低下，再有高血压、高血脂病做帮凶，冠状动脉就造成脂质沉积，形成了粥样硬化斑块，管腔变窄了，象条河道慢慢被淤塞了，血流不通畅，甚至完全不通。

乙：（示意观众）就这样断绝了生活供应。（对甲）嗳，你具体点说，心肌梗死是怎么回事。

甲：心肌梗死通常发生这么三种情况：第一点，冠状动脉中的粥样硬化斑块常因深部缺血、营养障碍而发生坏死、液化、破溃，粗糙的破溃面引起血小板在局部沉积，使血液的凝固性发生了改变，形成血栓，而堵塞血管。

乙：这第二点呢？

甲：第二点，斑块形成后，伸入斑块内的小血管因压力作用常常破裂，形成血肿，堵塞冠脉血管。

乙：这第三点？

甲：第三点，常有某种诱发因素，使冠脉血管痉挛引起严重狭窄，使心肌严重缺氧。

乙：我明白了。以上是那种情况的任何一种都会使冠状动脉血流不通，导致心肌缺血、缺氧而坏死，这就是通常说的"急性心肌梗死"。对吧？（得意地）我就是聪明过人，只要你一点我就懂。

甲：你别吹，现学现卖。我问你，诱发急性心肌梗死的原因有哪些？

乙：（挠头皮）这个……（反问）你不说，我哪知道。

甲：诱发急性心肌梗死的原因多种多样，但主要不外以下四种……

乙：这第一种？

甲：过度疲劳。

乙：第二？

甲：暴饮暴食。

乙：第三？

甲：寒冷刺激。

乙：最后一种是……

甲：过度紧张、激动、兴奋！

乙：（总结性地）以上四种情况，都会引起已经被……被所谓"敌人"破坏了的冠状动脉向不利方面发展、变化。因此有冠心病的同志，要警惕这些情况（向甲）你说对吗？

甲：你真有两下子，善于总结。

乙：要不，我儿子都说我从小就聪明。

甲：啊！你儿子？

乙：是听他奶奶说的。（有所思索）急性心肌梗死来势凶而快，要能预测就好了。

甲：还真能预测。任何事情的发生一般都有预兆，急性心肌梗死也是如此。

乙：你说说都有些什么先兆？

甲：心绞痛一般在劳累后发生。

乙：（向观众）我妈就是这样。

甲：（接上）如果在安睡中痛醒，这就是先兆。

乙：噢！

甲：过去数月，甚至半年发作一次，近年接连不断出现心绞痛。

乙：这也是不祥之兆。

甲：过去发生心绞痛，口含硝酸甘油片很灵，一会儿就好，现在用药无效，痛个没完。

乙：这又是先兆。

甲：（向众指乙）不愧是一颗小葱（聪）。一旦遇见急性心肌梗死患者，时间就是生命，你应该立即……

乙：（紧接）我要立即发扬革命的人道主义精神，救死扶伤，冲上去，背起患者，先送医院。我要从死神手里夺回生命。

甲：（着急地）你你……

乙：（紧接而铿锵有力地）这是我义不容辞的责任！

（又缓和地）咱就是领会问题快。

甲乙：我真聪明。

甲：我知道你又来这一套，这次你……

乙：绝对没错。

甲：你大错特错！

乙：什么？我错了？

甲：患者本来有救，叫你这么一折腾，死得更快。

乙：你不是讲发现要立即……

甲：我是说要立即让患者就地平卧，保持绝对安静，有急救药时先用上药，同时通知医护人员前来急救。

乙：原来是这样？！

甲：记住，不论在哪里发现此类患者，千万不能使用乱搬、拖、拉、扛、背等不正确的救人方法。因为，这样会增加心肌耗氧量，从而促使梗死加重。

乙：送医院不更好吗？

甲：有时，在无医无药的情况下，就是让患者绝对地安静，甚至也会自好。如需送医院也必须待就地抢救到有转院条件时，再在医生的严密观察下送医院治疗。

乙：一旦心脏停跳了怎么办？

甲：先在心前区（拿乙示范）拳击2~4下。

乙：患者受得了吗？

甲：救命嘛，但力量要相当于清醒人感到痛的程度。

乙：如果还不恢复跳动？

甲：立即做心脏体外按摩，（示范）抢救者双手重合，以掌根置于患者胸骨下1/3处，用前臂有节奏、有弹性的垂直压下，使胸骨下陷4~5cm，每分钟80次左右。

乙：如果患者没有呼吸怎么办？

甲：可以口对口的做人工呼吸。

乙：你能给我表演一下吗？

甲：可以，你当患者。

乙：好事没我的。

甲：（示范）患者平卧，头稍抬高尽量后仰，急救者一手托患者下颌，一手捏住患者鼻子，用力将气吹入患者口腔。

乙：有什么要求没有？

甲：有，两人施救法，一人压心脏5次，另一人吹气1次（反复示范动作）。

乙：坚持！坚持就是胜利，再坚持！……哎……患者能动了。

甲：（松了口气，擦汗）坚持正确的抢救方法，有时还真能从死神手里夺回生命。

乙：既然"冠心病"是急性心肌梗死的主要祸根，能预防冠心病不是更好吗？

甲：怎么说你聪明来着。防重于治嘛！

乙：你给大家讲讲。

甲：我简单说一下吧，也不算什么讲课，（咳嗽一声）生命在于运动，这条很重要。

乙：（手舞足蹈地动作起来）

甲：哎哎……不行，运动要科学化，最好采用运动处方，不能盲用；运动要定量化，不能过度；运动还要个体化，因人而宜，不能千篇一律。

乙：还真有学问。还有什么？

甲：饮食要以清、淡、素为主，少吃油腻多脂肪食物，减少主食，多吃蔬菜，不吸烟，少喝酒，精神愉快，情绪稳定，生活要有节制和规律。

乙：好！

甲：好什么？完蛋了！

乙：谁？

甲："敌人"完蛋了。

（曹庆献）

【简析】相声是最为人民大众喜闻乐见的曲艺表演艺术形式。本段就是一篇对口相声，甲乙两人拟人（不知疲倦的勤劳勇士、心脏有敌人——冠心病）、拟音（咚嗒，咚嗒，咚嗒……）、幽默风趣地向人们介绍了心脏的概况和心脏的保健知识，运用了相声"抖包袱"的方法，把用噱头和笑料构成的"包袱"层层抖开，亮出谜底：平时要注意适量运动、清淡饮食、情绪稳定、戒烟少酒、生活有节制有规律就可以有效预防冠心病。最后一句"'敌人'完蛋了"抖出意外结局，在笑声中使人获得医学知识。

（三）图说体

也叫插图体。为了更好地说明和宣传医疗卫生知识和技术，一面用文字说明再一面配以插图，使人们边读文字边看图，形象地获得医疗卫生知识和技术的一种科普写作文体。这种科普文体无论在内容上还是在插图上都要求严肃的科学性，准确地表达医学科学内容，不做艺术渲染。当然它还强调一定的形象性，需要运用色彩、明暗、线条、构图等美术技巧来表现医学知识，来创造直观的形象。这种体裁在医学科普宣传、医学科普展览、医学科普画廊等场所或报刊杂志中广泛采用，颇受人民大众的喜爱和欢迎。

【例文】

健身防病的耳部按摩操

王一凡

由于耳朵上的穴位多，经常对耳朵进行揪拉、揉捏等按摩，可以刺激全身脉络，有助于全身健康。

提拉耳尖——镇静、止痛、退热、清脑、明目、降压

操作方法：用双手的拇指、食指捏住耳朵上部，先揉捏再往上提揪耳尖，直至感觉该处发热、发烫。提揪 15～20 次。

耳朵上部对应反射区：盆腔、内外生殖器、足部、踝、膝、髋关节等。

小贴士：这样按摩效果更佳每天睡觉前和起床后按揉耳朵效果最好。在按揉耳朵时用鼻呼气，轻提耳朵时用鼻吸气效果更佳。

下拉耳垂——防治头晕、眼花、耳鸣、痤疮、黄褐斑

操作方法：先将耳垂揉捏、搓热，然后向下拉耳垂 15～20 次，使之发热、发烫。

耳垂对应反射区：头部、额、眼、舌、牙、面颊等。

小贴士：牙龈肿痛按耳垂。

夏季天气炎热，人很容易心浮气躁。当我们因为上火导致牙齿、牙龈肿痛时，可以用拇指和示指揉捏耳垂，这样可以在一定程度上缓解肿痛症状。

上下按摩耳轮——防治颈肩痛、腰腿痛、头痛、头晕

操作方法：用拇指、示指沿耳轮上下来回按压、揉捏，使之感觉发烫发热。然后向外接耳朵 15～20 次。

耳轮对应反射区：颈椎、腰椎、胸椎、腰骶椎、肩、肘等。

小贴士：四肢疼痛揉耳轮。

耳廓的外周耳轮相当于躯干、四肢，经常有腰腿痛等症状的老者可以平时多按压耳轮。

按压耳甲——防治脏腑病症，对内脏有保健作用

操作方法：先按压外耳道口边上的凹陷处，按压 15～20 下，直至此处感觉发热、发烫。然后按压上边凹陷下，同样来回摩擦按压 15～20 次。

耳甲对应反射区：心、肺、气管、脾、胃、肝、胆、大肠、小肠、膀胱等。

小贴士：打嗝按上耳窝。

上耳窝——

上耳窝就是我们所说的耳甲艇，它相当于人的腹腔。按摩此处有助于消化，缓解打嗝，并有强肾健脾的功效。

特别提示：心绞痛按下耳窝。

经常刺激下耳窝，对血液和循环系统有保健作用。下耳窝相当于胸腔内脏器官。心绞痛时首先要保持镇定，立即停止活动，卧床休息。最好抬高上身，然后可对下耳窝进行按压。

下耳窝——

将示指放到耳孔处，拇指放到耳的背面捏揉，可以迅速缓解心绞痛。

注意：按揉耳朵的部位以感觉到发热、发烫为佳。

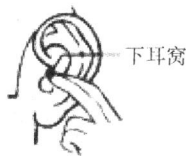

注：本文选自《健康与生活》2011 年 12 期

【简析】本文采用图文结合的直观形式，通过形象、准确的图示配以简明的文字，说明了耳部的几个穴位、按摩操作的方法，手法简单易操作，起到了宣传中医学的脉络学——耳穴对健身防病的保健作用，并在一定程度上普及了有关按摩的知识。

（四）漫画体

为了使人们获得医疗卫生知识和技术，用文字说明再配以简单而夸张的绘画、幽默诙谐的画面，给人以艺术的渲染，既使人们了解了医学知识，又受到审美教育的一种医学科普写作文体。这种体裁在医学科普宣传、医学科普展览、医学科普画廊等场所或报刊杂志中广泛采用，颇受人民大众的喜爱和欢迎。

【例文】

李时珍养生之道——药食保健

1.在养生方面，李时珍倡导"防重于养，未老养生"的观点，这正体现了中医"治未病"的思想。

2.李时珍编著的《本草纲目》中收载有390余条延年益寿的方药，如人参膏、琼玉膏、鹿茸酒、葡萄酒、灵芝、黄精、胡麻、枸杞子等。

3.《本草纲目》卷一中写道："五脏更相平也，一脏不平，所胜平之。故云：安谷则昌，绝谷则亡。谷，指主食；昌，指身体健康。这句话意民是吃得下饭，身体才棒。

4.李时珍提出食疗养生之重要性。时珍曰："药以去之，食以随之""谷肉果菜，食养尽之""白食二合米，胜似参芪一大包"。

5.李时珍特别推崇粥疗。"每日起食粥一大碗，空腹虚，谷气便作，所补不细，又极柔腻，与肠胃相得，最为饮食之妙也。""世间第一补人之物，乃粥也。"可见食粥养生对人的重要。

6.李时珍注重药食禁忌。在《本草纲目》服药食忌中强调，凡服药，不可杂食油腻羹、腥臊陈臭诸物，不可多食生蒜、胡荽、生葱、诸果、诸滑滞之物等。

注：本漫画选自《保健与生活》2011年12期，史振亚/漫画

【简析】为了宣传中医学名医养生的智慧，本文采用了漫画的形式，画文结合，首先介绍了李时珍编著的《本草纲目》中收载有390条延年益寿的方药；然后告诉了我们食疗养生的重要性，李时珍尤其推崇粥疗；最后说明了药食的禁忌，即服中药时禁忌服用哪类食物。适当夸张幽默的绘画，艺术的渲染，使人们在审美中知道了祖国医学有关养生的知识。

目标检测

1. 什么是医学新闻？简述它的特点、作用和种类？

2. 简述医学消息和医学通讯的相同点和不同点。

3. 根据医学消息和医学通讯的写作要求，搜寻写作素材，写一篇医学消息和医学通讯。

4. 简述什么是医学科普？它的特点和作用是什么？一般来说从体裁的逻辑范畴分类它有哪些文体种类？

5. 根据所学过的医学知识，写一篇医学科普文，文体种类不限。字数500字以上。

6. 查找资料，以《哭》为题目写一篇医学小品文，字数在600字以上。

7. 阅读下文，与"医学科普概述"部分的例文《血型的自述》一文进行比较，分析这两篇文章的相同点与不同点。

血 的 迷 路

庄严的法庭内，一起离婚案正在审理中。

"你有什么理由提出与妻子离婚？"一个年过半百的审判员在问这个要求离婚的男青年。

"她有作风问题。"

"你有什么证据说明你妻子有不轨行为？"

"孩子，孩子就是证据。第一孩子长相不像我；第二是血型，我是A型，她是B型，孩子却是O型，电视连续剧《血疑》中，大岛茂是O型，幸子是AB型，从而从血型上排除了他们是亲生父女。这就是我的证据。我断定孩子不是我的。"男青年愤然回答，显得有点激动。

老审判员沉思片刻，便对身边一年轻法医说："请你解释一下，他提出的离婚理由有没有科学依据，能不能成立。"

法医站起身淡淡一笑，对那个男青年说："同志，你的判断是错误的。是的，人的长相是与遗传有关，但遗传中又有很大的变异，所以有的孩子的面相不随父母，而可能在体态，性格等方面有与父母相似之处。血型也是有遗传性的，但不意味着孩子都与父亲或母亲的血型一样。为了帮助你纠正糊涂认识，我来讲一下有关血型方面的知识：

通常我们所说的血型指的是ＡＢＯ血型系统，它是根据红细胞膜上有无A抗原、B抗原来命名的。即A型血型的人其红细胞膜上含有A抗原；B型血型的人其红细胞膜上含有B抗原；AB型血型的人，其红细胞膜上既有A抗原，也有B抗原；O型血型的人，其红细胞膜上既没有 A 抗原，也没有 B 抗原。血型是遗传的，人们在研究子谱时发现，子代含有 A 抗原，他的双亲之一必含有 A 抗原；子代含有 B 抗原，他的双亲之一必含有 B 抗原。这表明 A 和 B 是显性遗传。而 O 不仅在 O 型双亲后代中发现，而且在 A 型和 B 型的后代中亦有发现，这表明 O 的隐性遗传性。血型的遗传基因型有六种：AA、AO、BB、BO、AB、OO。按照孟德尔遗传基本规律即分离律和自由组合律，各种血型配偶所生的子女的血型有以下几种：

父母血型	子女可能有的血型	子女不可能有的血型
O × O	O	A、B、AB
A × O	A、O	B、AA
A × A	A、O	B、AA
A × B	A、B、O、AB	无
B × O	B、O	A、AB
B × B	B、O	A、AB
AB × A	A、B、AB	O
AB × B	A、B、AB	O
AB × AB	A、B、AB	O
AB × O	A、B	O、AB

由此可以看出，并不是所有的孩子都与父亲或母亲的血型一样。但是不论母亲为何血型，一个 AB 型男人不可能是一个 O 型孩子的父亲，一个 O 型男人也不可能是一个 AB 型孩子的父亲，《血疑》中，大岛茂和幸子之间就属于这种情况。而你呢，妻子是 B 型，你是 A 型，可以是 O 型孩子的父亲。如果你现在仍然怀疑，那么我们可以做 MNSe 血型、Rh 血型、P 血型等系统的化验。"

那男青年听后恍然大悟，羞涩地说："不用了，听您这一番详细的讲解使我从五里云雾中解脱出来，我要向爱人承认错误。"说着他朝妻子深情的望了一眼，脸上带着内疚之情。妻子的眼泪终于掉了下来。

此起离婚案调解成功了，一个濒临崩溃的家庭又破镜重圆，老审判员，年轻的法医脸上露出了微笑。

（魂绍毅，《医学科普》，1987 年第 1 期）

第六章

临床护理文书写作

第一节　临床护理文书概述

一、临床护理文书的概念、特点及作用

（一）临床护理文书的概念

临床护理文书是为了适应临床护理工作需要而产生的具有特定格式的应用文，是护士在护理活动过程中形成的文字、符号、图表等资料的总称，包括体温单、医嘱单、住院患者护理记录单、危重患者护理记录单、手术清点记录单等。它是护士处理日常护理工作、传递信息、交流经验、协调工作、解决有关问题时所使用的一种应用文体，它是护理工作的全面记录，是正确诊断、抉择治疗和护理的科学依据，体现着医院医疗、护理质量、管理水平和护士的业务素质，也是临床、教学和科研的重要资料。护理文书均可以采用表格式进行书写。

（二）临床护理文书的特点

1. 目的明确，实用性强　临床护理文书是进行医疗、护理工作的依据，一份护理计划，一个护理交班报告、一张体温记录单，都十分明确地传递着患者的信息，与医疗、康复等息息相关。

2. 资料丰富，格式固定　临床护理文书是医疗、康复和护理的真实写照，它资料丰富、形式多样，是进行科学研究与论文撰写不可缺少的基本资料。在长期的临床实践中，临床护理文书已经逐渐形成较为固定的格式和运用一些惯用符号。在一定时间内相对稳定、通用。

（三）临床护理文书的作用

（1）临床护理文书反映患者病情发展和动态变化。

（2）临床护理文书反映患者住院期间的医疗护理过程。

（3）临床护理文书在医疗护理团队内部各成员间传递、传达患者的重要信息，是医疗护理诊断、病情观察判断、制定护理方案的重要依据。

（4）临床护理文书是教学与科研的重要资料，也是护患纠纷判定法律责任的重要佐证资料。

（5）临床护理文书是医疗文书的重要组成部分，是评价护士专业素质和护理质量的重要资料，对于培养护士的临床思维和专业能力具有重要意义，因而必须加以重视和加强。

二、临床护理文书的分类

1. 体温单 体温单为表格式，以护士填写为主。用于绘制体温、脉搏、呼吸的曲线，记录患者的生命体征及有关情况。

2. 护理记录 护理记录是护士对患者护理、检查、治疗的文字记载，既可以作为过去诊断、治疗、护理的档案资料，又可以作为今后继续医疗、护理的参考资料，包括一般患者护理记录单和危重患者护理记录单。

3. 护理交接班报告 护理交接班报告用于记录护士在值班期间病房情况及患者的病情动态，以便于接班护士全面掌握、了解病房和患者情况、注意事项及应进行的准备工作。

4. 手术清点记录单 手术清点记录是指巡回护士对手术患者术中所用血液、器械、敷料等的记录，应当在手术结束后即时完成。

5. 医嘱本 医嘱是医生为患者制定的各种检查、治疗、护理等具体措施，是护士完成诊治计划查核的依据；由医生开写，医护人员共同执行。医嘱本由医嘱单装订而成，是患者诊疗、护理措施的准确记录。病区内每一医疗小组患者共用一本，或分"日间医嘱本"与"夜间医嘱本"；或分"长期医嘱本"与"临时医嘱本"。

6. 护理出院小结 护理出院小结是患者住院期间，护士按护理程序对患者实施整体护理全过程的总结，也是对护理计划实施效果评价和护理经验教训的总结。

7. 出院指导 出院指导是指患者在住院期间护士对患者实施整体护理过程中最后的一项护理工作。患者即将出院时，按患者全身心的状态结合有关医学心理学知识，对患者进行健康教育，教给患者进行自我调养和保养的方法。

三、临床护理文书写作的基本要求

（1）护理文书是病历资料的组成部分，书写应当客观、真实、准确、及时、规范。内容应与其他病历资料有机结合，避免重复和矛盾。使用蓝黑墨水或碳素墨水书写。

（2）使用中文、通用的外文缩写和医学术语。无正式中文译名的症状、体征、疾病名称等可以使用外文。使用规定的点、线、圈。

（3）内容简明扼要，重点突出，不主观臆断；文字工整，字迹清晰，表述准确，语句通顺，标点符号正确，书写者签全名。

（4）书写过程中出现错字时，用原色双横线划在错字上，当时需修改的文字在双横线右侧连续书写，保留原记录清楚、可辨，之后修改的用红笔在双横线上方书写，并注明修改时间及签名。不得采用刮、粘、涂等方法掩盖或去除原来的字迹。

（5）实习生或试用期护理人员书写的护理文件，须经本医疗机构已执业注册的护理人员审阅修改，用红笔加签全名并注明日期；进修护士由接受进修的医疗机构核定其执业资格后方可书写。

（6）护理病历书写一律使用阿拉伯数字书写日期和时间，采用 24 小时制记录。

四、临床护理文书写作的基本原则

（1）符合卫生部《病历书写基本规范》及有关法律法规要求的原则。

（2）符合护理常规、制度、职责和规范的原则。

（3）有利于保护医患双方合法权益，减少医疗纠纷的原则。

（4）客观、真实、准确、及时、完整，简明扼要、清晰动态，不重复记录的原则。

（5）重点记录患者病情发展变化和医疗护理全过程。

（6）体现护理行为的科学性、规范性，体现护理专业自身的特点、专业内涵和发展水平。

（7）调整护理文书书写的时间。护理记录不是交接班记录，不应在交接班时间书写。护理文书应当体现"实时性"，即在完成护理观察、评估或措施后立即书写。

（8）有利于提高护理质量的原则，方便、快捷，提高工作效率的原则。

（9）护理文书的书写方式要体现和适应临床护士分层级管理，为医学、教学和科研提供可靠客观资料的原则。

（10）明确权限和职责、谁执行、谁签字、谁负责的原则。

（11）健全临床护理文书书写和管理制度。在建立前瞻性护理文书质量管理的同时，充分发挥护理文书质量评价的作用，促进护理文书质量的持续改进。

第二节 临床护理文书的写作

一、体温单

（一）体温单的内容

体温单的内容包括患者姓名、科室、入院日期、住院病历号（或病案号）、日期、手术后天数、体温、脉博、呼吸、血压、大便次数、出入液量、体重、住院周数等。主要由护士填写，住院期间体温单排列在病历最前面，见附件1。

（二）体温单的书写要求

（1）体温单的眉栏项目、日期及页数均用蓝黑水笔填写。各眉栏项目应填写齐全，字迹清晰，均使用正楷字体书写。数字除特殊说明外，均使用阿拉伯数字表述，不书写计量单位。

（2）在体温单 40℃ ~42℃ 之间的相应格内用红色水笔纵式填写入院、手术、转入、出院、死亡等项目。除手术不写具体时间外，其余均按 24 小时制，精确到分钟。转入时间由转入科室填写，死亡时间应当以"死亡于×时×分"的方式表述。

（3）体温单的每页第 1 日应填写年、月、日，其余 6 天不填年、月，只填日。如在本页当中跨越月或年度，则应填写月、日或年、月、日。

（4）体温单 34℃ 以下各栏目，用蓝黑水笔填写。

（5）住院天数：自入院当日开始计数，直至出院。

（6）手术后日数连续填写 10 天，如在 10 天内又做手术，则第二次手术日数作为分子，第一次手术日数作为分母填写。例：第一次手术 3 天又做第二次手术即写 3（2），1/4，2/5，3/6……10/13，连续写至末次手术的第 10 天。

（7）患者因做特殊检查或其他原因而未测量体温、脉搏、呼吸时，应补记并填入体温单相应栏内。患者如特殊情况必须外出者，须经医师批准书写医嘱并记录在交接班报告上（或护理记录单），其外出期间，护士不测试和绘制体温、脉搏、呼吸，返院后的体温、脉搏与外出前不相连。

（8）体温在 35℃（含 35℃）以下者，可在 35℃ 横线下用蓝黑水笔写上"不升"两字，不与下次测试的体温相连。

（三）体温、脉搏、呼吸、大便等的记录

1. 体温的记录

（1）体温曲线用蓝黑色水笔绘制，以"×"表示腋温，以"○"表示肛温，以"●"表示口温。

（2）降温 30 分钟后测量的体温是以红圈"○"表示，再用红色水笔画虚线连接降温前体温，下次所试体温应与降温前体温相连。

（3）如患者高热经多次采取降温措施后仍持续不降，受体温单记录空间的限制，需将体温单变化情况记录在体温记录本中。

（4）体温骤然上升（≥1.5℃）或突然下降（≥2.0℃）者要进行复测，在体温右上角用红笔划复测标号"v"（vermed 核实）。

（5）常规体温每日 15：00 测试 1 次。当日手术患者 7：00、19：00 各加试 1 次；手术后 3 天内每天常规测试 2 次（7：00、15：00）。新入院患者，即时测量体温 1 次，记录在相应的时间栏内。

（6）发热患者（体温≥37.5℃）每 4 小时测试 1 次。如患者体温在 38℃ 以下者，23：00 和 3：00 酌情免测试。体温正常后连测 3 次，再改常规测试。

2. 脉搏的记录

（1）脉搏以红点"●"表示，连接曲线用红色笔绘制。

（2）脉搏如与体温相遇时，在体温标志外画一红圈。如"⊗"、"◎"、"⊙"。

（3）短绌脉的测试为二人同时进行，一人用听诊器听心率，一人测脉搏。心率以红圈"○"表示，脉搏以红点"●"表示，并以红线分别将"○"与"●"连接。在心率和脉搏两曲线之间用红色笔画斜线构成图像。

3. 呼吸的记录

（1）呼吸的绘制以数字表示，相邻的两次呼吸数用蓝黑水笔，上下错开填写在"呼吸数"项的相应时间纵列内，第 1 次呼吸应当记录在上方。

（2）使用呼吸机患者的呼吸以○R表示，在"呼吸数"项的相应时间纵列内上下错开用蓝黑水笔画○R，不写次数。

4. 大便的记录

（1）应在15：00测试体温时询问患者24小时内大便次数，并用蓝黑水笔填写。

（2）用"＊"表示大便失禁者，用"☆"表示人工肛门。

（3）3天以内无大便者，结合临床酌情处理。处理后大便次数记录于体温单内。

（4）灌肠1次后大便1次，应在当日大便次数栏内写1/E，大便2次2/E，无大便写0/E。

（四）其他内容记录

1. 出量（尿量、痰量、引流量、呕吐量）、入量记录　按医嘱及病情需要，用蓝黑水笔如实填写24小时总量。

2. 血压、体重的记录　血压、体重应当按医嘱或者护理常规测量并用蓝黑水笔记录，每周至少1次。入院当天应有血压、体重的记录。手术当日应在术前常规测试血压1次，并记录于体温单相应栏内。如为下肢血压应当标注。入院时或住院期间因病情不能测体重时，用"卧床"表示。

二、护理记录

护理记录是患者住院期间、由责任护士按照护理程序对患者实施护理计划，进行整体护理全过程的真实的、动态的记录。

（一）一般患者护理记录

一般患者护理记录是指护士根据医嘱和病情对一般患者住院期间护理过程的客观记录。

（1）护士根据医嘱及护理级别于入院时建立患者护理记录单，内容包括患者姓名、科别、住院病历号（或病案号）、床位号、页码、记录日期和时间、病情观察情况、护理措施和效果、护士签名等。

（2）用蓝黑墨水笔填写眉栏各项目，如遇转科、转床、更改护理级别时用箭头表示。

（3）准确记录日期和时间。

（4）记录生命体征：体温、脉搏、呼吸、血压等，均按护理级别要求进行记录。

①意识：根据患者实际意识状态选择填写：清醒、嗜睡、意识模糊、谵妄、昏睡、昏迷状态等。

②瞳孔：记录大小及反应。

③体温（℃）、脉搏（次/分）、呼吸（次/分）、血压（mmHg），直接在相应栏内填入测得数值，不需要填写数据单位。

（5）血氧饱和度　根据实际填写数值。

（6）吸氧　单位为升/分（L/min），可根据实际情况在相应栏内填入数值，不需填写数据单位，并记录吸氧方式，如鼻导管、面罩等。

（7）出入量

①入量：单位为毫升（ml），入量项目包括：使用静脉输注的各种药物、口服的各种食物和饮料以及经鼻胃管、肠管输注的营养液等。

②出量：单位为毫升（ml），出量项目包括尿、便、呕吐物、引流物、渗出物、穿刺液和引流液等，需要时写明颜色、性状。

③24 小时总结时，仍在输液的，计算入量时应减去未输入的部分，并在总入量后面注明"余液××ml"；交班者已清空本班引流瓶（袋）的应及时记录，避免统计量的误差。

④每日记录12 小时小结，24 小时总结，统一用蓝黑笔书写。统计时间不足 24 小时的，按实际时间数记录，如："10 小时总入量××ml"。

（8）皮肤情况　根据患者皮肤出现的异常情况选择填写，如压疮、出血点、破损、水肿等。

（9）病情观察及措施

①简要记录护士观察患者病情的动态变化情况，以及根据医嘱或患者病情变化采取的措施。

②因抢救急危重患者未能及时书写护理记录的，护士可在抢救结束后 6 小时内据实补记，在"病情观察及措施"栏内顶格书写，书写前注明"抢救补记"；记录时间写补记的实际时间，具体到分钟。

（10）每次记录及巡视后签全名，若同一人同一班签名可首尾签全名，中间用箭头连接。

（11）医嘱改为"特别护理"或者"一级护理"的病危患者，护理记录应及时转记到"危重患者记录单上"；同时应在"患者护理记录单"的护理措施和病情记录栏内注明转单的原因，如：遵医嘱改特级护理或一级护理病危。

（12）转单记录页码与原记录单页码顺延，如在转换时现记录的记录单有空行的应在空行上写"以下空白"四个字，再转下一张记录单，页码顺延。

（13）护理记录无论是日间或是夜间均使用蓝黑墨水书写。

（二）危重患者护理记录

病重（病危）患者护理记录是指护士根据医嘱和病情对病重、病危患者住院期间护理过程的客观记录，见附件2。

（1）眉栏内容包括患者姓名、性别、年龄、科别、住院病历号（或病案号）、床位号、页码、记录日期和时间。

（2）用蓝黑水笔记录，规范使用医学术语，文字工整，字迹清晰，表述准确，语句通顺，标点正确。

（3）书写应当使用中文，通用的外文缩写和无正式中文译名的症状、体征、疾病名称等可以使用外文。病历书写一律使用阿拉伯数字书写，日期和时间，采用 24 小时制记录，记录时间应当具体到分钟。

（4）书写过程中出现错字时，应当用双线划在错字上，保留原记录清楚、可辨，并注明修改时间，修改人签名。不得采用刮、粘、涂等方法掩盖或去除原来的字迹。

（5）病重（病危）患者护理记录应当根据相应专科的护理特点书写。

（6）详细记录出入量

①食物含水量和每次饮水量应及时准确记录实入量。

②输液及输血：准确记录相应时间液体、血液的输入量。

③出量：包括尿量、呕吐量、大便、各种引流量等，除记录液量外，还需将颜色、性质记录于病情栏内。

④根据排班情况每班小结出入量，大夜班护士每24小时总结一次（7：00），并记录在体温单的相应栏内。各班小结和24小时总结的出入量需用红双线标识。

（7）详细记录体温、脉搏、呼吸、血压等生命体征，记录时间应具体到分钟。

（8）病情栏内客观记录患者病情观察、护理措施和效果等。记录时间应当具体到分钟。手术患者还应记录麻醉方式、手术名称、患者返回病室时间、伤口情况、引流情况等。

（9）签名栏内护士签全名。

（10）根据患者情况决定记录频次，病情变化随时记录，病情稳定后每班至少记录1次。

三、护理交接班报告

1. 眉栏项目　包括当日住院患者总数、出院、入院、手术、病危、病重、抢救、死亡等患者数。

2. 书写顺序　出科（出院、转出、死亡）、入科（入院、转入）、病重（病危）、当日手术患者、病情变化患者、次日手术及特殊治疗检查患者、外出请假及其他有特殊情况的患者。

3. 书写要求

（1）白班用蓝黑水笔填写，夜班用红色笔填写。内容全面、真实、简明扼要、重点突出。

（2）出科患者：记录床号、姓名、诊断、转归。

（3）入科患者及转入患者：记录床号、姓名、诊断及重点交接内容。其重点内容为主要病情、护理要点（管道情况、皮肤完整性、异常心理及其护理安全隐患等）、后续治疗及观察。

（4）病重（病危）患者：记录床号、姓名、诊断。病情变化等记录在病重（病危）患者护理记录单上。

（5）手术患者：记录手术名称、回病房的时间、当班实施的护理措施、术后观察要点及延续的治疗等。

（6）病情变化的患者：记录本班主要病情变化、护理措施及下一班次护理观察要点和后续治疗。

（7）次日手术的患者：记录术前准备，交待下一班次观察要点及相关术前准备情况等。

（8）特殊治疗检查的患者：记录所做治疗的名称、护理观察要点及注意事项。

（9）特殊检查的患者：记录检查项目、时间、检查前准备及观察要点等。

（10）外出请假的患者：记录去向、请假时间、医生意见、告知内容等。

（11）其他：患者有其他特殊及异常情况时要注意严格交接班，如情绪或行为异常、跌倒、摔伤等不良事件等。

4. 护理交接班报告 至少在科室保存 1 年，不纳入病案保存。

四、手术清点记录

1. 书写要求 用蓝黑水笔填写，字迹清楚、整齐，不漏项。

2. 眉栏内容 包括患者姓名、住院病历号（或病案号）、手术日期、手术名称等。手术清点记录单见附件 3。

3. 物品的清点要求与记录

（1）手术开始前，器械护士和巡回护士须清点、核对手术包中各种器械及敷料的名称、数量，并逐项准确填写。

（2）手术中追加的器械、敷料应及时记录。

（3）手术中需交接班时，器械护士、巡回护士要共同交接手术进展及该台手术所用器械、敷料清点情况，并由巡回护士如实记录。

（4）手术结束前，器械护士和巡回护士共同清点台上、台下的器械、敷料，确认数量核对无误，告知医师。

（5）清点时，如发现器械、敷料的数量与术前不符，护士应当及时要求手术医师共同查找，如手术医师拒绝，护士应记录清楚，并由医师签名。

（6）器械护士、巡回护士在清点记录单上签全名。

（7）术毕，巡回护士将手术清点记录单放于患者病历中，一同送回病房。

五、医嘱的处理

（一）医嘱有关记录表格的书写要求

（1）每晨交班前由办公室护士用蓝黑水笔写"日间医嘱×年×月×日"，由晚班护士用红笔写"夜间医嘱×年×月×日"。

（2）所有医嘱均由医生直接书写，并签名方有效。在紧急情况下可使用口头医嘱，但护士必须复诵一遍，确认无误，方可执行，事后仍须由医生及时补写医嘱，执行护士也必须在医嘱单上签名。

（3）两项医嘱之间不得留空格。写错或取消医嘱时，不能任意涂改，应在该医嘱后用红笔写"作废"二字。

（4）护士执行或抄写医嘱，以及对尚未执行或须次日执行的医嘱，均须在相应医嘱前做标记，避免遗漏。医嘱前打钩标记的顺序、大小要规范，不能超格、涂改。

（5）严格执行医嘱核对制度。医嘱须每日进行核对，核对医嘱者用红笔签名于最后一条医嘱"核对者"一格内；每班护士必须核对上一班护士已处理的医嘱，并用红笔签名于下一格，每周应进行总核对。

（6）日间医嘱结束，用红笔划两条斜线，夜间医嘱结束用蓝黑水笔划两条斜线。

斜线间距要统一，斜线上下占两格，以示分隔。

（7）医嘱本用完后需保存一年，以备查用。

（二）医嘱记录单

医嘱记录单是患者住院期间全部医嘱的记录，为病历的组成部分。它不仅是重要的参考资料，也是入帐收费的凭据，应长久保留。

1. 医嘱记录单 有"长期医嘱"和"临时医嘱"两栏，按医嘱书写顺序转抄，两栏的日期应对齐。

（1）医嘱及执行治疗时间的写法，以24小时计，如上午7时写作7：00，中午12时写作12：00，午夜12时写作24：00，午夜12时5分，则写作第二天的日期，时间为0：05。

（2）长期住院患者医嘱记录单页数超过3张，必须整理医嘱（外科系统及内科抢救患者可酌情6张整理一次），其方法：在临时医嘱栏内用蓝黑水笔写明整理以上医嘱及日期、时间，并在其下划一红线，将未停止的医嘱按原先写的顺序抄于红线下面的长期医嘱栏内。如有空格应用红笔从左到右顶格划一斜线。

2. 执行单（本） 包括注射单、服药单、护理单、饮食单等。其内容抄自长期医嘱，是护士工作的依据。

（1）按性质将长期医嘱分别抄至注射、服药、护理、饮食单。未注明用法的医嘱，均属于口服给药范畴。

（2）按床号顺序抄写，两床间隔3~5行以便增删。

（3）床号、药液浓度、剂量、夜间执行时间均须用红笔书写。

（4）医嘱执行时间按24小时计算安排，如为1/日，写为8；2/日写为8－16；3/日写为8－12－16；4/日，写为8－12－16－20；1/8h，写为8－16－24；1/6h，写为8－14－20－2；1/晚，写为20；1/隔日，写为8/双日或8/单日。

（5）饮食单每个患者一份，通知营养室配膳后，按床号顺序排序，病区集中保管。

3. 医嘱的处理方法 处理原则：先急后缓，先执行后抄写。即先执行临时医嘱，再执行长期医嘱，最后转抄到医嘱记录单上。

（1）临时医嘱：执行时在医嘱本标记栏内用铅笔画对等钩，注明执行时间并签名；执行后将医嘱抄至医嘱记录单的临时医嘱栏内、写上执行时间并签名，在医嘱本标记栏内用蓝黑水笔画对等钩。

尚未执行或须次日执行的临时医嘱，应在医嘱本标记栏内用铅笔画"△"并在护理交班记录上注明，执行后擦去铅笔"△"，按临时医嘱处理，执行时间的写法为时间/日期，如7：20/4－30。

（2）长期医嘱：将其分别抄至执行单上，每项医嘱处理后，立即在医嘱本标记栏内用红笔画对等钩；将已处理过的医嘱抄至医嘱记录单的长期医嘱栏内，在医嘱本标记栏内用蓝笔画对等钩。

（3）备用医嘱

①长期备用医嘱：按长期医嘱处理，须注明每次用药的间隔时间，护士每次执行后在临时医嘱栏内记录，供下一班参考。

②临时备用医嘱：12 小时内有效。也有以日间和夜间备用医嘱之分，即日间备用医嘱仅于日间有效，若日间未用则下午 7 时失效，夜间备用医嘱仅于夜间有效，若夜间未用至次日晨 7 时后失效。注销时由护士在医嘱后用红笔写"未用"；执行后按临时医嘱处理。

（4）停止医嘱：在有关执行单或小卡片的该医嘱上划一红线，写明停止日期，以示注销（饮食单上不划线，只需在原饮食种类下续写新开饮食，则表示原饮食已作废，执行新开饮食），并在医嘱本标记栏内用红笔画对等钩；在医嘱记录单长期医嘱栏内原医嘱后面的停止栏上写明停止日期和时间，并在医嘱本标记栏内用蓝黑水笔画对等钩。

（5）手术、分娩、转科医嘱：将各执行单原有医嘱上划一红线，并写明日期，在医嘱本标记栏内用红笔画对等钩；在临时医嘱栏内写明日期、时间、原因，并在其下划一红线，表示以前医嘱全部作废，在医嘱本标记栏内用蓝黑水笔画对等钩。

（6）出院、转院、死亡医嘱：将执行单上所有医嘱划红线注销，写明日期、在医嘱本标记栏内用红笔画对等钩；在临时医嘱栏内写明日期、时间、原因，在医嘱本标记栏内用蓝黑水笔画对等钩。

（7）执行药物过敏试验的医嘱：试验结果为阳性反应，在该医嘱后打括号、用红色水笔在括号内写"＋"；阴性反应，用蓝黑水笔在括号内写"O"表示。转抄至医嘱记录单临时医嘱栏内也应标明其试验结果，对阳性反应者应在其病历夹左上方用红笔标明对××药物过敏。长期医嘱须在试验结果阴性后转抄。

六、护理出院小结

1. 出院小结的内容　包括姓名、住院号；患者住院期间的分级护理情况，护理计划实施效果及效果评价（包括自我、患者、上级护师、护理部评价），是否达到预期得到的护理目标；护理全过程的经验及教训。

2. 出院护理小结的要求　出院护理小结应在患者出院前完成；内容叙述应简明扼要，力求全面、具体、真实。

七、出院指导

1. 出院指导的内容　包括：预防发病诱因；出院带药的用药方法及注意事项；饮食调节；情志调节；体育锻炼、养生保养；定期复查及信息反馈等。

2. 出院指导的格式　同医疗病历出院记录格式，内容包括姓名、性别、年龄、科别、病房、入院日期、出院日期、住院天数、入院诊断、出院诊断及治疗效果，最后是出院指导，右下角是护士长和责任护士签字。

3. 出院指导的写作要求　出院指导的内容要具体，在患者出院前必须与患者或家属直接见面，以便于患者掌握出院后的自我保健常识和用药方法；指导内容要有针对性，分条记录；根据患者情况，必须的指导内容不应遗漏。如消化系统的患者有关的饮食调养、禁忌的指导等内容不可遗漏；写明出院日期。

目标检测

1. 什么是临床护理文书？常见的临床护理文书有哪些分类？

2. 简述临床护理文书的特点和作用。

3. 临床护理文书写作的基本要求是什么？基本原则是什么？

4. 结合基础护理课，学会填写体温单、手术清点记录单、病重（病危）患者护理记录单。

附件一　体温记录单（修订）

山　东　××　医　院
体　温　记　录　单

姓名 王×× 性别 女 年龄 ×岁 病房 ×× 入院日期 2010 年 1 月 1 日 住院号 ××××

日　期	2010.1.1	2	3	4	5	6	7
呼吸（次/分）	15/16	17/17	18/18	21/19 20/20	19/19 20/20	17	17
大 便 次 数	1	0	2/E	1	*	1	1
尿　量（ML）		2150	1900				
痰　量（ML）		50					
引流量（ML）			50				
呕吐量（ML）							
总　量（ML）		2200	1950				
入　量（ML）							
血压（mmHg）	110/70	105/70					
体　重（Kg）	50						
手术后天数		0	1(2)	1/2	2/3	3/4	4/5
住院天数	1	2	3	4	5	6	7

第 1 周

附件二　手术清点记录单（10年9月13号修订）

XX医院手术清点记录单

手术间_____　手术日期_____　床号_____　姓名_____　性别_____　年龄_____

入室时间_____　住院病历号_____　科室_____　术前诊断_____　药物过敏史：无　有____

手术名称_____　　出室时间_____

品　　名	术前清点	术中加数	关体腔前	关体腔后	品　　名	术前清点	术中加数	关体腔前	关体腔后
纱　布					棉　片				
纱　垫					纱　球				
缝　针					寸　带				
棉　签					棉　球				
器械名称	术前清点	术中加数	关体腔前	关体腔后	器械名称	术前清点	术中加数	关体腔前	关体腔后
大弯血管钳					电刀头				
中弯血管钳					取石钳				
小弯血管钳					胆道探子				
大直血管钳					肠　钳				
中直血管钳					肾蒂钳				
小直血管钳					心耳钳				
弯蚊血管钳					肺叶钳				
直蚊血管钳					开胸钳				
艾利斯					咬骨钳				
巾　钳					关胸器				
针　持					肋骨剥离器				
卵圆钳					扁桃体钳				
刀　柄					阻断钳				
组织剪					血管夹				
线　剪					脊柱牵开器				
压肠板					骨　刀				
直角钳					骨　凿				
平　镊					骨膜剥离器				
牙　镊					黏膜剥离器				
拉　钩					髓核钳				
组织采取钳									
特殊器械									
线　轴									

器械护士签名：　　　　　　　　　　　　　　　　　　巡回护士签名：

备注：

附件三 病重病危患者护理记录单（修订）

××医院

病重（病危）患者护理记录单

病室：＿＿＿＿ 床号：＿＿＿＿ 姓名：＿＿＿＿ 性别：＿＿＿＿ 年龄：＿＿＿＿ 住院病历号：＿＿＿＿ 诊断：＿＿＿＿

日期时间	入量（ml）		出量（ml）				病情记录					签字
	项目	实入量	尿	大便	呕吐	引流	体温（℃）	脉搏（次/min）	呼吸（次/min）	血压（mmHg）		

第七章

临床医疗文书写作

学习目标

1. 了解临床医疗文书的概念、特点、作用和分类。
2. 掌握病案（历）的内容、分类、组成和基本要求。
3. 学写临床常用医疗文书。

第一节　医疗文书概述

一、医疗文书的概念、特点及作用

（一）医疗文书的概念

医疗文书是为满足医疗诊断、医学院校教学和科研等工作需要而产生的具有特定格式的应用文书，是医务人员在处理日常医疗事务及各种学术交流活动中互通信息、解决问题时使用的一种特殊文体。它涉及基础医学、临床医学、社会保健、语言文学、医学教育和基础写作等学科，是医学科学与写作相结合的产物。对于广大医务工作者，特别是高等医学院校的毕业生而言，医疗文书的写作是必须和必备的一项基本功，应当熟练掌握和应用。

（二）医疗文书的特点

1. 格式固定　医疗文书经过长期的临床医疗实践，无论是病历、医案、医嘱、处方，还是各类申请单，都逐渐形成了较为固定的惯用格式。像标题、行款、称谓、术语及日期等，都有固定的习惯写法。这些格式在一个相当长时期内比较稳定，有些甚至在国际上通用，医务工作者必须遵守。

2. 对象明确　医疗文书对象明确，一般只供专业读者阅读。无论是病历、医嘱还是申请单，其阅读对象往往只限于特定的个人或单位，它远不像小说、诗歌、散文等文学作品那样，阅读对象十分广泛，任何人都可以阅读、欣赏。

3. 实用性强　医疗文书实用性强，在整个医疗过程中必不可少。一份病历、医案、医嘱、处方，或是一张申请单、报告单等都明确传递着一定的信息，沟通着互相间的联系，成为阅读对象制定措施、处理问题、进行治疗或护理的依据。

4. 语言简明准确 医疗文书要求语言准确、简练。行文中不允许使用夸张、比喻、抒情等文学手法，也不能使用口语、方言，切忌含糊其辞、冗长拖沓、模棱两可、晦涩难懂和容易引起歧义的词语。

（三）医疗文书的作用

（1）医疗文书既是确定诊断、进行治疗、落实预防措施的相关资料，同时也是医务人员诊治疾病水平的评估及患者再次住院诊疗时病情的评估和对照的重要参考资料，对患者疾病的诊断与治疗具有重要的帮助作用。

（2）医疗文书是具有法律性效力的档案文书，是医疗行为是否具有侵权责任认定的重要佐证。随着人们法律意识及维权意识的不断增强，医疗文书在医疗安全中的重要性越来越突出。医疗文书已经成为保护医患双方合法权益的不可或缺的资料，因而引起医患双方的高度重视。

（3）医疗文书是重要的教学和科研资料，通过查找相关的医疗文书中的有关资料或数据，并进行相应的统计分析和总结，为医务人员的培养及疾病的防治提供强有力的循证医学证据，有利于及时总结经验和教训，少走弯路，提高医疗水平和医疗质量，更好地造福广大人民群众的健康。

（4）医疗文书也是评价医院医疗质量和管理水平的重要资料，它可客观的反映出医院的工作状况、技术素质、医疗质量、管理措施和医德医风等医院管理水平。病例中的许多素材是国家卫生统计的重要指标。因此通过检查和分析医疗文书，可以从中发现问题、了解医院的工作状态和质量，有利于进一步提高医疗质量和管理水平。

二、医疗文书的分类

（一）病历

病历是指医务人员在医疗活动过程中形成的文字、符号、图表、影像、切片等资料的总和，包括门（急）诊病历和住院病历。病历书写是指医务人员通过问诊、查体、辅助检查、诊断、治疗、护理等医疗活动获得的有关资料，并进行归纳、分析、整理形成医疗活动记录的行为，是医务人员对疾病发生发展、诊断治疗及预后进行记录的原始档案。

（二）医案

医案是指中医治病时对有关症状、处方、用药等的记录，也称病案，多用做书名，如清代叶天士的《临证指南医案》、近人秦伯未的《清代名医医案》等，是医生治疗疾病时辨证、立法、处方用药的连续记录。

汉代名医淳于意创造性地记载了自己治疗的二十五例医案，当时称为《诊籍》。包括有患者姓名、地址、职业、病理、辨证、治疗、预后等。后世医家有将自己所治疗的病案记录整理而为个人医案者；也有专门选取古今名家医案汇编成册者，如《名医类案》，《续名医类案》，《古今医案按》等。

各个历史时期众多医家不同风格的医案，不仅是我国历代医家临床实践经验的结晶，也是祖国医学伟大宝库中的瑰宝。在众多的医案中，既有丰富的医学理论，又有大量的医疗经验；既有辨证方法，又有处方用药；既有成功的经验，又有失败的教训；

既有详明者令人百读不厌，又有简要者令人寻味无穷；既有一般病而诊疗别具一格，又有疑难症而处治独辟蹊径。总之，中医医案浓缩、涵盖了中医基础理论和临床各方面的知识，可谓博大精深。学习和研究医案，不仅能丰富和深化理论知识，而且可以提高临床诊疗水平，开阔视野，启迪思路。因此，医案对于从事中医临床、教学、科研的工作者来说，是必修课。

（三）医嘱

医嘱是指临床医师在医疗活动中下达的医学指令，由医师详细采集病史，认真进行体格检查和进行必要的影像、实验室检查，及时进行首次病程记录及病历书写，作出初步诊断后下达。

医嘱内容包括：护理常规、护理级别、饮食种类、体位、各种检查和治疗、药物名称、剂量和用法。医嘱内容及起始、停止时间应当由医师书写。医嘱内容应当准确、清楚，每项医嘱应当只包含一个内容，并注明下达时间，应当具体到分钟。

医嘱不得涂改。需要取消时，应当使用红色墨水标注"取消"字样并签名。一般情况下，医师不得下达口头医嘱。因抢救急危患者需要下达口头医嘱时，护士应当复诵一遍。抢救结束后，医师应当即刻据实补记医嘱。

医嘱单分为长期医嘱单和临时医嘱单。长期医嘱单内容包括患者姓名、科别、住院病历号（或病案号）、页码、起始日期和时间、长期医嘱内容、停止日期和时间、医师签名、执行时间、执行护士签名。临时医嘱单内容包括医嘱时间、医嘱内容、医师签名、执行时间、执行护士签名等。

（四）处方

处方是指由注册的执业医师和执业助理医师（以下简称医师）在诊疗活动中为患者开具的、由取得药学专业技术职务任职资格的药学专业技术人员（以下简称药师）审核、调配、核对，并作为患者用药凭证的医疗文书。处方包括医疗机构病区用药医嘱单。处方是医生对患者用药的书面文件，是药剂人员调配药品的依据，具有法律、技术、经济责任。处方分有法定处方、协定处方和医师处方。

法定处方主要是指药典、部颁标准和地方标准收载的处方。它具有法律的约束力，在制造或医师开写法定制剂时，均需遵照其规定。

协定处方一般是根据某一地区或某一医院日常医疗用药需要，由医院药剂科与医师协商共同制定的处方。它适于大量配置和贮备药品，便于控制药物的品种和质量，减少患者等候取药的时间。它的合理应用有其一定的优点，但还必须注意到，由于协定处方难以适应病情变化的多种要求，所以用它来完全代替医师处方是不恰当的。

医师处方是医师对个别患者用药的书面文件。

处方除了作为发给患者药剂的书面文件外，还具有法律、技术和经济上的意义。由处方而造成的医疗事故，医师或药剂人员均负有法律责任。处方的技术意义，在于它写明了药物名称、数量、剂型及用法用量等，保证了药剂的规格和安全有效。从经济观点来看，按照处方检查和统计药品的消耗量及经济价值（尤其是贵重药品、毒药和麻醉药品）供作报销、采购、预算、生产投料和成本核算的依据。

平常我们见到的一般都是医师处方。处方共有三部分：

（1）处方前记：包括医院全称、科别、患者姓名、性别、年龄、日期等。可添列特殊要求的项目。麻醉药品和第一类精神药品处方还应当包括患者身份证明编号，代办人姓名、身份证明编号；

（2）处方正方：处方头：处方以"R"或"RP"起头，意为拿取下列药品；接下来是处方的主要部分，包括药品的名称、剂型、规格、数量、用法等；

（3）处方后记：包括医生、药剂人员、计价员签名以示负责，签名必须签全名。

（五）申请单、报告单

1. 申请单 申请单是临床各科医师向其他科室请求辅助诊断时书写的表格式记录，包括检验申请单、X线摄片申请单、心电图申请单、CT申请单、MR申请单及电子胃肠镜申请单等。其内容一般包括患者的一般项目、简要病史、查体所见及有关辅助诊断的资料、临床诊断、请求检查的原因、项目及要求等。

2. 报告单 报告单是接受辅助诊断申请的科室在完成辅助诊断检查后所填写的报告。如各种检验报告单、X线摄片报告单、心电图报告单、CT报告单、MR报告单及电子胃肠镜报告单等。报告单除一般项目外，主要部分是对诊断结果的报告。

有的申请单和报告单为同一张表格，其前一部分为申请内容，后一部分为报告内容。

第二节　病历（案）的内容、分类、组成和基本要求

一、病历（案）的内容

包括门诊病历、入院记录、入院病历、病程记录、交接班记录、会诊记录、各种辅助检查及治疗记录（如化验记录单、手术记录单、治疗单等）、转出或转入记录、出院记录或死亡记录等。

二、病历的分类

（1）根据患者的就诊情况，可以将病历分为：门诊病历和住院病历。

（2）根据种类，可以将病历分为：门诊病历、门诊手册、急诊病历、急诊留观病历和住院病历。

（3）根据时间，可以将病历分为：运行病历和出院病历。

三、病历的组成

1. 门（急）诊病历 包括门（急）诊病历首页、门（急）诊手册封面、病历记录、化验单（检验报告）、医学影像检查资料等。门（急）诊病历首页内容应当包括患者姓名、性别、出生年月日、民族、婚姻状况、职业、工作单位、住址、药物过敏史等项目。门诊手册封面内容应当包括患者姓名、性别、年龄、工作单位或住址、药物过敏史等项目。门（急）诊病历记录分为初诊病历记录和复诊病历记录。

2. 初诊病历记录 书写内容应当包括就诊时间、科别、主诉、现病史、既往史，

阳性体征、必要的阴性体征和辅助检查结果，诊断及治疗意见和医师签名等。

3. 复诊病历记录　书写内容应当包括就诊时间、科别、主诉、病史、必要的体格检查和辅助检查结果、诊断、治疗处理意见和医师签名等。

【门（急）诊病历示例】

（一）门（急）诊病历首页（门诊手册封面）示例

姓名：李×× 　　性别：女 　　出生日期：1955年5月12日

民族：汉 　职业：农民 　婚姻：已婚

工作单位或住址：辽宁省铁岭市小南沟

药物过敏史：无

（二）门（急）诊初诊病历示例

2012 - 10 - 16，11：06 　　心内科

劳累后心慌气短26年，尿少，浮肿加重6天。

26年来经常在劳累后出现心慌气短，休息后可好转，常伴有头晕无力、易感冒。6天前受凉后出现咽痛，低热，憋气，不能平卧，并有下肢水肿、尿少等。按感冒治疗效果不佳，未用过洋地黄类药物。

无高血压、糖尿病及气管炎等病史。

T 37.6℃，P 86次/分，22次/分，BP 120/80mmHg。呼吸急促，口唇轻度发绀。咽部充血，双侧扁桃体Ⅱ°肿大，无脓栓。坐位颈静脉充盈明显。两肺底有少量细小水泡音。心界向左扩大，心率135次/分，心律绝对不整，P2 > A2，S2分裂，心尖部有4/6收缩期杂音，向左腋下传导，有3/6雷鸣样舒张中晚期杂音。脉搏短绌，91次/分。肝大右肋下3cm，质韧、光滑、边钝，脾未触及。双下肢Ⅱ°凹陷性水肿，无杵状指（趾）。

初步诊断：风湿性心瓣膜病

　　　　　　二尖瓣狭窄并关闭不全

　　　　　　心房颤动

　　　　　　心功能Ⅲ级（NYHA分级）

诊疗意见：

1. 做心电图检查。

2. 进行血常规及细胞分类，ESR，肝功，肾功，血生化检测。

3. 住院（患者拒绝，已向其家属说明病情并请患者签字）。

4. 西地兰0.4mg + 10%葡萄糖20ml，iv，静脉缓慢注射（缓慢静推15分钟），st。

5. 先锋霉素Ⅴ皮试阴性后，先锋霉素Ⅴ 5g，静滴3天。

6. 地高辛0.125mg po qd×3天。

7. 双氢克尿噻25mg po bid×3天。

8. 氯化钾10ml po tid×3天。

9. 治疗3日后复诊。

（三）门诊复诊病历示例

2012－06－19，09：20　　　心内科

病史同前。

经上述治疗后，患者自觉症状减轻，尿量增多，下肢水肿明显减轻，仍不能平卧，出汗多，乏力，厌食，腹胀。

一般情况同前。心率96次/分，心律仍绝对不整，两肺底湿啰音减少。肝大右肋下2cm，双下肢 I° 凹陷性水肿。

血 WBC 11×10^9/L，N 0.81，ESR 40mm/h

ECG：心房颤动，V4，u＞T，提示低钾。

初步诊断：同前。

诊疗意见：住院治疗。

（二）住院病历：包括住院病案首页、入院记录、病程记录、手术同意书、麻醉同意书、输血治疗知情同意书、特殊检查（特殊治疗）同意书、病危（重）通知书、医嘱单、辅助检查报告单、体温单、医学影像检查资料、病理资料等。

【入院病历示例】

入 院 病 历

姓名：王××　　　　　　　　出生地：辽宁省鞍山市

性别：男　　　　　　　　　　职业：退休干部

年龄：79岁　　　　　　　　　入院时间：2012－08－11 09：30

民族：汉族　　　　　　　　　记录时间：2012－08－11 11：20

婚姻：已婚　　　　　　　　　病史陈述者：患者本人

主诉：胸闷、心慌、气短伴劳累后胸痛10余年，加重伴夜间平卧后呼吸困难2天，胸骨后持续性疼痛4小时。

现病史：患者于20年前始出现活动后心慌、气短，到当地某医院做检查心电图示：心率95次/分，$V_1 \sim V_6$ 导联T波低平，诊断考虑：冠状动脉粥样硬化性心脏病，给予肠溶阿司匹林、倍他乐克及地奥心血康等治疗，服药后患者胸闷、心慌、气短及劳累性胸痛减轻。期间曾多次因上述症状发作住院，均诊断为"冠心病"，"心功能不全"，"高脂血症"，给予抗血小板药、抗凝药、硝酸酯类、β－受体阻滞剂及降脂等治疗。患者述近2天前始感胸闷、心慌、气短加重，尤以夜间平卧更明显。平常大便干，2～3天1次。4小时前入厕排便时突感上腹部痛，胸骨后持续性刀割样剧痛，伴胸闷难忍，并向左肩背部放射，但无发热、出汗、心慌和呼吸困难。休息并自服硝酸甘油等药物仍不缓解，经120急诊送某医院急症室：心电图示急性前壁心肌梗死。即在急诊室紧急给予波立维300mg、阿司匹林肠溶片300mg口服后收入院。

既往史：无高血压病史、无痢疾、疟疾、病毒性肝炎、结核病史、无肝炎及结核病密切接触史。预防接种史不详，无外伤及手术史。无输血及药物过敏史。

系统回顾：

呼吸系统：无慢性咳嗽、咳痰、咯血、发热、胸痛及呼吸困难史。

循环系统：见现病史，无气短、头晕、黑蒙、晕厥及下肢水肿史。

消化系统：无恶心、呕吐、反酸、嗳气、吞咽困难、腹胀史，无黄疸及皮肤瘙痒。

泌尿系统：无尿急、尿频、尿痛、血尿、乳糜尿，无夜尿增多及颜面水肿史。

造血系统：无苍白、乏力、皮下瘀血、紫斑及出血点，无鼻衄、齿龈出血史。

内分泌系统及代谢：无食欲亢进、多汗、心慌、手足抽搐史，无烦渴、多饮、多尿、多食史。

肌肉骨骼系统：无关节红肿、运动障碍史，无骨折、脱臼、外伤史。

神经精神系统：无头痛、头晕、癫痫发作、意识障碍史。

个人史：出生于原籍，无疫区久居史。有吸烟史20年，每日吸烟约20支，饮茶及饮酒史15年。生活规律，很少体育锻炼，平时喜食禽蛋、肥肉等。

婚育史：22岁结婚。妻子健康，顺产三男两女，现均健在。

家族史：父母均已病故，父于14年前因患"原发性高血压、冠心病、心力衰竭"病故；母于10年前患"胃癌"，在当地医院手术治疗，1年后因癌症复发病故。

体 格 检 查

T 37.3℃ P 96次/分 R 21次/分 BP150/105mmHg

一般情况尚好，发育正常，营养良好，超力型自主体位，精神忧郁，痛苦表情，神志清楚，检查合作。

皮肤黏膜：无水肿、黄染及蜘蛛痣，无瘢痕、皮疹、皮下结节、出血点及瘀斑。

淋巴结：全身浅表淋巴结未触及肿大。

头部及其器官：

头颅：大小正常，无畸形．无异常隆起及压痛，毛发分布均匀，两鬓发白。

眼：眉毛无脱落，眼睑无水肿、下垂。眼球活动正常，结膜无充血、出血，巩膜无黄染，角膜透明，双瞳孔等大等圆，直径约0.4cm，对光反射及调节反射正常，无视野缺损。

耳：耳廓无畸形，外耳道通畅，无分泌物，乳突无压痛，听力正常。

鼻：通气良好，无畸形、鼻中隔无偏曲或穿孔、副鼻窦无压痛，嗅觉敏感。

口腔：呼气无异味，口唇无紫绀，无疱疹、皲裂及溃疡。齿龈无肿胀、溢脓及出血。舌质红润，舌苔薄白，伸舌居中。口腔黏膜无溃疡。扁桃体无充血和分泌物。咽反射存在。悬雍垂居中。吞咽无呛咳。喉发音正常。

颈部：软，对称，无抵抗强直，颈动脉无异常搏动及杂音，颈静脉无怒张。气管位置居中。甲状腺不肿大。

胸部：胸廓对称，无畸形。呼吸动度可。两侧乳房未及肿块。

肺脏：

视诊：两侧呼吸动度相等，节律规整，肋间隙无增宽。

触诊：胸骨无压痛，双侧语颤正常，无捻发音。

叩诊：双肺叩诊呈清音，肺下界正常。

听诊：双肺呼吸音清，双肺底闻及少许细小水泡音。

心脏：

视诊：心前区无异常搏动及隆起，心尖搏动在左侧第五肋间锁骨中线上，无弥散性搏动。

触诊：心尖搏动位置与视诊相同，无震颤或摩擦感。

叩诊：心脏左右浊音界正常，如图示：

右（cm）	肋间	左（cm）
2	Ⅱ	2.5
2	Ⅲ	4.0
2.5	Ⅳ	6.0
	Ⅴ	8.0

左锁骨中线距正中线8.5cm。

听诊：心率96次/分，心律规整，心尖部S_1减弱，在心尖区和主动脉瓣区可闻及2/6级吹风样收缩期杂音，不传导，无心包摩擦音，$A_2 > P_2$。

血管检查：

桡动脉：脉率96次/分，节律规则，无脉搏短绌及奇脉，血管壁硬度中等。股动脉及肱动脉无枪击音。

周围血管征：无毛细血管搏动征，射枪音及水冲脉等。

腹部：

视诊：平坦，对称，呼吸运动正常，未见静脉曲张。

触诊：腹部柔软，无压痛及反跳痛，无移动性浊音，未触及包块。

叩诊：呈鼓音、肝上界在右锁骨中线第五肋间，肝肾区叩击痛，有无移动性浊音。

听诊：肠鸣音正常，无气过水声及血管杂音。

生殖器：未见明显异常。

直肠肛门：无肛裂、痔疮及溃疡等。

脊柱：无畸形，活动度自如，脊柱两侧肌肉无紧张及压痛。

四肢：无畸形，肌萎缩。关节无红肿、热、痛、压痛、积液、脱臼、活动度可。下肢无水肿。

神经系统：痛觉、温度觉、触觉及关节位置觉正常，肌肉无萎缩及瘫痪，无共济失调。腹壁反射、跖反射、提睾反射、二、三头肌反射、膝腱反射及跟腱反射正常存在。Hoffmann氏征及Babinski氏征等病理反射未引出。

辅助检查

2012-08-11血常规：白细胞10.6×10^9/L，中性75%，红细胞4.9×10^{12}/L、血红蛋白136g/L，血小板320×10^9/L。

2012-08-11心电图：窦性心律，心率96次/分，$V_1 \sim V_5$ ST段弓背型上抬，呈单向曲线。

2012-08-11心肌酶：肌钙蛋白阳性，CPK 290IU/L，CK-MB 256 IU/L，AST 96 IU/L，LDH 210 IU/L。

病历摘要

患者王××，男，79 岁，退休干部。因胸闷、心慌、气短伴劳累后胸痛 10 余年，夜间平卧后加重伴呼吸困难 2 天，胸骨后持续性疼痛 4 小时于 2012 - 08 - 11 09：30 经 120 急诊入院。查体：BP150/110mmHg，双肺呼吸音清，双肺底闻及少许细小水泡音。心率 96 次/分，心律规整，心尖部 S1 减弱，在心尖区和主动脉瓣区可闻及 2/6 级吹风样收缩期杂音，不传导，无心包摩擦音，A2 > P2。辅助检查：心电图及心肌酶符合急性前壁心肌梗死。

初步诊断：

1. 冠状动脉粥样硬化性心脏病

   急性广泛前壁性心肌梗死

   心功能 II 级（Killip 分级）

2. 原发性高血压（II 级，极高危）

李×× /张××

四、病历书写的基本要求

（1）病历书写应当客观、真实、准确、及时、完整、规范。

（2）病历书写应当使用蓝黑墨水、碳素墨水，需复写的病历资料可以使用蓝或黑色油水的圆珠笔。如需取消医嘱用红色墨水笔标"取消"字样。

（3）病历书写应当使用中文或通用的外文缩写；无正式中文译名的症状、体征、疾病名称等可以使用外文。

（4）病历书写应规范使用医学术语，文字工整，字迹清晰，表述准确，语句通顺，标点正确。

（5）病历书写过程中出现错字时，应当用双线划在错字上，保留原记录清楚、可辨，并注明修改时间，修改人签名。不得采用刮、粘、涂等方法掩盖或去除原来的字迹。上级医务人员有审查修改下级医务人员书写的病历的责任和权力。

（6）病历应当按照规定的内容书写，并由相应医务人员签名。实习医务人员、试用期医务人员书写的病历，应当经过本医疗机构注册的医务人员审阅、修改并签名。进修医务人员由医疗机构根据其胜任本专业工作实际情况认定后，书写病历。

（7）病历书写一律使用阿拉伯数字书写日期和时间，采用 24 小时制记录。

（8）对需取得患者书面同意方可进行的医疗活动，应当由患者本人签署知情同意书。患者不具备完全民事行为能力时，应当由其法定代理人签字；患者因病无法签字时，应当由其授权的人员签字；为抢救患者，在法定代理人或被授权人无法及时签字的情况下，可由医疗机构负责人或者授权的负责人签字。

（9）因实施保护性医疗措施不宜向患者说明情况的，应当将有关情况告知患者近亲属，由患者近亲属签署知情同意书并及时记录。患者无近亲属的或者患者近亲属无法签署同意书的，由患者的法定代理人或者关系人签署同意书。

（10）病历中各种记录单眉栏填写齐全，标注页码，排列正确。

（11）各种辅助检查报告单要按规定填写完整，不得有空项。在收到患者检查报告单后 24 小时内归入档案。

第三节 入院记录

入院记录是指患者入院后，由经治医师通过问诊、查体、辅助检查获得有关资料，并对这些资料归纳分析书写而成的记录。可分为入院记录、再次或多次入院记录、24 小时内入出院记录、24 小时内入院死亡记录，其内容及要求如下：

一、入院记录

（1）患者一般情况：包括姓名、性别、年龄、民族、婚姻状况、出生地、职业、入院时间、记录时间、病史陈述者。

（2）主诉：是指促使患者就诊的主要症状（或体征）及持续时间。

（3）现病史：是指患者本次疾病的发生、演变、诊疗等方面的详细情况，应当按时间顺序书写。内容包括发病情况、主要症状特点及其发展变化情况、伴随症状、发病后诊疗经过及结果、睡眠和饮食等一般情况的变化，以及与鉴别诊断有关的阳性或阴性资料等。

①发病情况：记录发病的时间、地点、起病缓急、前驱症状、可能的原因或诱因。

②主要症状特点及其发展变化情况：按发生的先后顺序描述主要症状的部位、性质、持续时间、程度、缓解或加剧因素，以及演变发展情况。

③伴随症状：记录伴随症状，描述伴随症状与主要症状之间的相互关系。

④发病以来诊治经过及结果：记录患者发病后到入院前，在院内、外接受检查与治疗的详细经过及效果。对患者提供的药名、诊断和手术名称需加引号"" 以示区别。

⑤发病以来一般情况：简要记录患者发病后的精神状态、睡眠、食欲、大小便、体重等情况。

⑥与本次疾病虽无紧密关系、但仍需治疗的其他疾病情况，可在现病史后另起一段予以记录。

（4）既往史：是指患者过去的健康和疾病情况。内容包括既往一般健康状况、疾病史、传染病史、预防接种史、手术外伤史、输血史、食物或药物过敏史等。

（5）个人史，婚育史、月经史，家族史。

①个人史：记录出生地及长期居留地，生活习惯及有无烟、酒、药物等嗜好，职业与工作条件及有无工业毒物、粉尘、放射性物质接触史，有无冶游史。

②. 婚育史、月经史：婚姻状况、结婚年龄、配偶健康状况、有无子女等。女性患者记录初潮年龄、经期天数、间隔天数、末次月经时间（或闭经年龄）、月经量、痛经及生育等。

③家族史：父母、兄弟、姐妹的健康状况，有无与患者类似疾病，有无家族遗传倾向的疾病。

（6）体格检查应当按照系统顺序进行书写。内容包括：体温、脉搏、呼吸、血压、一般情况、皮肤、粘膜、全身浅表淋巴结、头部及其器官、颈部、胸（胸廓、肺部、心脏、血管）、腹部（肝、脾等）、直肠、肛门、外生殖器、脊柱、四肢和神经系统等。

（7）专科情况应当根据专科需要记录专科特殊情况。

（8）辅助检查是指入院前所作的与本次疾病相关的主要检查及其结果。应分类按检查时间顺序记录检查结果，如系在其他医疗机构所作检查，应当写明该机构名称及检查号。

（9）初步诊断是指经治医师根据患者入院时情况，综合分析所作出的诊断。如初步诊断为多项时，应当主次分明。对待查病例应列出可能性较大的诊断。

（10）最后书写入院记录的医师签名。

二、再次或多次入院记录

（1）再次或多次入院记录是指患者因同一种疾病再次或多次住入同一医疗机构时书写的记录。

（2）要求及内容基本同入院记录。主诉是记录患者本次入院的主要症状（或体征）及持续时间；现病史中要求首先对本次住院前历次有关住院诊疗经过进行小结，然后再书写本次入院的现病史。

三、24 小时内入出院记录

（1）患者入院不足 24 小时出院的，可以书写 24 小时内入出院记录。

（2）内容包括患者姓名、性别、年龄、职业、入院时间、出院时间、主诉、入院情况、入院诊断、诊疗经过、出院情况、出院诊断、出院医嘱、医师签名等。

四、24 小时内入院死亡记录

（1）患者入院不足 24 小时死亡的，可以书写 24 小时内入院死亡记录。

（2）内容包括患者姓名、性别、年龄、职业、入院时间、死亡时间、主诉、入院情况、入院诊断、诊疗经过（抢救经过）、死亡原因、死亡诊断，医师签名等。

【入院记录示例】

入 院 记 录

姓名：林××　　　　　出生地：辽宁省鞍山市

性别：女　　　　　　　职业：退休干部

年龄：72 岁　　　　　　入院时间：2012 – 10 – 15 08：30

民族：汉族　　　　　　记录时间：2012 – 10 – 15 09：20

婚姻：已婚　　　　　　病史陈述者：患者本人

主诉：反复咳嗽、咳痰 25 年。伴心慌、气急 6 年，加重 10 天。

现病史：患者自 1987 年起，无明显诱因的出现咳嗽、咳痰，为白色泡沫样痰，每年秋末冬初时发作 3—5 次，每次发作持续 10—14 天，经服用抗生素及止咳化痰药治疗可好转。2001 年以来，咳嗽、咳痰反复发作并逐渐加重，每年持续 3 个月以上，晨起尤剧，每日痰量 20—30ml，为白色泡沫样，咳嗽、咳痰加重时伴有心慌和活动劳累后气短，日常生活尚可自理。数次到当地医院就诊，诊断为"慢性支气管炎"、"肺气肿"，给予止咳、祛痰、平喘药及抗生素治疗，效果尚可。6年前开始，心慌、气急逐渐加重，常年咳嗽及咳白色泡沫痰。有时伴有发热，多在38℃左右，无明显盗汗，每日痰量50—60ml，急性加重时痰量可增至100ml左右，为黄色脓性痰，并出现双下肢水肿，日常生活明显受限。曾在本市多家医院住院3次，均诊断为"慢性支气管炎"、"慢性阻塞性肺病"、"肺心病"。经"青霉素"、"氨茶碱"、"氨苯蝶啶"等药物治疗，上述症状好转，水肿消退。但出院后，日常生活不能完全自理、十天前受凉后，上述症状再次加重，咳黄色脓性痰，不易咳出，并出现呼吸困难，口唇发绀，食欲减退伴有轻度恶心，无呕吐、腹泻，尿量减少。当地医院经"头孢曲松钠"、"氨溴索"等药治疗（具体剂量不详），病情未见好转，遂来我院就诊：门诊检查：血常规：白细胞 $13 \times 10^9/L$，中性85%。X线胸片：两肺透亮度增加，肺纹理紊乱、增多。右肺下动脉干横径19mm，心影大小正常，影像学诊断：符合慢性支气管炎、肺气肿、慢性肺源性心脏病表现。门诊以"慢性阻塞性肺病急性发作"、"肺心病"收入院。本次发病以来，精神萎靡、饮食差、睡眠欠佳。小便量减少，体重无明显变化。

既往史：平素身体较差。幼年曾患"麻疹"、"流行性腮腺炎"等传染病。无高血压、冠心病和糖尿病史。无外伤及手术史，无过敏史，预防接种史不详。

个人史：生于原籍，无长期外地居住史。吸烟40年，每天20支左右，无饮酒嗜好。无工业毒物、粉尘及放射性物质接触史。

婚育史：23岁结婚，育有2子1女，家人均身体健康。

家族史：父于1980年因患"肺气肿"病故，母于1992因心脏病发作病故。否认家族中有传染病及遗传倾向的疾病。

T 36℃　　　P110 次/分　　　R 29 次/分　　　BP 100/70mmHg

发育正常。营养中等，神志清楚，精神烦躁，取半卧位，呼吸困难，查体欠合作，全身皮肤黏膜未见黄染及出血点，浅表淋巴结未触及肿大。头颅无畸形。眼睑无水肿，球结膜轻度水肿，两侧瞳孔等大等圆，对光反射灵敏、鼻无畸形，通气良好。外耳道无脓性分泌物，口唇发绀，伸舌居中，扁桃体无肿大，咽部充血。颈部活动自如。颈静脉无明显怒张。气管居中，桶状胸，肋间隙增宽，吸气时"三凹征"明显，双侧呼吸运动对称，节律规则。触诊未触及胸膜摩擦感及握雪感，语音震颤对称。叩诊呈过清音。听诊双肺呼吸音减弱，呼气音延长，双上肺可闻及大量干性啰音，双肺底可闻及细湿啰音；心前区无隆起，剑突下可见心尖搏动，范围较弥散。未触及细震颤。心界叩不出，心率110次/分，律齐，各瓣膜听诊区未闻及病理性杂音。腹平软，全腹无压痛及反跳痛，肝肋缘下3cm，剑突下5cm，质韧，边缘钝，轻度触痛。脾未触及。移动性浊音（－），肠鸣音正常。肛门、直肠、外生殖器检查未见异常。脊柱、四肢无畸形，运动无障碍，关节无红肿，无杵状指、趾，双下肢膝关节下呈凹陷性水肿。腹壁反射、肱二头肌、肱三头肌、膝腱、跟腱反射正常，巴彬斯基征、脑膜刺激征均未引出。

2012－10－15 血常规：白细胞 $13 \times 10^9/L$，中性85%，红细胞 $4.6 \times 10^{12}/L$、血红蛋白147g/L，血小板 $386 \times 10^9/L$。

2012－10－15 X线胸片：两肺透亮度增加，肺纹理紊乱、增多。右肺下动脉横径19mm，心影大小正常。

初步诊断：慢性阻塞性肺疾病急性发作

慢性肺源性心脏病

心功能失代偿期

张××

第四节　病程记录

病程记录是指继入院记录之后，对患者病情和诊疗过程所进行的连续性记录。内容包括患者的病情变化情况、重要的辅助检查结果及临床意义、上级医师查房意见、会诊意见、医师分析讨论意见、所采取的诊疗措施及效果、医嘱更改及理由、向患者及其近亲属告知的重要事项等。

1. 首次病程记录

（1）首次病程记录是指患者入院后由经治医师或值班医师书写的第一次病程记录，应当在患者入院8小时内完成。

（2）首次病程记录的内容包括病例特点、拟诊讨论（诊断依据及鉴别诊断）、诊疗计划等。

①病例特点：应当在对病史、体格检查和辅助检查进行全面分析、归纳和整理后写出本病例特征，包括阳性发现和具有鉴别诊断意义的阴性症状和体征等。

②拟诊讨论（诊断依据及鉴别诊断）：根据病例特点，提出初步诊断和诊断依据；对诊断不明的写出鉴别诊断并进行分析；并对下一步诊治措施进行分析。

③诊疗计划：提出具体的检查及治疗措施安排。

【首次病程记录示例】

2012－06－25，12:00　首次病程记录

病例特点：

1. 老年男性，原有高血压病史，平时血压波动在160～180/90～110mmHg。

2. 发病急。4小时前患者用力后突发胸骨后痛，为针刺样，且向左肩背部及上肢放射，伴冷汗淋漓，无恶心呕吐，含化硝酸甘油片效果不佳。

3. 体检：T 36.4℃，P 100次/分，R 19次/分，BP 112/85mmHg，精神萎靡。两肺呼吸音粗，肺底部可闻及细小水泡音，心率110次/分，心音低钝，律齐，各瓣膜听诊区未闻及杂音。

4. ECG示急性广泛性前壁心肌梗死。

初步诊断：1. 急性广泛前壁心肌梗死

心功能Ⅱ级（Killip分级）

2. 原发性高血压（3级，极高危）

诊断依据：

1. 原有高血压病史，平时血压波动在160～180/90～110mmHg，突发胸骨后痛4

小时。

2. 心率 110 次/分，心音低钝，双肺底闻及少许细小水泡音。

3. 心电图示急性广泛前壁心肌梗死。

鉴别诊断：

1. 心绞痛：心绞痛的疼痛性质与心肌梗死相同，但发作较频繁，每次发作时间短，一般不超过 15 分钟，发作前常有诱发因素，不伴有发热、白细胞增加、红细胞沉降率增快或血清心肌酶增高，心电图无变化或有 S－T 段暂时性压低或抬高，很少发生心律失常、休克或心力衰竭，可资鉴别。

2. 急性心包炎：尤其是急性非特异性心包炎，可有较剧烈而持久的心前区疼痛，心电图有 S－T 段和 T 波变化。但心包炎患者在疼痛的同时或以前，已有发热和血白细胞计数的增高，疼痛常于深呼吸和咳嗽时加重，体检常可发现心包摩擦音，病情一般不如心肌梗死严重，心电图除 aVR 外，其余导联均有 S－T 段弓背向下的抬高，无异常 Q 波出现。

3. 急性肺动脉栓塞：肺动脉大块栓塞常可引起胸痛、气急和休克，但有右心负荷急剧增加的表现。如右心室急剧增大、肺动脉瓣区搏动增强和第二心音亢进、三尖瓣区出现收缩期杂音等。发热和白细胞增多出现也较早。心电图示电轴右偏，I 导联出现 S 波或原有的 S 波加深，Ⅲ 导联出现 Q 波和 T 波倒置，aVR 导联出现高 R 波，胸导联过渡区向左移，右胸导联 T 波倒置等，与心肌梗死的变化不同，可资鉴别。

4. 急腹症：如急性胰腺炎、消化性溃疡穿孔、急性胆囊炎、胆石症等，可有上腹部疼痛及休克，可能与急性心肌梗死疼痛波及上腹部者混淆。但仔细询问病史和体格检查，不难作出鉴别，心电图检查和血清心肌酶测定有助于明确诊断。

5. 主动脉夹层动脉瘤：以剧烈胸痛起病，颇似急性心肌梗死。但疼痛一开始即达高峰，常放射至背、胁、腹、腰和下肢，两上肢血压及脉搏可有明显差别，少数有主动脉瓣关闭不全，可有下肢暂时性瘫痪或偏瘫。X 线胸片示主动脉明显增宽，心电图无心肌梗死图形，可资鉴别。

诊疗计划：

1. I 级护理。

2. 低盐、低脂流质饮食。

3. 吸氧、生命体征监护。

4. 抗血小板、抗凝、调脂、扩冠、改善心肌代谢。

5. 立即进行冠状动脉造影术准备，必要时进行经皮冠状动脉腔内成形术。

6. 完善相关辅助检查、包括凝血四项等。

7. 动态观察心电图变化。

赵 × ×

2. 日常病程记录

（1）日常病程记录是指对患者住院期间诊疗过程的经常性、连续性记录。

（2）由经治医师书写，也可以由实习医务人员或试用期医务人员书写，但应有经治医师签名。

（3）书写日常病程记录时，首先标明记录时间，另起一行记录具体内容。

（4）对病危患者应当根据病情变化随时书写病程记录，每天至少1次，记录时间应当具体到分钟。对病重患者，至少2天记录一次病程记录。对病情稳定的患者，至少3天记录一次病程记录。

3. 上级医师查房记录

（1）上级医师查房记录是指上级医师查房时对患者的病情、诊断、鉴别诊断、当前治疗措施疗效的分析及下一步诊疗意见等的记录。

（2）主治医师首次查房记录应当于患者入院48小时内完成，内容包括查房医师的姓名、专业技术职务、补充的病史和体征、诊断依据与鉴别诊断的分析及诊疗计划等。

（3）主治医师日常查房记录间隔时间视病情和诊疗情况确定，内容包括查房医师的姓名、专业技术职务、对病情的分析和诊疗意见等。

（4）科主任或具有副主任医师以上专业技术职务任职资格医师查房的记录，内容包括查房医师的姓名、专业技术职务、对病情的分析和诊疗意见等。

4. 疑难病例讨论记录

（1）疑难病例讨论记录，是指由科主任或具有副主任医师以上专业技术任职资格的医师主持、召集有关医务人员对确诊困难或疗效不确切病例讨论的记录。

（2）内容包括：讨论日期、主持人、参加人员姓名及专业技术职务、具体讨论意见及主持人小结意见等。

5. 交（接）班记录

（1）交（接）班记录是指患者、经治医师发生变更之际，交班医师和接班医师分别对患者病情及诊疗情况进行简要总结的记录。

（2）交班记录应当在交班前由交班医师书写完成。

（3）接班记录应当由接班医师于接班后24小时内完成。

（4）交（接）班记录的内容包括入院日期、交班或接班日期、患者姓名、性别、年龄、主诉、入院情况、入院诊断、诊疗经过、目前情况、目前诊断、交班注意事项或接班诊疗计划、医师签名等。

6. 转科记录

（1）转科记录是指患者住院期间需要转科时，经转入科室医师会诊并同意接收后，由转出科室和转入科室医师分别书写的记录。包括转出记录和转入记录。

①转出记录由转出科室医师在患者转出科室前书写完成（紧急情况除外）。

②转入记录由转入科室医师于患者转入后24小时内完成。

（2）转科记录内容包括入院日期、转出或转入日期，转出、转入科室，患者姓名、性别、年龄、主诉、入院情况、入院诊断、诊疗经过、目前情况、目前诊断、转科目的及注意事项或转入诊疗计划、医师签名等。

7. 阶段小结

（1）阶段小结是指患者住院时间较长，由经治医师每月所做的病情及诊疗情况总结。

（2）阶段小结的内容包括入院日期、小结日期，患者姓名、性别、年龄、主诉、入院情况、入院诊断、诊疗经过、目前情况、目前诊断、诊疗计划、医师签名等。

（3）交（接）班记录、转科记录可代替阶段小结。

8. 抢救记录

（1）抢救记录是指患者病情危重，采取抢救措施时做的记录。

（2）因抢救急危患者，未能及时书写病历的，有关医务人员应当在抢救结束后6小时内据实补记，并加以注明。

（3）内容包括病情变化情况、抢救时间及措施、参加抢救的医务人员姓名及专业技术职称等。

（4）记录抢救时间应当具体到分钟。

9. 有创诊疗操作记录

（1）有创诊疗操作记录是指在临床诊疗活动过程中进行的各种诊断、治疗性操作（如胸腔穿刺、腹腔穿刺等）的记录。

（2）应当在操作完成后即刻书写。

（3）内容包括操作名称、操作时间、操作步骤、结果及患者一般情况，记录过程是否顺利、有无不良反应，术后注意事项及是否向患者说明，操作医师签名。

10. 会诊记录（含会诊意见）

（1）会诊记录（含会诊意见）是指患者在住院期间需要其他科室或者其他医疗机构协助诊疗时，分别由申请医师和会诊医师书写的记录。

（2）会诊记录应另页书写。

（3）内容包括申请会诊记录和会诊意见记录。

①申请会诊记录应当简要载明患者病情及诊疗情况、申请会诊的理由和目的，申请会诊医师签名等。

②常规会诊意见记录应当由会诊医师在会诊申请发出后48小时内完成，急会诊时会诊医师应当在会诊申请发出后10分钟内到场，并在会诊结束后即刻完成会诊记录。

（4）会诊记录内容包括会诊意见、会诊医师所在的科别或者医疗机构名称、会诊时间及会诊医师签名等。申请会诊医师应在病程记录中记录会诊意见执行情况。

11. 出院记录

（1）出院记录是指经治医师对患者此次住院期间诊疗情况的总结，应当在患者出院后24小时内完成。

（2）出院记录的主要内容包括入院日期、出院日期、入院情况、入院诊断、诊疗经过、出院诊断、出院情况、出院医嘱、医师签名等。

12. 死亡记录

（1）死亡记录是指经治医师对死亡患者住院期间诊疗和抢救经过的记录，应当在患者死亡后24小时内完成。

（2）死亡记录的内容包括入院日期、死亡时间、入院情况、入院诊断、诊疗经过（重点记录病情演变、抢救经过）、死亡原因、死亡诊断等。

（3）记录死亡时间应当具体到分钟。

13. 死亡病例讨论记录

（1）死亡病例讨论记录是指在患者死亡一周内，由科主任或具有副主任医师以上专业技术职务任职资格的医师主持，对死亡病例进行讨论、分析的记录。

（2）死亡病例讨论记录的内容包括讨论日期、主持人及参加人员的姓名、专业技术职务、具体讨论意见及主持人小结意见、记录者的签名等。

第五节　手术及麻醉记录

患者进行手术治疗和麻醉前、中、后进行一系列的讨论、准备、检查及记录，是保证医疗有效性及避免医疗差错和纠纷的有效途径，也是医务人员自我保护的需要，因而手术及麻醉过程中必须依次做好下列工作。

1. 术前小结

（1）术前小结是指在患者手术前，由经治医师对患者病情所作的总结。

（2）术前小结的内容包括简要病情、术前诊断、手术指征、拟施手术名称和方式、拟施麻醉方式、注意事项，并记录手术者术前查看患者相关情况等。

2. 术前讨论记录

（1）术前讨论记录是指因患者病情较重或手术难度较大，手术前在上级医师主持下，对拟实施手术方式和术中可能出现的问题及应对措施所作的讨论。

（2）讨论内容包括术前准备情况、手术指征、手术方案、可能出现的意外及防范措施、参加讨论者的姓名及专业技术职务、具体讨论意见及主持人小结意见、讨论日期、记录者的签名等。

3. 麻醉术前访视记录

（1）麻醉术前访视记录是指在麻醉实施前，由麻醉医师对患者拟施麻醉进行风险评估的记录。

（2）麻醉术前访视可另立单页，也可在病程中记录。

（3）麻醉术前访视记录的内容包括姓名、性别、年龄、科别、病案号，患者一般情况、简要病史、与麻醉相关的辅助检查结果、拟行手术方式、拟行麻醉方式、麻醉适应证及麻醉中需注意的问题、术前麻醉医嘱、麻醉医师签字并填写日期。

4. 麻醉记录

（1）麻醉记录是指麻醉医师在麻醉实施中书写的麻醉经过及处理措施的记录。

（2）麻醉记录应当另页书写。

（3）麻醉记录的内容包括患者一般情况、术前特殊情况、麻醉前用药、术前诊断、术中诊断、手术方式及日期、麻醉方式、麻醉诱导及各项操作开始及结束时间、麻醉期间用药名称、方式及剂量、麻醉期间特殊或突发情况及处理、手术起止时间、麻醉医师签名等。

5. 手术记录

（1）手术记录是指手术者书写的反映手术一般情况、手术经过、术中发现及处理等情况的特殊记录，应当在术后 24 小时内完成。

（2）特殊情况下由第一助手书写时，应有手术者签名。

（3）手术记录应当另页书写。

（4）手术记录的内容包括一般项目（患者姓名、性别、科别、病房、床位号、住院病历号或病案号）、手术日期、术前诊断、术中诊断、手术名称、手术者及助手姓名、麻醉方法、手术经过、术中出现的情况及处理等。

6. 手术安全核查记录

（1）手术安全核查记录是指由手术医师、麻醉医师和巡回护士三方，在患者离病房前、麻醉实施前和手术开始前，共同对患者身份、手术部位、手术方式、麻醉及手术风险、手术使用物品清点等内容进行核对的记录，输血的患者还应对血型、用血量进行核对。

（2）应有手术医师、麻醉医师和巡回护士三方核对、确认并签字。

7. 术后首次病程记录

（1）术后首次病程记录是指参加手术的医师在患者术后即时完成的病程记录。

（2）术后首次病程记录的内容包括手术时间、术中诊断、麻醉方式、手术方式、手术简要经过、术后处理措施、术后应当特别注意观察的事项等。

8. 麻醉术后访视记录

（1）麻醉术后访视记录是指麻醉实施后，由麻醉医师对术后患者麻醉恢复情况进行访视的记录。

（2）麻醉术后访视可另立单页，也可在病程中记录。

（3）麻醉术后访视记录的内容包括姓名、性别、年龄、科别、病案号，患者一般情况、麻醉恢复情况、清醒时间、术后医嘱、是否拔除气管插管等，如有特殊情况应详细记录，麻醉医师签字并填写日期。

第六节　知情同意书

在医疗工作实践中，为了尊重患者及其家属的知情权，加强医患沟通，避免医患纠纷，创造和谐的医患关系，习惯把医疗告知与知情选择简称为知情同意。根据卫生部及各省市卫生部门的有关规定，对患者病情、诊疗措施和医疗风险等，应采用一定方式向患者本人、患者监护人、委托代理人、近亲属或关系人、医疗机构负责人或被授权的负责人进行告知。

1. 手术知情同意书

（1）手术知情同意书是指手术前，经治医师向患者告知拟施手术的相关情况，并由患者签署是否同意手术的医学文书。

（2）手术知情同意的内容包括术前诊断、手术名称、术中或术后可能出现的并发症、手术风险、患者签署意见并签名、经治医师和术者签名等。

2. 麻醉知情同意书

（1）麻醉知情同意书是指麻醉前，麻醉医师向患者告知拟施麻醉的相关情况，并由患者签署是否同意麻醉意见的医学文书。

（2）内容包括患者姓名、性别、年龄、病案号、科别、术前诊断、拟行手术方式、拟行麻醉方式，患者基础疾病及可能对麻醉产生影响的特殊情况，麻醉中拟行的有创操作和监测、麻醉风险、可能发生的并发症及意外情况，患者签署意见并签名、麻醉医师签名并填写日期。

3. 输血治疗知情同意书

（1）输血治疗知情同意书是指输血前，经治医师向患者告知输血的相关情况，并由患者签署是否同意输血的医学文书。

（2）输血治疗知情同意书内容包括患者姓名、性别、年龄、科别、病案号、诊断、输血指征、拟输血成份、输血前有关检查结果、输血风险及可能产生的不良后果、患者签署意见并签名、医师签名并填写日期。

（3）同一次住院期间多次输血或血液制品时，可只在第一次输血或血液制品前签署输血或血液制品知情同意书，但需向患者说明并注明以后输血或血液制品时，不再签署输血或血液制品知情同意书。

4. 特殊检查、特殊治疗知情同意书

（1）特殊检查、特殊治疗知情同意书是指在实施特殊检查、特殊治疗前，经治医师向患者告知特殊检查、特殊治疗的相关情况，并由患者签署是否同意检查、治疗的医学文书。

（2）特殊检查、特殊治疗知情同意书的内容包括特殊检查、特殊治疗项目名称、目的、可能出现的并发症及风险、患者签名、医师签名等。

（3）同一次住院期间相同目的、相同操作方法的多次检查治疗时，可只在第一次检查治疗时签署知情同意书，但需向患者说明并注明以后特殊检查治疗时，不再签署特殊检查治疗同意书。

5. 病危（重）通知书

（1）病危（重）通知书是指因患者病情危、重时，由经治医师或值班医师向患者家属告知病情，并由患方签名的医疗文书。

（2）病危（重）通知书的内容包括患者姓名、性别、年龄、科别，目前诊断及病情危重情况，患方签名、医师签名并填写日期。

（3）病危（重）通知书一式两份，一份交患方保存，另一份归病历中保存。

第七节　医　　嘱

医嘱就是医生根据病情和治疗的需要对患者在饮食、用药、化验等方面的指示。

1. 医嘱单分类及内容

（1）长期医嘱单

①长期医嘱指医生开写医嘱时起，有效时间24小时以上，可连续执行，当医生注明停止时间后即失效。如护理级别、饮食、药物等。

②长期医嘱单内容包括患者姓名、科别、住院病历号（或病案号）、页码、起始日期和时间、长期医嘱内容、停止日期和时间、医师签名、执行时间、执行护士签名。

（2）临时医嘱单

①临时医嘱指一次完成的医嘱，诊断性的一次检查、处置、临时用药，有效时间在24小时内。

②有的临时医嘱又限定执行时间，如会诊、手术、检验、X线摄片及各项特殊检查等；有的临时医嘱需立即执行，如阿托品0.5mg im st。出院、转科、死亡等列入临时医嘱。

③临时医嘱单内容包括医嘱时间、临时医嘱内容、医师签名、执行时间、执行护士签名等。

2. 医嘱书写的基本要求

（1）医嘱由医生书写，医师开写医嘱须用红或蓝黑墨水笔。医嘱本分白班与夜班两种，白班用蓝色墨水，夜班用红色墨水，写清年、月、日，然后书写医嘱。

（2）医嘱用汉字，拉丁文或英文书写，用蓝黑墨水书写，字迹要清晰，不得潦草。

（3）内容及起始、停止时间应当由医师书写。

（4）医嘱内容应当准确、清楚，每项医嘱应当只包含一个内容，并注明下达时间，应当具体到分钟。

（5）医嘱不得涂改。需要取消时，应当使用红色墨水标注"取消"字样并签名。

（6）下医嘱时，开头不留空格，应紧接日期线书写，如某项医嘱一行不能写完时，下一行应缩进一个字。

（7）一位医师同时下数项医嘱时，在医嘱的第一格和最后一项医嘱的同一格内分别签全名，注明时间，医嘱之间不留空格。无处方权的医师开医嘱后，应由上级医师审查并签全名于斜线上方，不准代签。如李××/王××。

（8）药物写全名，不能任意简化，注明剂量、用法，不能笼统写片、支、瓶等。

（9）两种以上药物组成一项医嘱，如只停用其中一种药物时，应全停止此项医嘱后，再重开其他未停药物。

（10）更改医嘱时，应先停止原医嘱后再重开医嘱。

（11）一般情况下，医师不得下达口头医嘱。因抢救急危患者需要下达口头医嘱时，护士应当复诵一遍。抢救结束后，医师应当即刻据实补记医嘱。

第八节　处　　方

处方是由注册的执业医师和执业助理医师（以下简称医师）在诊疗活动中为患者开具的、由取得药学专业技术职务任职资格的药学专业技术人员（以下简称药师）审核、调配、核对，并作为患者用药凭证的医疗文书。

1. 处方的内容

（1）处方标准

①前记：包括医疗机构名称，费别，患者姓名，性别，年龄，门诊或住院病历号，科别或病区和床位号，临床诊断，开具日期等，并可添列特殊要求的项目。（麻醉药和第一类精神药品处方还应包括患者身份证明编号，代办人姓名、身份证明编号）

②正文：以 rp 或 r（拉丁文 recipe "请取"的缩写）标示，分列药品名称、剂型、规格、数量、用法用量。

③后记：医师签名或加盖专用签章，药品金额以及审核、调配、核对、发药药师签名或加盖专用印章。

（2）处方颜色

①麻醉药品和第一类精神药品处方为淡红色。右上角标注"麻、精一"。

②急诊处方淡黄色。

③儿科处方淡绿色。

④普通处方白色。

⑤第二类精神药品处方白色。右上角标注"精二"。

2. 处方的规定与要求

（1）处方必须用蓝黑墨水书写，字体要清楚端正，不要潦草涂改，可用中文、英文、拉丁文开写处方。

（2）药品名称按新版药典为准。

（3）一张处方往往包括几种药物，每一药名开写一行，剂量写在右边。处方签分中成药、西药、中草药三种。

（4）一律用阿拉伯数字书写；剂量应当使用公制单位：重量以克（g）、毫克（mg）、微克（μg）、纳克（ng）为单位。容量以升（L）、毫升（ml）为单位。有些以国际单位（IU）、单位（U）计算。中药饮片以克（g）为单位；片剂、丸剂、胶囊剂、颗粒剂分别以片、丸、粒、袋为单位。溶液剂以支、瓶为单位；软膏及霜剂以支、盒为单位。注射剂以支、瓶为单位，应注明含量。中药饮片以剂为单位。

（5）普通内服药一般不超过7天量，慢性病可酌情延长。急诊处方一般不得超过3日用量。剧毒药品不得超过一日极量，限局毒药不得超过二日极量，麻醉药须用麻醉专用处方，并有麻醉处方权的医师签字后方生效，麻醉药注射剂不超过一日量，成瘾性药物连用不得超过7天。

（6）无处方权的进修医师（士）及实习医师必须在有处方权医师的指导下开处方，并签字后方可生效。

（7）处方的内容不准涂改，必须修正者，应由医师在修改处签名。一张处方涂改两处以上者，应重新书写。

第九节 申请单、报告单

1. 申请单与报告单的特点

（1）格式化、程序化，填写方便。

（2）阅读对象明确，为申请者与被接受申请者双方互相阅读。

（3）实用性强，直接为临床诊疗实践服务。

（4）保存价值高，是临床诊疗资料中不可缺少的一部分。

（5）语言简明准确，可读性强。

2. 申请单与报告单的书写要求

（1）由具有相应资质的医务人员逐项填写，眉栏项目不得遗漏，字迹清楚，术语规范，不得涂改。

（2）申请单中的简要病史、体检和原有辅助检查结果等，因篇幅所限只填写内容即可，不能过于详细。报告单中数据，一定做到准确无误。叙述检查所见要详细、明确，必要时可附简图说明。最后签署的诊断意见应明确、清楚。同时，也可以对疾病的诊断或治疗提出必要的建议。

（3）各类申请单和报告单所有语言文字与计量单位要规范化，不写错别字或不规范字。使用法定计量单位，不得滥用简称和尽量少用缩略语，以免造成语义上的混淆，引起不必要的麻烦或医疗事故的发生。

目标检测

1. 什么是临床医疗文书？临床医疗文书的类别有哪些？

2. 临床医疗文书的特点和作用是什么？

3. 结合见习和临床课的具体内容，学写门诊病历、入院记录、入院病历等与自己的专业相关的医疗文书。

第八章

医学论文写作

学习目标

1. 了解医学论文的概念、特点、基本要求和分类。
2. 掌握常用医学论文的写作格式及要求。
3. 学写与自己专业相关的医学论文。

第一节　医学论文的概念、特点和基本要求

一、医学论文的概念

医学论文是科技论文的一个分支学科，是报道自然科学研究和技术开发创新性工作成果的论说文章，是医学科学研究工作的文字记录和书面总结，是医学科学研究工作的重要组成部分。医学论文报道医学领域领先的科研成果，是医学科学研究工作者辛勤劳动的结晶，是人类医学科学发展和进步的动力。

二、医学论文的特点

（一）思想性

医学论文是专业性、探索性很强的文种，它的基本任务是探索未知，具体讲就是提出和解决问题，即提出前人从未提出过的问题，解决前人尚未解决的问题。但医学论文的内容必须符合并体现党和国家有关卫生工作的方针、政策，贯彻理论与实践、普及与提高相结合的方针，反映我国医学科学工作的重大进展，促进国内、外医学界的学术交流，做到尊重科学，讲究道德，反对作假，反对剽窃。

（二）创新性

创新性是指论文的内容在同类研究领域中所具有的独创性和先进性。创新性是论文水平高低和价值大小的关键所在。科学贵在创新，只有不断创新，人类社会才会不断进步。所谓"创"，是指医学论文所报道的主要科研成果是前人没有做过或没有发表的"发明"、"创造"，而不是重复别人的工作。所谓"新"，是指医学论文所提供的信息是鲜为人知的，非模仿抄袭的。即使推广性研究课题也应做到仿中有"创"、推陈出

"新"。理论型科技论文是新的科学研究成果或创新见解和知识的科学记录。技术型科技论文是已知原理应用于实际中取得新进展的科学总结。也就是说没有新的观点、见解、结果和结论，就不成其为科技论文。

创新性是科技论文同其他科技文章的基本区别之一。如科技报告和综述等具备科学性、学术性等特点，但可不具备创新性的特点。创新性或有新意是写作与发表一篇科技论文必备的条件，但只有创新性或新意还不够。因创新程度有大小之分。科技论文中的观点，应避免与教科书、实验报告等同，不要用"众所周知"这个词。要特别谨慎使用"首创"、"首次提出"、"首次发现"等词。"首次提出"等词一般是指具有重大价值的研究成果。

（三）科学性

科学性是指科研设计、实验数据和推理论证等必须合理、准确和严谨，符合科学规律。科学性是科技论文同一般议论文以及一切非科技文体的基本区别之一。论文的科学性主要表现在：一方面是指科技论文的内容是科学技术研究的成果；另一方面是指科技论文表达形式应具备科学性和实事求是的科学精神，即科技论文的结构应严谨、思维应符合逻辑规律、材料真实、方法准确可靠、观点正确无误。而科研课题设计是否严密合理，方法是否正确，资料是否完整可靠，依据是否准确并符合统计学要求，结果是否科学严谨，结论是否妥当并有充分依据等是衡量一篇论文是否具有科学性的重要标准，为此要求写作者应具有严肃的态度、严谨的学风，并采用严密的科研方法。

（四）准确性

准确性主要是指科技论文中不要使用据估计、据统计、据报道、据观察等词，科技论文的实验过程、实验结果应具有可重复性，同时应给出相应的参考文献。

（五）学术性或理论性

科技论文的学术性即理论性。所谓学术是指系统和专门的学问，是指有较深厚的实践基础和一定的理论体系的知识。科技论文学术性是指一篇科技论文应具备一定的学术价值。学术性是科技论文同其他科技文章的最基本的区别之一。科技论文的学术价值一般包括两个方面：其一是对实验、观察或用其他方式所得到的结果，要从一定的理论高度进行分析和总结，形成具有一定科学价值的见解，包括提出并解决一些有科学价值的问题；其二是对自己提出的科学见解或问题，要用事实和理论进行符合逻辑的论证与分析或说明，要将实践上升为理论。

（六）规范性

规范性是指科技论文必须按一定格式和要求书写。做到格式规范、层次分明、叙述严谨、文字简练、表达准确等。如科技论文的参考文献著录应规范，文字表达应规范，语言和技术细节应采用国际或本国法定的名词术语、数字、符号、计量单位等，达到准确、简明、通顺、条理清楚的要求。

（七）实用性

实用性是指能够解决防病治病中的实际问题，具有实用价值或具有较高的理论价值和社会价值。

（八）可读性

撰写医学论文的目的是为了交流、传播、存储新的医学信息，使后人花费较少的时间和脑力了解论文相关内容和实质。因此不但要求论文结构严谨，层次清楚，用词准确，而且还要求论文语言通顺，文风清新，可读性强。

三、医学论文的基本要求

医学论文应客观、真实地反映事物的本质，反映事物内部的规律性。内容必须有材料、有概念、有判断、有观点，合乎逻辑，顺理成章，材料确实、概念明确、判断恰当，观点正确，不含水分，体现观察和研究的真实性、再现性、准确性、逻辑性和公开性。

第二节　医学论文的选题思路和原则

一、选题思路

（1）从工作实践中发现和寻找新的研究方向。
（2）从已有的医学理论不足和缺陷中寻找和发现新的研究方向。
（3）从既往中英文杂志、书刊文献中提出某研究存在的问题中寻找研究方向。
（4）从其他渠道如协作课题、国际基金等途径中获得子课题进行相关的研究。

二、选题原则

1. 科学性　科学性即提出的问题必须以理论和实践为基础，提出的假说必须与科学的原理和规律相符合，评价的技术路线和指标的参照标准必须具有相应的理论和实践依据，采用的统计学分析方法必须严格和准确等。

2. 需要性　需要性是指选题应考虑到目前及今后工作的实际需要，研究应具有重要的实用价值和理论价值，对实践和政策制定等有指导作用。

3. 创造性　创造性要求所选课题应为前人未涉足的领域（新学科、新专业、新理论）；对现有理论具有补充和修改作用的领域；国外虽然已有报道，但尚须结合我国国情进行研究的领域等。

4. 可行性　可行性包括是否能在研究期限内找到足够的研究对象、是否具备研究所需的设备及条件、是否能按期完成项目研究等。

第三节　医学论文的分类

一、按目的分类

学术论文和学位论文。

二、按科研方法（或资料来源）分类

实验研究型论文、临床研究型论文、调查报告型论文、理论研究型论文、经验体会型论文和文献加工型论文。

三、按学科性质分类

基础医学论文、临床医学论文（包括临床经验体会、临床总结报告、专题研究报告、新技术新方法报道、治疗方案、病例分析、病例讨论和个案报告等）、护理论文（基础护理、专科护理、护理管理、护理教育、心理护理和社会护理等）和流行病学调查。

四、按医学期刊常用格式分类

述评、论著（论著摘要、实验研究、诊断技术等）、病例报告、临床病（例）理讨论、学术交流、综述、专题笔谈、经验介绍、讲座和简讯等。

第四节　常用医学论文的写作格式及要求

一、标题

医学论文标题应是文章内容的集中概括，起到画龙点睛的作用。由于论文标题首先映入读（编）者的眼帘，读（编）者浏览文章，多先看题目，然后才决定是否阅读全文，所以，要求命题既能概括全文内容，又要做到恰当、确切、简短、鲜明，以引起读（编）者的注意与兴趣。为此文题应与文章内容相符，一忌泛，二忌繁，同时还应具备可检索性、专指性、信息性等。

（一）医学论文标题写作的具体要求

1. 概括——阐述具体、用语简洁　即用简短的文字囊括全文内容，体现全文精髓，使人一看就能对全文含义有一个明确的概念。

2. 准确——文题相称、确切鲜明　用词应符合医学词语规范，准确表达论文的特定内容，实事求是的反映研究的内容和深度，做到文要切题，题要得体，防止题大文小等问题，要求做到标题体现内容，内容说明标题。

3. 新颖——标题要有新意和吸引力　能打动读（编）者，起到引人入胜的作用。

4. 精炼——重点突出、主题明确　突出论文主题，高度概括，一目了然。用词要做到字斟句酌，尽量省去一些非特定词，如"的观察"、"的研究"等，不需写成有主语、谓语、宾语的完整句型。但也不应过于笼统，过于简短。文题尽量不用标点符号。题中数字，应尽量用阿拉伯数字表示，但不包括作为形容词或名词的数字，例如"十二指肠"的"十二"不能改用阿拉伯数字。我国《科学技术报告、学位论文、学术论文以及其他类似文件编写格式》提出："题名应力求简短，一般不宜超过30个字"，以20个字左右为宜，越确切越简短越好。

（二）医学论文写作的基本格式

标题应居中书写，一般不设副标题，确有必要设时可用破折号与主题分开，亦应居中书写。长标题需回行时应注意词或词组的完整，并居中书写，使之匀称美观。

二、作者署名

署名应遵守科学道德和实事求是的原则。因署名不仅是一种荣誉，更重要的是表示作者对文章内容负责。因此医学论文署名要用真名而不用笔名，并应标明工作单位和邮政编码，以便读者联系和咨询。

（一）作者署名的意义

①明确论文责任；②文献检索的需要；③明确著作权。

（二）署名的原则和要求

1. 单位署名　单位一般指作者从事研究工作时的单位，单位署名应标明所在省市的全称，便于编辑、读者与作者进行联系。单位署名的数量一般不超过 3 个，署名位置应居标题之下，作者署名之前，居中书写，并与作者署名之间留一空格。单位名称前还应标明邮政编码。

2. 集体创作署名　集体创作应在文末署上执笔人或整理者的姓名，以便明确责任，便于编辑、读者与作者之间的联系和咨询。

3. 个人作者署名　个人作者署名只限于选定研究课题和制定研究方案，直接参加全部或主要研究工作并做出贡献，以及参加论文撰写并对论文内容能负责的人。

论文作者一般包括下列人员：课题的提出者及设计者；课题研究的主要执行者；进行资料收集并做统计处理者；论文的主要撰写和修改者；对论文主要内容能承担全部责任，并能给予全面解释和答辩者。具体要求为：

（1）第一作者应是论文课题的创意者、设计者、执行者，是论文的执笔者。

（2）多人合作时，署名次序应按贡献大小依次排列，起主要作用的人列在前面，起次要作用的人列在后面；多单位合作时，用脚注标明。

（3）作者人数不易过多，一般为 3~5 人。

（4）指导、协作、审阅者可列入致谢。

三、摘要

摘要是正文的高度浓缩，是医学论文内容不加注释的评论和简短陈述，便于读（编）者了解全文的要点，便于做文摘和检索。因此，摘要应力求简明扼要，字数一般为 200 字左右。摘要可以独立使用，不宜过简或过繁，不要使用套话和空话，也不要照搬图表、公式及不常用的符号。

（一）摘要的格式

1. 常用格式

（1）目的：说明研究要解决的问题、起源和由来。

（2）方法：说明研究时间、参加完成研究的患者或受试者的人数和研究的主要方法。

（3）结果：说明研究内容中主要结果，包括数据和统计学检验的结果。

（4）结论：说明由结果得出的主要结论。

2. 其他格式

（1）目的：说明研究要解决的问题及其起源、由来和研究背景。

（2）设计：论文基本研究设计。

（3）地点：研究地点、单位、等级。

（4）对象：论文研究的时间和主要方法。

（5）处理：论文的临床治疗和其他处理方法。

（6）检测：论文为评定结果而进行的主要测试项目。

（7）结果：说明研究内容中的主要数据和结果。

（8）结论：说明由结果得出的主要结论。

（二）摘要（或提要）的写作要求

（1）格式规范化：摘要（或提要）应置于署名之下，正文之前，"摘要（或提要）"二字顶格书写，空一格后接着书写摘要（或提要）内容。写摘要（或提要）时不宜列表、不用化学结构式、附图或引用文献。一般不分段落，内容能独立成章。

（2）简短、完整，一般以100～200字为宜。

（3）中文摘要（或提要）内容应基本与英文摘要（或提要）内容一致。

四、关键词和主题词

关键词是表达科技文献的要素特征，具有实际意义的词或词组。也有文献指出关键词是具有灵活性和广泛性的自由语言。主题词是规范化的关键词。

现阶段关键词和主题词都可作为检索语言使用。但由于关键词是自然语言，同义词、近义词、多意词未统一，容易造成检索误差，因此目前多主张采用医学主题词表（MeSH）中的术语即主题词进行文献检索。而讲座、综述、病案讨论、误诊教训、临床报道等一般不必列出关键词或主题词。

1. 关键词或主题词的格式　一般期刊要求列出3～8个关键词，另起一行列于摘要（或提要）后。关键词之间空一格书写，不加标点符号。外文字符之间可加逗号，除专有名词的字首外，其余均用小写。

2. 选择关键词或主题词的方法

（1）可从标题、摘要（或提要）或全文内容中选出能代表论文主要内容的单词或术语，但以从标题中选择最为常见。

（2）要严格筛选能充分、准确和全面地反映文章的中心内容的关键词。

（3）查阅医学主题词表来获得规范的主题词。

五、正文的格式

（一）引言（前言）（introduction）

引言（前言、导言、绪言、序言）是正文的引子，相当于演说中的开场白。引言应当对正文起到提纲挈领和激发阅读兴趣的作用。语句要求言简意赅，开门见山。不可言过其实，最好不要使用诸如国内外罕见，未见报道，无先例，或属最新水平之类的评论性语言；若非要使用上述语言则必须要有充分证据，否则一般不易采用。

1. 引言的基本内容　　引言主要是告诉读者你为什么要进行这项研究？立题的理论或实践依据是什么？有何创新点？有何理论或实际意义？具体内容包括：

（1）简要叙述此项研究的历史背景、研究的起因和目的。

（2）此项研究的国内外研究现状和研究动态。

（3）强调此项工作的重要性、必要性和研究意义。

2. 引言的写作要求

（1）国内刊物引言部分一般不需另列序号及标题。

（2）内容切忌空泛，篇幅不宜过长，应简明扼要，重点突出，少用套话；不要重复教科书或众所周知的内容。一篇 3000～5000 字的论文，引言字数一般应掌握在 150～250 字。

（3）实事求是、客观评价：论文价值的评价要恰如其分，实事求是，慎用"首创"、"首次发现"、"达到国际一流水平"、"填补了国内空白"等提法，可以用相对较委婉的说法表达，如"就所查文献，未见报道"等。

（4）勿与摘要（或提要）内容相同，避免与正文重复；不要涉及本研究的数据、结果和结论，切记不要对结论加以肯定或否定。

（二）材料与方法

材料与方法主要是说明研究所用的材料、方法和研究的基本过程，它回答"怎样做"的问题，起到承上启下的作用。材料是表现研究主题的实物依据，方法是指完成研究主题的手段。材料与方法是科技论文的基础，是判断论文科学性、先进性的主要依据。它可以使读者了解研究的可靠性，也为别人重复此项研究提供资料。

1. 不同体裁论文材料与方法的差别

（1）调查研究型论文常将材料与方法改为"对象与方法"。

（2）临床试验型论文常将材料与方法改为"病例与方法"。

（3）实验研究型论文需要交待实验条件和实验方法：

① 实验条件包括实验动物的来源、种系、性别、年龄、体重、健康状况、选择标准、分组方法、麻醉与手术方法、标本制备过程以及实验环境和饲养条件等。

② 实验方法包括所用仪器设备及规格、试剂、操作方法。试剂如系常规试剂，则说明名称、生产厂家、规格、批号即可；如系新试剂，还要写出分子式和结构式；若需配制，则应交待配方和制备方法。

③ 操作方法如属前人用过的，公认的，只需交待名称即可；如系较新的方法，则应说明出处并标明相应的参考文献；对某方法进行了改进，则应交待修改的根据和内容；创新的方法，要注意不要将新方法的介绍和运用该方法研究的内容混在一篇论文中，若论文系报道新方法，则应详细的介绍试剂的配置和操作的具体步骤，以便他人学习和借鉴。

（4）临床研究应交待的内容：临床研究的对象是患者，则应说明患者是来自住院或门诊，同时必须将患者例数、性别、年龄、职业、病因、病程、病理诊断依据、分组标准、疾病的诊断分型标准、病情和疗效判断依据、观察方法及指标等情况作简要说明，上述内容可根据研究的具体情况加以选择说明，并突出重点。

① 对研究新诊断方法的论文，要注意交代受试对象是否包括了各类不同患者（病情轻重、有无合并症、诊疗经过等），受试对象及对照者的来源，正常值如何规定，该诊断方法如何具体进行等。

② 研究疾病临床经过及预后的论文，要注意说明患者是在病程的哪一阶段接受的治疗，患者的转诊情况，是否制定了观察疾病结果的客观标准。

③ 病因学研究论文则要交代所用研究设计方法（如临床随机试验、队列研究等），是否做过剂量－效应观察。

④ 对临床疗效观察研究来说，主要说明病例选择标准，病例的一般资料（如年龄、性别、病情轻重等），分组原则与样本分配方法（配对、配伍或完全随机），疗效观察指标和疗效标准。

⑤ 治疗方法如系手术，应注明手术名称、术式、麻醉方法等；如系药物治疗则应注明药物的名称（一般用化学名而不用商品名）、来源（包括批号）、剂量、使用途径与手段、疗程，中草药还应注明产地与制剂方法。

（三）结果（results）

结果是医学论文的中心部分，是论文价值所在，是研究成果的结晶，是对实验研究、临床研究、分析观察、调查的各种数据和资料进行分析、归纳，经必要的统计学处理后得到的，因此应本着严谨而实事求是的态度对待研究结果，尊重研究得到的原始数据或资料，不要为获得预期理想的研究成果而人为修改甚至篡改数据，以保证论文结果的准确可靠。

1. 结果的内容

（1）数据：原始数据要经过统计学处理，所选统计学方法要正确，以避免和消除统计学误差。

（2）图表：采用三线表可使数据的表达一目了然，图可直观显示数据的对比度和规律性。

（3）照片：能形象客观地表达研究结果。

（4）文字：对数据、图表、照片加以说明。

2. 结果的写作要求

（1）按实验所得到的事实材料归类进行安排，可分段、分节，或加小标题。

（2）客观的解释结果，不要外加作者的评价、分析和推理。

（3）客观的对待结果，不可将不符合主观设想的数据或其他结果随意删除。

（4）因图表和照片所占篇幅较大，能用文字说明的问题，尽量少用或不用图表或照片。

（四）讨论

讨论是论文的重要组成部分，是作者对所进行的研究所得到的资料进行归纳、概括和探讨，提出自己的见解，评价及其意义。即将所得结论或研究结果，从理论高度进行进一步认真分析，科学的推论和评价，证实所得结果的可靠性，阐明其具有科学性、先进性的论据，是将研究结果表象的感性认识升华为本质的理性认识。在讨论中作者通过对研究结果的思考、理论分析和科学推论，阐明事物的内部联系和发展规律，从深度和广度两方面丰富和提高对研究结果的认识。讨论的深浅、正确与否，很大程度上取决于作者掌握文献的多少及其分析问题和解决问题的能力，反映作者理论水平、学术素养以及专业知识的深度和广度。有的医学论文讨论部分只是重复过去的文献，甚至抄袭某些专著和教科书的内容，这就失去了讨论的意义，也未抓住讨论的重点。因此，为保证论文讨论的质量，作者必须了解本专业的近况及动向，掌握论文讨论的技巧，才能得出比较客观而正确的结论。

1. 讨论的内容

（1）简要的概述国内外本课题的研究近况，或阐述该文研究的原理与机制。

（2）对实验观察过程中各种数据或现象的理论分析和解释，根据研究的目的阐明本研究结果的理论和实践意义。

（3）评估自己研究结果的正确性和可靠性，分析该文研究结果与他人研究结果的异同及优缺点，并解释其原因。

（4）根据该文结果提出新假设、新观点。

（5）对各种不同学术观点进行比较和评价，着重说明本文创新点，以及本研究结果从哪些方面支持创新点。

（6）对本研究的局限等加以分析和解释，指出本文未能解决的问题，提出今后研究的方向与问题。

当然，限于论文的篇幅等要求，一篇文章的讨论不需要面面俱到，通常只需要讨论其中的某些方面，重要的是，讨论必须紧扣研究的结果，突出自己的新发现和新认识。

2. 讨论应注意的问题

（1）讨论应是作者阐明自己的学术观点，不能漫无边际，泛泛而谈。讨论的内容要从论文的研究结果出发，围绕创新点与结论展开，要做到层次清晰、主次分明，不要在次要问题上浪费笔墨冲淡主题。与文献一致处可一笔带过，重点讨论不一致处；引证必要的文献，切忌罗列文献。

（2）实事求是、恰如其分的评价，切忌推理过分外延，妄下结论。医学中尚有许多尚未解决的问题，所以推理应非常谨慎，通常以"可能"等术语来表达。

（3）任何研究都有其局限性，因此，讨论要坚持一分为二的观点，对于与他人研究结果不一致的要认真分析原因，采取虚心的态度与其他作者进行商榷。

（4）并非每篇论文都要有讨论，有的短篇可不写。若结果与讨论关系密切则可放在一起写，合称结果与分析等。

（五）论文致谢

科研工作的顺利完成离不开他人的帮助，在正文的最后应向对本研究提供过帮助的人致以谢意。

致谢的对象包括：对研究工作提出指导性建议者，论文审阅者，资料提供者，技术协作者，帮助统计者，为本文绘制图表者，提供样品、材料、设备以及其他方便者。致谢必须实事求是，应防止剽窃掠美之嫌，也勿强加于人，如未经允许写上专家、教授的名字等。致谢一般要说明被谢者的工作内容，如"技术指导"、"收集资料"、"提供资料"等。

（六）医学论文的参考文献

医学论文中所列参考文献只限于公开发行、亲自阅读过的文献，按文内引用顺序排列写在文后，文内按 1，2，3……顺序在引用处标出右上角码，如在右上角标注［1］或［2－6］或［1，3］，最好是引用近 3－5 年公开发表的文献。参考文献书写的格式，各书刊均有明确的规定。目前医学论文参考文献的书写格式大多采用温哥华式。举例如下：

1. 专著（其文献类型标识符为［M］）格式

［序号］编著者．专著名称［M］．版次（第 1 版可省略）．出版地：出版者，出版年，起页－止页（起止页也可不写）．

举例如下：

［1］耿贯一．流行病学（第 1 卷）［M］．第 2 版．北京：人民卫生出版社，1995，10－14．

［2］Lilienfeld AM，Lilienfeld DE．Foundations of Epidemiology［M］．2nd ed．New York：Oxford university press，1980．

2. 期刊中论文（其文献类型标识符为［J］）的格式

［序号］作者（前 3 名，用逗号分开，其余作者加"，等"）．题名［J］．刊名，年，卷/卷（期）：起页－止页．

举例如下：

［1］任文林，宋丽芬，梁玉清，等．不同剂量阿司匹林对急性冠状动脉综合征炎性标志物和预后的影响［J］．中华内科杂志，2009，48（12）：1008－1011．

［2］Jang JY，Chang YW，Choi SY，et al．The changes of ammonia and epidermal growth factor concentration in gastric juice before and after the Helicobacter pylori eradication［J］．Korean J Gastroenterol，2004，43（5）：283－290．

3. 文摘　一般不应作为参考文献引用，考虑到我国国内实际情况，引用国外医学某分册的文章时，刊名写"国外医学×××分册"，在最后一项即"页"后注明"（文摘）"，英文文摘性期刊则加"（Abstract）"。

4. 引用参考文献的要求

（1）参考文献应尽可能引用最新和最主要的，以最近 5～10 年内的为好，一般不要引用年限长的或教科书中内容，忌用无关的文献，但个别历史文献除外。

（2）必须是作者亲自阅读过的或对本文的科研工作有启示和较大帮助，与论文中的方法、结果和讨论关系密切、必不可少的文献。

（3）引用参考文献以原著为主，未发表的论文及资料、译文、文摘、转载以及内部资料、非公开发行书刊的文章以及个人通讯等，均不能作为参考文献被引用。非引用不可者，其作者、文题、刊名、出版年、卷（期）、页等可用圆括号插入正文内。未经查阅或未找到原文的，应在该资料来源之前加"引自"二字，不能直接写原文献。

（4）已公开发表的，已被某刊通知采用者，可引用，但在刊名后用括号注明"待发表"。

（5）引用中医经典著作，可在正文所引段落末加圆括号注明出处，不列入参考文献著录。

（6）引用参考文献条数一般为论著等论文 10 条左右，综述为 20 条左右。

【医疗论著例文】

肝纤维化大鼠肝细胞凋亡和增殖的关系

曲宝戈[1]，严茂祥[2]，陈芝芸[2]，项柏康[2]

1. 曲宝戈，山东省泰山慢性病医院　山东省泰安市　271000

2. 严茂祥，陈芝芸，项柏康，浙江省中医院消化研究室　浙江省杭州市　310006

摘要

目的：在四氯化碳诱导的实验性肝纤维化大鼠中研究肝细胞凋亡及 Fas 抗原和 bcl-2 蛋白表达与增殖细胞核抗原（PCNA）的关系。

方法：将 SD 大鼠 44 只随机分成 2 组，每组 22 只，分别造模。常规石蜡切片，TUNEL 原位标记法检测细胞凋亡指数，免疫组织化学法检测 Fas 抗原、bcl-2 蛋白和 PCNA。

结果：病理模型组实验大鼠肝组织细胞凋亡指数（AI）明显低于正常对照组（0.31 ± 0.12 vs 0.49 ± 0.10），$P < 0.01$。与正常对照组相比，病理模型组实验大鼠肝组织 Fas 阳性表达计分明显降低（2.72 ± 0.47 vs 1.75 ± 0.67），$P < 0.01$。Fas 与 bcl-2 呈明显负相关（$r = -0.67$，$P < 0.05$）。AI 与 bcl-2（$r = -0.28$，$P > 0.05$）、PI（$r = -0.33$，$P > 0.05$）和 Fas（$r = 0.31$，$P > 0.05$）均无相关性。

结论：Fas 和 bcl-2 参与肝纤维化的发生过程中，二者在其中起着相反的作用，细胞凋亡在肝维化中明显低下，而细胞增殖无明显变化，表明在肝纤维化中存在细胞凋亡和增殖失衡。

关键词：肝硬化/发病机制；细胞增殖；细胞凋亡

0 引言

细胞增殖和凋亡是相互伴随的，高增殖同时伴有凋亡指数增高。肝细胞中也存在着不同程度的增殖和凋亡，但二者之间在肝纤维化中所起的作用尚不清楚。本研究通过检测在四氯化碳（CCl4）诱发的大鼠肝纤维化肝组织中的细胞凋亡指数及相关基因表达产物（Fas 抗原及 bcl-2 蛋白）与增殖细胞核抗原（PCNA），以便了解肝细胞凋亡和细胞增殖在肝纤维化中的作用，对进一步阐明肝纤维化的发病机制具有重要意义。

1 材料和方法

1.1 材料　SD 封闭群，清洁级大鼠 44 只，由西安实验动物中心提供，雌雄各半，体质量 $90 \pm 10g$。CCl_4 分析纯由浙江荧光化工有限公司生产，批号：980512。CD95（Fas）多克隆抗体 3mL，bcl-2 多克隆抗体 3mL，美国 Santa Cruz 公司产品；PCNA 单克隆抗体 3mL，美国 ZYMED 公司产品；TUNEL 细胞凋亡检测试剂盒 APoPTag TM 试剂盒，美国 Intergen（Oncor）公司生产；DAKO Envision 显色系统 DAKO 公司生产。病理切片机（LEICARM2025，上海生产）、生物组织自动脱水机（S-12F，武汉生产）、生物组织冷冻包埋机（BM-VI，武汉生产）、Olympus 光学显微镜（日本 Olympus 株式会社生产）。

1.2 方法

1.2.1 动物分组和造模 SD大鼠44只，自由饮水，标准饲料饲养。随机分成2组，每组22只：(1)正常对照组：以等量生理盐水皮下注射9wk，并用等量生理盐水灌胃9wk；(2)病理模型组：造模同时，用等量生理盐水灌胃9wk；造模方法为：前4wk各组动物按0.3mL/100g皮下注射400 mL/L CCl_4（用色拉油稀释），每周两次，首次用量加倍。后5wk各组动物按0.2mL/100g皮下注射体重400 mL/L CCl_4，每周两次，共9wk。正常对照组以等量生理盐水皮下注射。末次给药后24h处死大鼠，取肝脏左叶以100mL/L福尔马林固定，石蜡切片用于检测。

1.2.2 HE染色 石蜡包埋后制成4μm厚连续切片，常规HE染色进行病理诊断。

1.2.3 TUNEL原位细胞凋亡检测方法 按APoPTag TM试剂盒操作说明进行。镜下观察阳性细胞，操作步骤中省略TdT酶作阴性对照。

1.2.4 免疫组化染色 检测细胞凋亡相关基因表达产物：Fas抗原及bcl-2蛋白与PCNA。免疫组化染色采用二步法Envision工作程序。分别以TBS替代Fas多克隆抗体、bcl-2多克隆抗体和PCNA单克隆抗体作阴性对照，以已知阳性的淋巴瘤组织切片作阳性对照。

1.3 观察指标

1.3.1 计算细胞凋亡指数（Apoptosis Index，AI）及细胞增殖指数（PCNA Index，PI）在光镜下观察TUNEL染色及PCNA免疫组化染色的显色反应，数5个以上高倍视野，每个视野计数100个细胞中的阳性细胞（染色的阳性物质呈棕黄色）数，取其平均值分别作为AI及PI。

1.3.2 Fas及bcl-2蛋白 Fas免疫阳性反应颗粒位于胞膜和胞浆，而bcl-2位于胞浆；为棕黄色颗粒。Fas以每个高倍视野阳性细胞数来计算：无阳性细胞表达为（-），1-25为（±），26-50为（+），大于50为（++），分别记为0、1、2、3分。bcl-2参考Reiner et al[1]的标准加以改进分别为：无阳性细胞表达为（-），小于10%为（±），小于1/3为（+），小于2/3为（++），大于2/3为（+++），分别记为0、1、2、3、4分。

统计学处理 采用SPSS for window 10.0统计分析软件进行t检验和spearman相关系数分析。

2 结果

2.1 大鼠肝组织AI和PI 大鼠肝组织细胞凋亡表现为核固缩或破碎，与周围细胞连接松散，阳性细胞分布在小叶内，多散在于中央静脉周围及汇管区。PCNA阳性细胞散在于纤维间隔内或其周围，呈单个或散在不规则分布，阳性物质位于核内，呈棕黄色细小颗粒。病理模型组大鼠肝组织AI明显低于正常对照组，有非常显著的统计学意义（$P < 0.01$）；两组大鼠肝组织PI对比则无统计学差异（$P > 0.05$）。

表1 大鼠肝组织细胞的 AI 和 PI（$\bar{x} \pm s$,%）

组别	n	AI	PI
正常对照组	19	0.49 ± 0.10	0.47 ± 0.17
病理模型组	12	0.31 ± 0.12^a	0.46 ± 0.19

a $P < 0.01$ vs 正常对照组

2.2 大鼠肝组织 Fas 和 bcl-2 表达情况 大鼠肝组织 Fas 表达以肝细胞浆为主，呈弥漫性着色，部分表达在肝细胞膜上，阳性细胞呈灶状或团块状分布于肝小叶周边，主要在碎屑状坏死处密集。bcl-2 弥散分布于假小叶及其边缘，部分散在分布于中央静脉周围及汇管区。病理模型组大鼠肝组织 Fas 阳性表达较正常对照组明显降低（$P < 0.01$）；病理模型组大鼠肝组织 bcl-2 阳性表达较正常对照组明显增高，有显著的统计学差异（$P < 0.01$）。

表2 大鼠肝组织 Fas 和 bcl-2 阳性表达计分（$\bar{x} \pm s$,%）

组别	n	Fas	bcl-2
正常对照组	19	2.72 ± 0.47	1.55 ± 0.93
病理模型组	12	1.75 ± 0.67^a	2.92 ± 1.00

a $P < 0.01$ vs 正常对照组

2.3 病理模型组肝纤维化实验大鼠肝组织细胞凋亡和细胞增殖相关基因表达产物之间的关系 Fas 与 bcl-2 呈明显负相关（$r = -0.67$, $P < 0.05$）；AI 与 bcl-2（$r = -0.28$, $P > 0.05$）及 Fas（$r = 0.31$, $P > 0.05$）均无相关性；PI 与 AI（$r = -0.33$, $P > 0.05$）和 bcl-2（$r = 0.07$, $P > 0.05$）无相关性。

3 讨论

3.1 细胞凋亡在肝纤维化中的作用

细胞凋亡可能是不同类型肝病细胞死亡的共同通路[2]，严重慢性病毒性肝炎患者肝细胞凋亡明显增加，提示凋亡细胞的死亡可能参与慢性肝炎和肝硬化性肝损伤的发生[3]。PBC 患者肝中肝细胞和胆管上皮细胞凋亡率增加[4]。凋亡发生在 CCl4 引起的肝硬化，并参与肝硬化受损肝组织的再生反应[5]。本实验结果显示：大鼠肝组织细胞凋亡表现为核固缩或破碎，与周围细胞连接松散，阳性细胞分布在小叶内，多散在于中央静脉周围及汇管区。病理模型组大鼠肝组织 AI 明显低于正常对照组，$P < 0.01$. 表明在 CCl_4 造模诱发肝纤维化大鼠中存在细胞凋亡不足。

Fas 是介导细胞凋亡的细胞表面蛋白，是凋亡因子受体。细胞膜上的 Fas 起凋亡"按钮"的作用，Fas 及 FasL 相互作用是介导肝细胞凋亡的主要途径[6,7]。Fas 和 FasL 可表达于不同的细胞导致凋亡（所谓 trabs 型凋亡），也可以表达于同一细胞导致凋亡（所谓 cis 型凋亡）[8]。Hiramatsu et al[9] 研究显示：慢性肝炎 Fas 抗原阳性组其门脉周围、门脉区和小叶内炎症坏死程度均比阴性组严重。本实验大鼠肝组织 Fas 阳性细胞表达的分布也具有上述类似特点。本实验结果显示，与正常对照组相比，病理模型组实验大鼠肝组织 Fas 阳性表达计分明显降低，$P < 0.01$，表明 Fas 参与肝纤维化发生。但

本实验结果表明 AI 和 Fas 无相关性（r = 0.31，P > 0.05），可能和细胞凋亡过程中 Fas 表达与染色质断裂发生的时相不同及凋亡细胞在组织中存在时间很短有关。

bcl - 2 基因编码一个 26kD 蛋白，bcl - 2 过表达可抑制细胞凋亡，从而使细胞增殖和凋亡不平衡，即细胞增殖速度虽无改变，但由于凋亡细胞的减少会导致细胞的相对增多[10]。bcl - 2 家族参与慢性肝病细胞凋亡的调节[11]。慢性肝炎门脉小胆管区 bcl - 2 阳性，在新形成胆管处，尤其是活动性慢性肝炎和活动性肝硬化中，bcl - 2 表达最多[12]。肝细胞增殖带中 bcl - 2 蛋白表达明显高于肝细胞坏死带[13]。本实验结果显示，病理模型组大鼠肝组织 bcl - 2 阳性表达计分较正常对照组明显增高，P < 0.01，表明 bcl - 2 在肝纤维化中起一定的作用。

有研究显示，bcl - 2 的过度表达可部分抑制 Fas 蛋白介导细胞凋亡信号的传导[7]。肝硬化中也见到 FasL 表达，可见引起肝细胞变化的因素可能触发 FasL 表达，并促进 Fas/FasL 介导的细胞凋亡的发生[14]。有人[15]认为 bcl - 2 蛋白在细胞凋亡中起着与 Fas 抗原相反的作用。肝硬化 bcl - 2 表达增加与肝癌发生有关[16]。本实验结果显示 Fas 与 bcl - 2 呈明显负相关（r = - 0.67，P < 0.05），从而支持上述观点。

3.2　细胞增殖在肝纤维化中的作用

PCNA 是近年来发展的原位检测细胞增殖活性的新型探针，它是 DNA 聚合酶的辅助蛋白，在细胞周期的 G1 期开始表达，S 期达高峰，G2M 期下降，其量的变化与 DNA 合成一致，能够反映细胞的增殖活性[17]。有关 PCNA 表达与肝硬化或肝纤维化关系的观点不一。Wyllie et al[17]报道 PCNA 的表达增加说明肝细胞存在异常增殖，可能与其他基因异常（如 p53、ras 和 myc 等原癌基因突变）有关。Kawakita 和 Ojanguren et al[18,19]发现肝硬化时，肝细胞的增殖能力相当低下。而本实验结果与上述结论并不完全一致，因而有待于进一步的探讨。

肝硬化小胆管和胆小管细胞增殖活性增加与 bcl - 2 高表达相关[20]。但本实验结果表明 PI 和 bcl - 2 无相关性（r = 0.07，P > 0.05），因此认为 bcl - 2 对肝细胞增殖的影响不明显。

3.3　肝纤维化大鼠肝组织细胞凋亡和增殖的关系

Chen et al[21]报道给予 CCl_4 72 小时后肝细胞凋亡明显增加。给予 CCl_4 15 周后，造模组肝细胞凋亡较对照组更明显。CCl_4 引起的大鼠肝硬化中肝细胞增殖持续存在，尤其在 CCl_4 造模的实验中期更明显。本实验未进行 Fas 抗原和 PCNA 免疫组化双染色，因而无法知道其分布规律。但本实验结果显示 Fas 和 bcl - 2 与 PI 无相关性（r = 0.30，P > 0.05；r = 0.07，P > 0.05）。因此 Fas 和 bcl - 2 和细胞增殖的确切关系尚待进一步研究。

正常情况下，细胞凋亡和增殖的平衡维持着细胞群体数量的相对恒定，细胞凋亡调节着机体细胞增殖与死亡之间的平衡，维持组织器官正常生理功能及细胞数量的稳定，细胞增殖和/或凋亡的异常与许多疾病发生有密切的关系。本实验结果显示：PI 和 AI 呈负相关，表明在肝纤维化中存在细胞凋亡和增殖的失衡。

4 参考文献

1 Reiner A, Reiner G, Spona J, Schemper M, Holzner JH. Histopathologic characterization of human breast cancer in correlation with estrogen receptor status [J]. *Cancer*, 1988, 61: 1149 – 1154.

2 Jiang Z, Liu Y, Savas L, Smith L, Bonkovsky H, Baker S, Banner B. Frequency and distribution of DNA fragmentation as a marker of cell death in chronic liver diseases [J]. *Virchows Arch*, 1997, 431: 189 – 194.

3 Papakyriakou P, Tzardi M, Valatas V, Kanavaros P, Karydi E, Notas G, Xidakis C, Kouroumalis E. Apoptosis and apoptosis related proteins in chronic viral liver disease [J]. Apoptosis, 2002, 7: 133 – 141.

4 Sakisaka S, Koga H, Sasatomi K, Mimura Y, Kawaguchi T, Tanikawa K. Biliary secretion of endotoxin and pathogenesis of primary biliary cirrhosis [J]. *Yale J Biol Med*, 1997, 70: 403 – 408.

5 Masson S, Scotte M, Garnier S, Francois A, Hiron M, Teniere P, Fallu J, SalierJP, Daveau M. Differential expression of apoptosis – associated genes post – hepatectomy in cirrhotic vs. normal rats [J]. Apoptosis, 2000, 5: 173 – 179.

6 Mochizuki K, Hayashi N, Hiramatsu N, Katayama K, Kawanishi Y, Kasahara A, Fusamoto H, Kamada T. Fas antigen expression in liver tissue of patients with chronic hepatitis B [J]. J *Hepatol*, 1996, 24: 1 – 7.

7 Trauth BC, Klas C, Peters AM, Matzku S, Moller P, Falk W, Debatin KM, Krammer PH. Monocloned antibody – mediated tumor regression by induction of apoptosis [J]. *Science*, 1989, 245: 301 – 304.

8 Nagata S, Golstein P. The Fas death factor. Science, 1995, 267: 1449 – 1456.

9 Hiramatsu N, Hayashi N, Katayama K, Mochizuki K, Kawanishi Y, Kasahara A, Fusamoto H, Kamada T. Immunohistochemical detection of Fas antigen in liver tissue of patients with chronic hepatitis C [J]. Hepatol, 1994, 19: 1354 – 1356.

10 Kennedy MM, Lamb D, King G, Kerr KM. Cell proliferation, cell loss and expression of bcl – 2 and P53 in human pulmonary neoplasm [J]. Br J Cancer, 1997; 75: 545.

11 Chen N, Deng T, Chen P, Li L. The regulation of apoptosis by Bcl – 2, bcl – X (L), Bcl – 2alpha and Bax in chronicliver disease [J]. Zhonghua Nei Ke Za Zhi, 2000, 39 (12): 808 – 810.

12 Nakopoulou L, Stefanaki K, Vourlakou C, Manolaki N, Gakiopoulou H, Michalopoulos G. bcl – 2 protein expression in acute and chronic hepatitis cirrhosis and hepatocellular carcinoma [J]. Pathol Res Pract, 1999, 195: 19 – 24.

13 Zhang B, Zhang D, Ma Y. Expressions of Bcl – 2, Bax and Bak proteins in liver tissues of hepatitis B patients and their significance [J]. Zhonghua Gan Zang Bing Za Zhi, 1999, 7: 74 – 76.

14 Hockenbery DM, Oltvai ZN, Yin XM, Milliman CL, Korsmeyer SJ. Bcl – 2 func-

tion in antioxidant pathway to prevent apoptosis ［J］. Cell, 1993, 75：241 – 251.

15　Luo KX, Zhu YF, Zhang LX, He HT, Wang XS, Zhang L. In situ investigation of Fas/FasL expression in chronic hepatitis B infection and related liver diseases ［J］. J Viral Hepat, 1997, 4：303 – 307.

16　Frommel TO, Yong S, Zarling EJ. Immunohistochemical evaluation of Bcl – 2 gene family expression in liver of hepatitis C and cirrhotic patients：a novel mechanism to explain the high incidence of hepatocarcinoma in cirrhotics. Am J Gastroenterol, 1999, 94：178 – 182.

17　Willie AH. Death gets a brakse ［J］. Nature, 1994, 369：272 – 273.

18　Kawakita N, Seki S, Sakaguchi H, Yanai A, Kuroki T, Mizoguchi Y, Kobayashi K, Monna T. Analysis of proliferating hepatocytes using a monoclonal antibody against proliferating cell nuclear antigen/cyclin in embedded tissues from various liver disease fixed in formaldehyde ［J］. Am J Pathol, 1992, 140：513.

19　Ojanguren I, Ariza A, Llatjos M, Castella E, Mate JL, Navas – Palacios JJ. Proliferating cell nuclear antigen expression in normal regenerative and neoplastic liver, a fine – needle aspiration cytology and biopsy study ［J］. Hum Pathol, 1993, 24：905.

20　Gapany C, Zhao M, Zimmermann A. The apoptosis protector, bcl – 2 protein, is downregulated in bile duct epithelial cells of human liver allografts ［J］. J Hepatol, 1997, 26：535 – 542.

21　Chen L, Yang Z, Qiu F. Studies on hepatocyte apoptosis, proliferation and oncogene c – fos expression in carbon tetrachloride – induced cirrhotic rat liver ［J］. J Tongji Med Univ, 1999, 19：53 – 55.

（选自世界华人消化杂志，2004，12（4）：990 – 993.）

【简析】该例文为一篇实验研究型论文，属论著范畴，涵盖了常见医学论文写作格式的几乎全部内容，是一篇比较规范的论文。其特点是引言部分单独列出，讨论部分根据细胞凋亡和细胞增殖在肝纤维化中的作用进行分段阐述，通过引用国外相关文献，对 Fas、bcl – 2 和 PCNA 在肝纤维化中的作用进行对照分析，得出了肝纤维化中存在细胞凋亡和增殖失衡的结论。全文论点鲜明，论据充足，简明扼要，条理清晰，采用的统计学方法准确，结论可靠。

【专科护理论文例文】

肺癌术后患者心律失常的临床分析及护理

张毅　黎玉梅　黄颖华　卢家玲　卢雁云
（广州市肿瘤医院胸外科）

摘要

目的：探讨影响肺癌术后心律失常的相关因素，加强对肺癌术后心律失常的监测和预防。

方法：对1997年9月~2000年3月在我科住院的152例肺癌患者进行术前、术后心电监护。

结果： 发现心律失常60例，发生率39.5%，其中窦性心动过速43例（71.7%）。心律失常多发生在术后48h内。

结论： 肺癌术后心律失常的发生可能与下列因素有关：术前ECG异常，余肺第1秒用力呼气容积（EFV1）预计值较低，年龄>60岁，术前心肌缺血，术前窦性心动过缓，术中低血压持续时间>10min，术中心律失常等。针对上述因素提出了相应护理措施。

关键词 肺肿瘤；肺切除术；心律失常；护理

Key words Lung neoplasms Pneumonectomy Cardiac dysrhythmia Nursing

肺癌术后，由于开胸手术的创伤、手术操作的直接刺激以及植物神经功能失衡等因素，患者可发生心律失常，严重时可明显影响循环功能甚至导致休克、心脏骤停等[1]。因此，正确及时地发现和处理术后心律失常十分重要。我科1997年9月~2000年3月，对152例肺癌术后患者进行心电监护，现将结果报告如下。

1 材料与方法

1.1 临床资料 本组152例，男97例，女55例。年龄30~78岁，平均57.5岁。其中大于60岁者43例，占31.6%；吸烟者90例；术前有心脏病史者2例，高血压病史者8例；术前心电图异常40例。手术方式：全肺切除3例，肺叶切除134例，肺叶切除加支气管成形术8例，病灶局限性切除9例，剖胸探查8例。术中失血量150~1200 ml，平均360 ml。手术中心电监护发现心律失常29例，术中低血压持续时间超过10 min 31例。手术历时45~210 min，无手术意外。

1.2 心电图监测方法

术前所有患者常规行心电图（ECG）检查，术中监护，术毕回病房连续监护2~7d，同时监测末梢血氧饱和度、血压。记录心律失常的发生时间、类型、治疗措施、结果及其他术后并发症。

2 结果

2.1 术后心律失常的类型、发生时间 本组60例术后发生心律失常者中，窦性心动过速43例，房性早搏3例，室性早搏9例，心动过缓2例，房室传导阻滞3例。术后第1~3d心律失常发生率分别为40.5%、37.7%、8.2%。

2.2 术前ECG与术后心律失常的关系（表1）

表1 术前ECG与术后心律失常的关系

	例数	术后心律失常	
		例数	发生率（%）
术前ECG正常	112	37	33.0
术前ECG异常	40	23	57.5
合计	152	60	39.5

注：$x^2 = 7.38$ $P < 0.05$

2.3 术后余肺第1秒用力呼气容积（FEV1）[2]预计值与术后心律失常的关系（表2）

表2　术后余肺 FEV1 预计值与术后心律失常的关系

	例数	术后心律失常	
		例数	发生率（%）
术后余肺 FEV1 > 1.0	135	48	35.6
预计值（L）< 1.0	17	12	70.6
合计	152	60	39.5

注：$x^2 = 7.76$　$P < 0.05$

2.4　其他相关因素（表3）

表3　发生术后心律失常的其他相关因素（n = 152）

	例数	术后心律失常	
		例数	发生率（%）
年龄 > 60 岁	43	25	58.1
术前心肌缺血	10	8	80.0
术前窦性心动过缓	12	4	33.3
术中低血压 > 10min	31	18	58.1
术中心律失常	29	13	44.8

3　讨论

肺手术后心律失常较为常见，综合文献报道发生率大约为 20% ~ 54.3%[1,3-4]。有报道称术后第 1 ~ 7d 心律失常发生率由 38.2% 逐渐降至 8.1%[5]，本组资料大致相同。术后心律失常绝大多数发生在术后 48h 以内，因此加强术后 48h 内的监护极为重要，以及时发现和处理。术前 ECG 异常者，术后心律失常明显增加，且 ECG 异常以心肌缺血为表现者，术后绝大多数出现心律失常。缺血心肌对低氧血症极为敏感。术后由于手术创口剧烈疼痛、手术切除部分肺组织等可引起呼吸功能不全，以及失血造成低血容量等都可以增加对缺血心肌的损害。因此，对 ECG 异常尤其心肌缺血者，术前应采取积极的预防措施，改善心肌功能，术后加强监护，发现异常及时对症处理。

术后余肺 FEV1 预计值是影响肺癌术后并发症的最重要的因素之一[6,7]，能比较确切地估计术后余肺的功能。本组术后 FEV1 预计值低于 1.0L 者，术后心律失常发生率显著增加。缺氧亦是引起心律失常的主要原因之一，所以肺癌手术应尽量保全肺组织，手术结束前做到吸净痰液，充分胀肺。术后护理要鼓励和协助患者排痰，合理使用镇痛剂，保持呼吸道通畅，充分供氧。

60 岁以上者术后心律失常发生率明显增加，主要是因为老年人一般体质较弱且伴不同程度的心肺功能减退，心肺代偿能力差，因此对手术创伤、麻醉、失血等耐受性差，术后容易发生心律失常。应鼓励老年患者术前做适当户外活动，加强营养，提高心肺代偿能力，指导他们练习床上大小便、深呼吸、腹式用力咳嗽，以减少术后并发症。

本组术前窦性心动过缓 12 例（阿托品试验均阴性），术后 8 例恢复至正常心率，可能系由手术操作刺激、术后伤口剧烈疼痛等引起交感神经兴奋性增加而使心率加快。

因此，心动过缓患者（除外病窦综合征）可能能更好地耐受手术创伤。

术中低血压对术后心律失常的影响文献中很少提及。本组术中出现低血压持续时间超过 10 min 及术中发生心律失常者，术后心律失常发生率明显高于术中血液动力学平稳者。术中低血压明显与手术操作对心包及肺门刺激和术中失血有关[5,6]。因此，术中要减少对肺门过紧过久的牵拉和对心脏的挤压，尽量保持麻醉平稳。对于术中出现低血压 >10min 和心律失常者，术后应加强监护，及时调整输液计划及速度，保持血液动力学平稳。

参考文献

1 顾恺时主编．胸心外科手术学．北京：人民卫生出版社，1985.192 – 199.

2 David H，Michael J，Malcolm M，et al. Prospective analysis of pneumonectomy：Risk factors for major morbidity and cardiac dysrhy – thmias. 1996，61：977 – 982.

3 Shildr TW. General Thoracic Surgery，2nd ed. Philadelphia：Lea &febiger，1983. 274 – 275.

4 吴怀中，周允中，张新良，等．肺癌术后并发心律失常．中华肿瘤杂志，1994，16（6）：435 – 437.

5 郭慧玲，李京婴．肺癌术后的心律失常．中国现代医学杂志，1999，9（1）：37 – 38.

6 Soren sen O，waaben KB，Andersen KB，et al. The incidence of cardiac arrhythmias and arterial hypothension subsequent to standardized surgical stimuli in patients undergoing thoracotomy with special reference to enflurane and halothane. Acta Nanesthesiol Scand，1986，30：630 – 632.

7 Knorring J，Lepantalo M，Lindgren L，et al. Cardiac arrhy thmias and Myocardial L ischemia after thoracotomy for lung cancer. Ann Thorac Surg，1992，53：642 – 647.

（摘自中华护理杂志 2001，36（8）：587 – 598）

【简析】该例文正文引言部分通过 120 字左右文字简明扼要的说明了肺癌术后发生心律失常对患者预后的影响，指出了术后心电监护的必要性，使读者初步了解写作的目的。材料与方法部分交待了"临床资料"和"心电图监测方法"，结果部分通过三线表分别清楚的列出了"术前 ECG 与术后心律失常的关系"、"术后余肺第 1 秒用力呼气容积（FEV1）预计值与术后心律失常的关系"和"发生术后心律失常的其他相关因素"。讨论部分则针对上述影响术后心律失常的原因提出了相应护理措施。整个论文布局合理，有理有据，符合专科护理论文的写作要求，不失为一篇值得一读的范文。

第五节 医学文献综述的写作

文献综述是在对文献进行阅读、选择、比较、分类、分析和综合的基础上，研究者用自己的语言对某一问题的研究状况进行综合叙述的情报性研究成果。文献的搜集、整理、分析都为文献综述的撰写奠定了基础。所谓"综"，就是根据自己设计的主题要求，选择密切相关的文献资料，经过综合分析，归纳整理，将零散的一次性文献按科目予以集中，使之更加简练、系统、富有科学性和逻辑性。所谓"述"，就是在"综"的基础上按照文章的写作程序，比较专一地、系统地、全面地阐明作者对某一专题的认识和论点。因此"综"是基础，"述"是表现，二者紧密配合，相辅相成。

一、医学文献综述的选题和资料收集

（一）医学文献综述的选题

能否写出高质量的综述，选题恰当与否至关重要，原则上视作者所从事专业、专长及科研工作需要而定，应避免重复他人已发表的文献综述。综述的选题必须建立在客观需要、自我优势的基础上来选定题目。选题要新颖，要选择进展较快、知识尚未普及、原始报道积累较多、意见不一致而仍存在争论的新课题，一般是自己熟悉的专业课题。另外，综述的题目要准确地反映文章的内容，要恰如其分地反映学科研究范围和学术深度。

1. 选题范围

（1）所从事的专业领域、作者专长的项目、已进行或正在开展研究的工作，具有一定的经验和资料。

（2）对某一专题已积累了大量的文献资料，能够提出新的观点。

（3）在实践中发现了新问题，同行间尚未形成共识，需加以探讨总结。

（4）从事的研究领域近年有重大突破或进展，需深入探讨或有必要介绍给读者。

（5）新发现的病种，新的诊断方法、治疗手段，新药应用于临床，尚无统一的标准或结论性共识，需对其归纳整理的。

（6）对某种疾病诊治观点有了新认识和见解，需要推广与应用。

（7）临床、科研工作中急需解决的课题。

（8）基础理论研究中的新进展、新观点。

（9）各学科之间的相互联系，或边缘交叉学科中的新动态等。

2. 选题应遵循的原则

（1）注意"热点"与"冷点"选题问题，避免"热点"过热、"冷点"过冷，选题过于集中，甚至重复的问题。

（2）需满足取材新颖、主题明确和突出等要求。

（3）应依据医、教、研的需求侧重选题。

（4）应选择熟悉的内容或所从事的专业，不提倡"为写综述而写综述的作法"。

（5）题目不宜过大，范围不宜过宽，对初写者建议从一个侧面入手为好。

（二）收集资料

综述主要收集一次性文献，应达到齐全、新颖等基本要求。在选题确定的前提下，可采用多种方法进行文献收集。如：

1. 文献查找法

2. "框架施工法" 先精读关键性综述，以其为基本框架，再查找相关的参考文献，如此循环，反复利用。

3. 顺查法 按年代顺序查阅有关资料，广泛收集近 3~5 年内的文献。搜集资料总的要求是齐全、规范、可靠。

二、医学文献综述的资料整理和文稿组成

（一）资料整理

运用逻辑和统计方法对广泛收集到的资料进行筛选、鉴别、分类、归纳等处理。通过阅读文摘，浏览标题、作者、出版单位、附录文献来识别文献资料与本综述选题的相关性和可靠性，以选取具有实用意义的资料。分类的目的是将资料按内容进行归类，可从大到小逐层逐级地划分。归纳的意义是使资料内容系统化，可依时间顺序、属性等分别进行统计整理。

（二）文稿组成

这是撰写综述的中心环节，是运用技巧把经过处理的资料编撰成文的过程。一般从历史背景、目前状况、发展趋势 3 个方面加以叙述。通常分为两步走，第一步是撰写提纲，第二步是按编写的提纲将资料组织成文。如何把素材有机的组织起来，是写好综述的关键，有 3 种素材的撰写方法可供参考：

（1）以时间顺序为经，以个例事实为纬，由远而近概括介绍课题研究的发展经过和概况。

（2）以学科领域为纲，以研究成果为目的的方法适宜于撰写交叉学科、专业技术应用等方面的课题。

（3）以不同研究方向或不同层次为线，以研究单位（国家、机构或个人）、方法、结果及结论为珠，由浅入深，纵横汇合，串成一体，要注意整篇文章的完整性和连贯性，不同研究资料之间的过渡要确保自然，流畅。

三、综述常用的撰写方法

在拟定了综述的提纲后，可根据其目的与内容进行多种形式的写作。对初写者而言，建议参考下列撰写方式进行：

（一）"搭架施工法"

"搭架施工法"的基本含义就是提出问题并加以论述。该法主要用于科研论证和解决医、教、研中的难点问题。在写作中，要阐释准备研究的各种问题，并按学科的有机联系进行排列，即搭"房架"；然后将与"房架"相关的问题作为"小综述"的题目，再将经过阅读、分析及整理的文献综合成"小综述"；最终将"小综述"按学科内在规律汇集成篇。

（二）"火车接龙法"

即按年代顺序进行综述，此法是为了阐述某一学科领域或专题的发展方向。论述时，按时间先后提出学者姓名，阐明其观点，并提出撰写者本人的看法。撰写者可按历史阶段由远至近写成"小综述"，用类似"搭架施工法"，以时间顺序为基线将各"小综述"连接成文。

四、综述的基本结构

（一）题目

基本要求是能够准确清楚地表达本综述的中心思想或其主要内容。根据综述具有"时效性"的特点，建议在文题主要内容后加上"研究现状（近况）、"研究进展"、"研究现状及进展"、"重新评估"、"再评价"等。多用名词词组表达，一般不超过26个字。

（二）作者

除个别杂志的特殊规定外，一般期刊综述的作者署名同论著类文章的要求一致。

（三）前言（引言）

即综述的首段，用200字以内文字将综述的内容简明扼要地加以陈述，强调撰写的目的性及必要性。在对论述专题的历史与现状概括的基础上，提出综述主要内容的"标题"，使读者对文章内容有初步的认识，激发读者阅读全文的兴趣。前言中应包括：写作目的，有关概念的确切定义，所涉及的内容，时间范围，扼要介绍有关问题的现状与焦点，为正文撰写进行铺垫。

（四）正文

正文是综述的主体部分或称核心部分，应重点、详尽地阐述该研究对当前的影响及发展趋势，这样有助于使研究者确定研究方向，并且有利于在他人研究的基础上有所创新。

1. 组成 正文包括论证和论据两大部分，一般是先提出问题，然后围绕所提问题进行分析与论述。对于层次或观点较多的内容，可根据撰写目的，列小标题，然后在小标题下论述一个观点、一个事件或一个侧面的内容。不论以何种形式罗列和论述，都必须阐释论点双方的理论或实验依据，说明观点的来龙去脉，揭示问题的实质。对于纵向或横向资料比较可以采用必要的表格。

2. 写作方法 可因文章字数、内容、所涉及的范围及作者的写作技巧而有所不同。常用方法：

（1）按选题所属学科的内在规律分层阐述。

（2）按目前争论的焦点分别提出问题加以论述。

（3）按学科进展时间分阶段论述。

（4）按临床诊疗工作程序分述等。

3. 基本要求 每一篇综述都有其特定的专题范围和时间跨度，作者应力求将所选专题已取得的研究成果、技术水平、研究动态等展示给读者，并指出当前存在的问题和解决办法，进而作出客观的评价。评述时，要有理有据、恰如其分、全面系统，不带有个人偏见和倾向性；要实事求是地介绍各方面的论点，并深入地加以分析。其引用的资料应确切无误，论据、论证充分有力，说理充分令人信服。对不同观点、甚至相反观点，要客观如实反映。综述者本人的观点可以表明或已包涵其中，但不应占太大篇幅。不论采用何种写作方法，正文应着重论述某一专题的历史与现状，基本内容，研究方法的分析，发展趋势，各学派的主要观点和依据，争论的焦点，当前研究的新发现和主要问题，存在的薄弱环节，对未来发展前景的展望等。

（五）结束语

应将综述内容所得结论扼要陈述，结束语的内容和基本要求是：

（1）概括正文部分的主要内容，指明该学科领域当前国内外的主要研究成果，发展动向，应用价值，实际意义，目前存在的主要问题及分歧所在，今后的发展趋势和前景。对已从事某项研究多年、具有丰富经验者，最好能提出自己的见解及今后的发展方向、某一假设或新的问题，以利于开展新的课题研究。

（2）简明扼要地总结综述的主要内容，要做到重点和要点突出。

（3）一般综述是将结束语单列一项，但也可放入正文，视具体情况而定。

（六）参考文献

参考文献是综述的重要组成部分，不能省略。引用的参考文献多少是衡量综述质量和水平的一个重要尺度。参考文献是撰写综述的重要依据，为读者提供了寻找原始论文的线索，也是对原著作者劳动的尊重。

1. 参考文献引用的基本原则

（1）必须是作者亲自阅读的最新、最有价值的原著。

（2）尽量选用核心期刊发表的文献。

（3）引用一次性文献。

（4）选用权威、知名学者发表的文献。

（5）引用近 5 年，最好是近 1～3 年的文献。

（6）不能选用非公开发表的文献，避免引用或少引用教材或专业书籍中的资料。

2. 参考文献引用的格式　对于期刊、著作、会议论文集文献、专利文献等的著录格式除个别杂志有特殊要求外，目前一般均采用国际上通用的"温哥华"格式。

3. 参考文献的排列方式　常见的参考文献的排列方式有两种，一般期刊均采用第一种形式。

（1）按文章引用先后顺序编码排列，并在正文引用文献处的右上角，标示角码在（ ）或 ［ ］内。

（2）按作者姓名的首字母为序排列。

4. 参考文献的引用要求

（1）在正文内按引用顺序标出角码，并按国家标准规范列出，外文文献按原文书写，不必译成中文。

（2）个别杂志需列出中文期刊参考文献，同时列出其英文参考文献。

（3）引用参考文献的数量不限，视情况来定。国内有些期刊限于篇幅对引用文献数量有所限制，可只列出主要参考文献。

五、撰写综述时应注意的问题

在综述的撰写过程中，应注意如下问题：

（1）文题相符，内容切题：论点要科学、得当、明确和集中，论据要充分有力；论述观点时作者可有一定倾向性，但相反观点也应表述，要客观反映正反两个方面的论点。

（2）综述要全面、准确、客观，用于评论的观点、论据最好来自一次文献，尽量避免使用别人对原始文献的解释或综述。

（3）综述的内容要有理论和实践价值。

（4）综述中的语言称谓，应采用第三人称。

（5）题目不易太大，择题宜小而专，结构严谨，语言精炼，逻辑性强；翻译正确，专有名词统一、规范，缩略语首次出现时应有中文注释和英文全称。

（6）应亲自阅读原文，全面了解其内容，客观正确引用所需文献内容，避免断章取义，影响文献综述观点的准确性。

（7）正文撰写时，不能仅仅简单的将材料罗列起来，要始终保持清晰思路，内容应贴切，环环相扣，集中阐述文章的主要观点，体现文章的主题思想，应对以往研究的优点、不足和贡献进行实事求是的分析与评论。

（8）大小标题顺序适宜，配合严密，叙述时要注意逻辑性。

（9）文献综述要文字简洁，尽量避免大量引用原文，要用自己的语言把作者的观点说清楚，从原始文献中得出一般性结论。文字表达应准确、简明、通顺，避免一味的"直译"或"生搬硬套"。

（10）初稿写成后，要对每个观点、数据进行多次核对修改，并在纵观全文基础之上做必要的增删、修补，最后再进行文字润色成文。

（11）综述完成后一般应请有关的学科专家审核。

（12）国内杂志一般篇幅限制在 4000～8000 字。

综上所述，撰写综述前必须全面了解所要综述的基本内容和书写规范，只有这样，才能做到"事半功倍"，经过反复锻炼，撰写出高质量的医学文献综述。

【医疗文献综述例文】

用抗凝剂和/或抗血小板药物的患者做胃肠镜检查和治疗时的策略

曲宝戈[1]　综述，项柏康[2]　审校

（1. 山东省泰山慢性病医院　消化内科，山东　泰安　271000；

2. 浙江省中医院消化内科　浙江，杭州　310006）

摘要：本文对国外有关应用抗凝剂和/或抗血小板药物的患者做胃肠镜检查和治疗前是否需停药的文献进行复习，可为临床医师正确指导胃肠镜检查和治疗患者正确使用抗凝剂和/或抗血小板药物提供帮助。

关键词：抗凝剂；抗血小板药物；内镜

Strategy of patients taking antiplatelet agents and anticoagulants

in Gastrointestinal endoscopy Before the examination and/or treatment

QU Bao－ge[1]，XIANG Pai－kang[2]

（1. Department of Gastroenterology，Taishan Chronic Disease

Hospital of Shandong Province，Taian　271000；

2. Department of Gastroenterology，Traditional Medical Hospital，

Zhejiang Hangzhou，310006）

Abstract：The article on management of patients taking antiplatelet agents and anticoagulants in Gastrointestinal endoscopy Before the examination and/or treatment were reviewed. It is useful to the clinical physician for the patients taking antiplatelet agents and anticoagulants to doing the examination and/or treatment of gastrointestinal endoscopy.

Key words：antiplatelet agents；anticoagulants；endoscopy

抗凝剂和/或抗血小板被广泛应用于心脑血管系统疾病的预防和治疗，按照以往的习惯，为安全起见，在给患者进行胃肠镜检查和治疗前，大多数医生首先要求使用该类药物患者停药一段时间，然后才给患者进行胃肠镜检查和治疗。为了进一步了解应用抗凝剂和/或抗血小板药物患者做胃肠镜检查和治疗前是否需停药？作者查阅国内文献，目前国内尚无相关报道。现将国外有关报道总结如下：

1　应用抗凝剂患者在胃肠镜检查前是否需停药？

1.1　应用抗凝剂患者在胃肠镜检查前用药的临床研究

进行低危性内镜操作（如上消化道活检、结肠镜下活检或 ERCP 下支架置入，除外内镜下括约肌切开术）者不必调整抗凝药剂量。而对于易引起出血的高危性内镜操作（如息肉切除术、内镜下括约肌切开术、激光治疗、黏膜切除术和静脉曲张治疗）者华法令应预先停用 4 ~ 5 天[1]。另一文献指出，对使用抗凝剂期间需要进行内镜检查和治疗的患者，如果在停用抗凝剂期间有可能发生血栓栓塞并发症的高危患者（如因新近出现动、静脉血栓栓塞和更换机械瓣膜需抗凝者），应缩短停用抗凝剂的时间，以便降低血栓栓塞并发症的发生机会。低分子肝素作为某些具有血栓栓塞高危倾向的内镜操作者的一种过渡性治疗措施，能避免患者不必要的住院治疗，是处理高危患者的一种有吸引力的策略[2]。一篇纳入 815 例接受 ERCP 治疗患者分为接受肝素治疗组 268 例和未接受肝素组 547 例，研究发现两组共发生急性胰腺炎 52 例（6.4%）。接受肝素治疗组患者急性胰腺炎发生率明显低于未接受肝素组（3.4% 对 7.9%，$P = 0.005$）。肝素组出血发生率为 1.1%（共发生出血 3 例，其中严重出血 2 例，无一例出现致命性出血），非肝素组为 2.0%（共发生出血 11 例，其中严重出血 3 例，致命性出血 2 例）。认为肝素能明显降低 ERCP 后急性胰腺炎的发生，但并未明显增加出血机会[3]。对 438 例进行内镜下括约肌切开术患者分析发现，使用低剂量的抗凝剂既不增加内镜操作时出血的机会也不增加出血的严重性，内镜下括约肌切开术前应用低剂量的抗凝剂能明显降低急性胰腺炎的发生危险[4]。两个研究所对 20，636 例接受结肠息肉切除术的患者调查发现，息肉切除术后发生严重出血 101 例。排除先前使用抗凝剂 20 例患者，以剩下 81 例患者作为研究对象，并以与其相匹配 81 例患者作为对照组。结果：出血组息肉切除术前使用阿司匹林为 40%，对照组为 33%。两组之间息肉切除术前应用阿司匹林与出血之间对比无明显统计学相关性[5]。因此在服用抗凝剂患者中进行低危性内镜操作时可继续安全的服用抗凝剂，而无须停药。

1.2　应用抗凝剂患者在胃肠镜检查前用药的建议[6]

1.2.1　应用低分子肝素患者急性胃肠出血的处理 继续给予全身抗凝治疗要面对持续出血的危险。做内镜检查和治疗前决定要停药就必须要承担不利的缺血事件或血栓栓塞的风险，因此需要个体化调整低分子肝素。由于低分子肝素半衰期短，其抗凝作用在停药后 8 小时消失。如果需要快速逆转其作用，可静脉给予硫酸鱼精蛋白。但应注意硫酸鱼精蛋白可能引起低血压和过敏反应。内镜检查时低分子肝素的管理，见附表1。

附表1　内镜检查和治疗时低分子肝素的管理

操作危险性分级	建议
高危	检查前至少停药8小时
低危	不需改变原治疗方案

1.2.2　应用低分子肝素患者选择性内镜检查的危险性分级，见附表2。

附表2　内镜检查和治疗危险性分级

高危险性操作	低危险性操作
息肉切除术	诊断
括约肌切开术	EGD ± 活检
气囊或探针扩张术	括约肌成型术 ± 活检
PEG 放置术	结肠镜 ± 活检
EUS 引导下的 FNA	不进行括约肌切开的 ERCP
激光消融和凝固术	不进行括约肌切开的胆管/胰管支架置入术
静脉曲张治疗	不进行 FNA 的 EUS Enteroscopy

1.2.3　服用华法林患者进行选择性内镜检查和治疗时需要进行过渡性治疗　当应用长作用的华法林需要停药时应用低分子肝素可有效维持华法令的全身抗凝作用。在高危患者中可用低分子肝素代替先前的标准"肝素窗口"。理由是与住院基础上的"肝素窗口"相比，使用低分子肝素能提高患者的生活质量（即不需进行治疗检测、不需住院、不需静脉给药），同时能节省门诊患者的开支。但低分子肝素不能应用于已进行过机械心瓣膜修复术的妊娠患者。在机械心瓣膜修复术的非妊娠患者中短期应用是安全的，但缺乏前瞻性的研究。

（1）低危性内镜操作时的用药原则　尽管有潜在情况可能发生，但无需调整所用的抗凝药。

（2）高危性内镜操作时的用药原则　检查前停用3～5天华法令，同时开始给予低分子肝素进行过渡性治疗。如治疗急性DVT，可给予依诺肝素钠1mg/kg，每12小时皮下注射一次。进行治疗性操作前至少应停用低分子肝素8h。当决定重新开始治疗时，应遵循个体化的用药原则。

2　应用抗血小板药物患者在胃肠镜检查前是否需停药？

2.1　应用抗血小板药物患者在胃肠镜检查前用药的临床研究

抗血小板药物对胃肠黏膜损伤的临床研究得出的结论不一致。一项对40例健康志愿者使用不同剂量的阿司匹林进行随机双盲研究发现，使用常规剂量的阿司匹林预防心血管疾病一般不引起明显胃或十二指肠黏膜损害，低剂量阿司匹林也不引起明显溃疡及大便潜血阳性[7]。但亦有研究认为服用阿司匹林可使食管损害加重[8]。另一研究将47例接受常规胃肠镜检查的非出血性脑梗死或TIA患者随机分为：接受肠溶阿司匹林（n＝25）或普通阿司匹林（n＝22）（150 mg/d），并以47例未接受阿司匹林的出血性梗塞患者作为对照。接受阿司匹林组有黏膜损害28例（60%），以胃黏膜损害为最常见（32%），其次为胃和十二指肠（23%）。服药后8周胃黏膜损害出现机会（19%）明显低于用药后2周（53%）和4周（55%），$P < 0.05$。服用肠溶阿司匹林与普通阿司匹林引起黏膜损害机会相近（56%和63.6%）。绝大多数应用肠溶或普通剂型的低剂量阿司匹林患者都可能发生胃十二指肠黏膜损伤。治疗8周后出现黏膜损伤机会降低[9]。而对694例接受上消化道内镜、结肠镜活检或息肉摘除术研究发现，总共发生出血32例，其中服用非甾体类抗炎药320例患者中发生轻度自限性出血20例（6.3%），对照组374例患者中发生轻度自限性出血8例（2.1%）（$P = 0.009$）。两组患者因发生严重出血而需要住院或治疗各2例，均为结肠息肉切除患者，出血风险与息肉大小有关，而与NSAID使用无关。内镜活检或息肉摘除术后严重出血风险发生率低（＜1%）。尽管应用NSAID增加微小自限性出血发生机会，但严重出血机会并未明显增加[10]，因此认为在内镜操作时不必停用所用的常规剂量阿司匹林或非甾体类抗炎药。但无足够资料支持推荐应用新的抗血小板药如噻氯匹啶（ticlopidine）或氯吡格雷（clopidogrel），但为慎重起见有文献主张在进行高危性操作前7～10天停用上述药物[1]。为了进一步了解胃肠镜检查前医生对阿司匹林或非甾体类药物应用情况，有人对3300名美国胃肠学会会员进行了关于胃肠镜检查前是否停用阿司匹林或非甾体类药物问卷调查。发现因进行肠镜（81%）和ERCP（79%）检查而停用阿司匹林或非甾体类抗炎药的患者明显多于胃镜检查者（51%）（$P < 0.001$）。检查前10天或10天以下停药者为90%。进行食管胃十二指肠和结肠冷活检（cold biopsies）（分别为88%和85%,）或热活检（分别为77%和69%）患者明显多于不停用阿司匹林和非甾体类药物完成的括约肌切开术者（20%），P均< 0.001。有抗凝指征的患者，做上消化道内镜检查前停用华法令者为51%～60%。做肠镜前停药者为71%～82%。使用"肝素窗口期"的医师为26%～51%。所有医生在诊断内镜完成后即刻、治疗内镜后7天或以内立刻重新开始应用华法林。因此围内镜检查和治疗期阿司匹林、非甾体类药和抗凝药的管理有广阔的空间[11]。

2.2 应用抗血小板药物患者在胃肠镜检查前是否需停药的建议[6]

根据抗血小板药物的药理及作用特点，提出如下建议：

2.2.1 应用噻氯匹啶或氯吡格雷患者出现急性胃肠出血 应停用噻氯匹啶或氯吡格雷。如果决定逆转抗血小板作用，就要有可能出现缺血后果。如果要继续保持抗血小板聚集作用，就要冒持续出血的危险。如果要快速逆转出血可输注血小板。

2.2.2 应用噻氯匹啶或氯吡格雷患者选择性内镜操作 考虑在内镜操作前停药，就要冒不良缺血事件发生，如冠脉支架堵塞等危险。

（1）低危操作时的用药原则 无需调整所用的抗血小板药物。

（2）高危操作时的用药原则 是否需要停用仍不能确定。如果要停药，应在内镜检查前7～10天停药。因它起效慢，所以在内镜检查后应立刻重新用药。选择性内镜检查前联合应用氯吡格雷和阿司匹林者，可考虑改用单一药物（尤其是阿司匹林）。

2.2.3 应用双嘧达莫（dipyridamole）患者 无出血倾向者，在应用常量双嘧达莫或阿司匹林时，可以进行内镜操作。但在高危性操作中安全性尚不清楚。

2.2.4　应用 GPIIb/IIIa 抑制剂患者　考虑要进行选择性内镜检查患者不能应用该类药物。如因急性胃肠出血需急诊内镜时应停用该药。Eptifibatide 和替罗非班（tirofiban）的作用时间相对较短，大约为 4h。而阿昔单抗（abciximab）作用时间可持续 24h。严重出血时可通过输注血小板或使用去氨加压素（desmopressin，DDAVP）加以解决。

2.2.5　内镜检查时抗血小板药物的管理，附表 3

附表 3　内镜检查时抗血小板药物的管理

操作危险性分级	建议
高危	检查前停药 7～10 天
低危	不需改变原治疗方案
患者联合应用氯吡格雷和阿司匹林增加出血危险	
应用噻氯匹啶或氯吡格雷引起胃肠出血者在输注血小板时应个体化	
个体化调整噻氯匹啶或氯吡格雷	

3　结论

A 为前瞻性对照研究；B 为观察研究；C 为专家观点

- 低分子肝素和非甾体类抗炎药可有效的预防和治疗血栓栓塞性疾病（A）。
- 低分子肝素和非甾体类抗炎药增加出血危险（除外双嘧达莫）（A）；急性胃肠出血时应停药（C）。
- 内镜操作前决定停药时应权衡出血和血栓栓塞的风险（C）。
- 低危性内镜操作不必停药（C）。
- 高危性内镜操作前应停用低分子肝素至少 8h（C）。
- 关于内镜操作前是否停用噻氯匹啶或氯吡格雷尚无定论。但如要停药，应至少停药 7～10 天（C）。
- 双嘧达莫可以继续应用（C）。
- 内镜操作前使用华法令抗凝治疗无法安全停药时可用低分子肝素作为过渡性治疗（C）。
- 低分子肝素不能用于已进行过机械心瓣膜修复术的妊娠患者（B）。
- 低分子肝素能短期安全的用于已进行过机械心瓣膜修复术的非妊娠患者（B）；但尚缺乏前瞻性的对照研究。

参考文献

1　Hittlet A，Deviere J. Management of anticoagulants before and after endoscopy［J］. J Gastroenterol，2003，17（5）：329－332.

2　Raj G，Morales C. Management of Anticoagulation for Gastrointestinal Endoscopic Procedures［J］. Curr Treat Options Gastroenterol，2001，4（6）：459－466.

3　Rabenstein T，Roggenbuck S，Framke B，et al. Complications of endoscopic sphincterotomy：can heparin prevent acute pancreatitis after ERCP［J］? Gastrointest Endosc，2002，55（4）：476－483.

4 Rabenstein T, Schneider HT, Bulling D, et al. Analysis of the risk factors associated with endoscopic sphincterotomy techniques: preliminary results of a prospective study, with emphasis on the reduced risk of acute pancreatitis with low – dose anticoagulation treatment [J]. Endoscopy, 2000, 32 (1): 10 – 19.

5 Yousfi M, Gostout CJ, Baron TH, et al. Postpolypectomy lower gastrointestinal bleeding: potential role of aspirin [J]. Am J Gastroenterol, 2004, 99 (9): 1785 – 1789.

6 Zuckerman MJ, Hirota WK, Adler DG, et al. ASGE guideline: the management of low – molecular – weight heparin and nonaspirin antiplatelet agents for endoscopic procedures [J]. GastrointestEndosc, 2005, 61 (2): 189 – 194.

7 Greenberg PD, Cello JP, Rockey DC. Relationship of low – dose aspirin to GI injury and occult bleeding: a pilot study [J]. Gastrointest Endosc, 1999, 50 (5): 618 – 622.

8 Taha AS, Angerson WJ, Morran CG. Correlation between erosive oesophageal and gastro – duodenal diseases. the influence of aspirin, simple analgesics, and Helicobacter pylori [J]. Eur J Gastroenterol Hepatol, 2002, 14 (12): 1313 – 1317.

9 Chowdhury A, Ganguly G, Chowdhury D, et al. Gastro – duodenal mucosal changes associated with low – dose aspirin therapy: a prospective, endoscopic study [J]. Indian J Gastroenterol, 2001, 20 (6): 227 – 229.

10 Shiffman ML, Farrel MT, Yee YS. Risk of bleeding after endoscopic biopsy or polypectomy in patients taking aspirin or other NSAIDS. Gastrointest Endosc, 1994, 40 (4): 458 – 462.

11 Kadakia SC, Angueira CE, Ward JA, et al. Gastrointestinal endoscopy in patients taking antiplatelet agents and anticoagulants: survey of ASGE members. American Society for Gastrointestinal Endoscopy [J]. Gastrointest Endosc, 1996, 44 (3): 309 – 316.

（摘自中国内镜杂志2006，12（2）：1273 – 1275）

【简析】该例文针对服用抗凝剂和/或抗血小板药物进行胃肠镜检查前是否需要停药这一临床实践中经常碰到的问题，复习国外有关抗凝剂和/或抗血小板药物在胃镜检查前临床应用的相关报道，采用"综"与"述"写作方法，分层次进行归纳总结，提出抗凝剂和/或抗血小板药物进行胃镜检查前是否停药的建议，对临床实践具有一定的指导意义。

【护理文献综述例文】

大量输血患者并发出血的护理进展

王硕 王欣然 韩斌如

（北京市首都医科大学宣武医院普外ICU）

【关键词】 大量输血；出血；护理

【Key words】 Massive blood transfusion; Hemorrhage; Nursing care

大量输血的含义一般指12h（也指24h）内输血量大于或等于患者的总血容量；一次连续输血超过患者血容量的1.5倍；短时期输入库血达循环血量的3/4，或者在24h

内输入的血量超过 5000～7000ml；亦有指在 6～8h 内输入相当于患者全血容量的血[1]。但大量输血会出现不同于常规输血的特殊情况，出血就是一种严重的并发症。有研究表明：大量输血超过 2500ml 可能具有出血倾向，超过 5000ml 时约 1/3 的患者有出血倾向，达 7000ml 时则会发生出血[1]。现将大量输血并发出血的原因及护理综述如下。

1 大量输血并发出血的原因

1.1 血液成分功能缺失

1.1.1 红细胞保存损害：血液离开人体就开始发生变化，这些变化统称为"保存损害"，损害程度与温度、时间、保存液种类和保存容器等因素有关[2]。红细胞的液状保存，即在弱酸性（pH 5～6）状态低温保存（4℃～6℃），即使血液液状保存温度降至最佳水平 0℃，血液的代谢仍在低水平上进行，即保存损害作用仍在持续[3,4]。有研究证明，血液在保存过程中红细胞膜磷脂有丢失现象，最终导致细胞老化死亡[5]。库血中血细胞部分被破坏后释放促凝物质，消耗凝血成分，激活纤溶系统，产生继发纤溶[6]。也有资料证实，随库血保存时间的延长，会对全血黏度、红细胞变形性及聚集性产生重要影响。特别是红细胞聚集性是维持凝血功能的重要因素之一，其在保存第 3 周出现显著变化，所以从红细胞流变学特性上看，库血在保存 2 周内使用较好[7]。

1.1.2 稀释性血小板减少及血小板功能异常：大量输血并发出血与稀释性血小板减少有关。由于库血的血小板存活指数降低，库存 3h 后，血小板存活指数仅为正常的 60%，24h 及 48h 后，分别降为 12% 和 2%。因此大量输入无活性血小板的血液后，可导致稀释性血小板减少症[1]。单纯大量输入红细胞也可导致稀释性血小板减少，特别是超过 2000ml 时，必须高度警惕[8]。但是根据换血疗法的稀释规律，当换血量为 1、2、3 个血容量时，自体血残留量分别为 37%、15% 和 5%。当输血量为 1 个血容量时，血小板和凝血因子的功能活性通常足够止血。1 个成人所接受的输血量达到自身血容量的 1.5～2 倍时，才可能因为单纯稀释性血小板减少而导致微血管出血[9]。

血小板功能异常是导致出血更为重要的因素。造成血小板功能异常的主要因素是血液保存时间及温度。随保存期的延长，变化最为显著的是血小板[3,4]。如保存超过 24h，血小板损伤明显，不能输用；低于 20℃ 的温度都会对血小板造成不可逆的形态和功能损伤；若将其保存在（4±2）℃，8h 后血小板会发生不可逆转的聚集和破坏[10]。37℃ 左右，2h 后血小板计数结果也有显著性变化，下降率为 26.6%，3h 后差异有高度显著性，下降率为 41%[11]。

另外，随着输注量及输注次数的增加，血小板抗体产生机会和输注无效的几率在增加[12]。文献报道，反复输血的患者血小板抗体阳性率为 31%～63%[13]。多次输注血小板的患者血小板相关抗体阳性率为 47.4%，且随输注次数的增多而升高[14]。因此，最好能够在临床发现患者血小板输注无效，而因治疗仍需输注时，检测血小板抗体，对相关抗体阳性者再进行血小板交叉配血试验，有针对性地解决免疫因素导致的血小板输注无效问题[15]。

1.1.3 稀释性凝血障碍 虽然在贮存血液中凝血因子也在减少，尤其是 V、Ⅷ 因子在储存 21d 后下降至正常的 20%～50%，且大部分Ⅷ因子是在最初 24h 内消失的[1]。然而许多研究表明，大量输血后凝血因子水平与出血无明显的相关性，由于凝血因子水平降低引起的出血比稀释性血小板减少引起的出血更为少见。因为凝血因子水平只需要达到正常值的25%[16]，Ⅴ和Ⅷ因子活性水平仅为5%[9]即可止血。同时，不能忽视获得性凝血因子抑制物的存在，其他属于免疫球蛋白的IgG抗体可中和某个凝血因子的凝血活性，影响凝血反应。获得性凝血因子抑制物多见于育龄妇女及老年患者，需结合免疫抑制治疗[17]。待到免疫抑制剂起效，凝血因子抑制物控制后，凝血因子水平才能明显上升[18]。

1.2 枸橼酸钠输入过多 库血中加入枸橼酸钠可使毛细血管张力降低，降低血液中Ca^{2+}浓度，抑制凝血[1]。肝脏功能正常的患者用枸橼酸钠抗凝是非常安全有效的[19]。大多数体温正常且没有发生休克的成年人，能够承受每5min输注1U的红细胞（或20U/h）而无需补充钙[20]；或者每输1000ml全血补充10%葡萄糖酸钙10ml[16]。但严重低氧血症时，枸橼酸钠不能被代谢为碳酸氢根，会出现酸中毒逐步加重和血清离子钙逐步降低，即使增加碱基及钙剂的补充量，仍无法纠正凝血障碍[19]。

1.3 低体温 大量输血时，导致凝血障碍最常见而又经常被忽略的原因是低体温。当患者深部体温低于35℃时即会出现凝血障碍[9]。大量快速输入冷库血，患者体温可降低3~4℃[21]，但此时血小板计数、各种凝血因子活性及凝血酶原时间（PT）、活化部分凝血活酶时间（APTT）都在正常范围，这是因为检验室进行这些检测时的温度条件是37℃[9]，这一点需引起临床高度重视。

2 大量输血并发出血的预防和护理

2.1 动态评估、严密监测

大量输血前，护士应详细了解受血者的病情、伤情、重要脏器的功能状态，作好配血工作。输血前后及输血过程中都要密切观察，监测心率、血压、呼吸、肺音、体温、颈静脉充盈情况，最好能监测中心静脉压的变化，并有专人监护[22]。严密注意有无出血倾向，密切观察伤口及引流情况，腹腔脏器损伤的患者每小时测量腹围，详细记录出血部位、范围、数量及时间[8]。观察患者皮肤颜色，有无瘀斑、红点等皮下出血情况[22]。准确留取化验标本，监测血小板计数、凝血时间、纤维蛋白原、凝血酶原时间（PT）、活化部分凝血活酶时间（APTT）、3P试验（血浆硫酸付鱼精蛋白试验）、优球蛋白溶解时间、纤维蛋白原降解产物、D-二聚体等[1]。动态评价血气分析各项指标及Ca^{2+}水平[19]。大量输血时，应持续测定直肠温度，勿使体温低于30℃[1]。也有报道提出每隔10min监测体温[22]，可使用监护仪持续监测。

2.2 确立合理输血方案

大量输血时，应根据患者的具体情况和预计输血量进行个体化处理。由于大量输血一旦并发出血，死亡率很高，所以仍主张预防性搭配输注，即每输10~12单位红细胞，搭配2单位新鲜冰冻血浆（FFP）和8单位血小板[9]。新鲜血一般指采血后7d内的血，临床常用的枸橼酸葡萄糖溶液（ACD）血采集后48h内应用，才可视为真正的新鲜血[1]。补充血小板，保存12h内的血可视为新鲜血；补充凝血因子，保存24h内的血亦可视为新鲜血。也有人认为，向患者提供保存3~7d的血比较符合临床要求，也容易获得[6]。如果已经发生微血管出血，血小板计数低于$50×10^9/L$，提示需要输注血小板[16]，输注后受者血小板计数应达（70~100）$×10^9/L$，才有可能免于再出血[21]。

2.3　正确应用输血方法

2.3.1　红细胞制剂输入：在常规下输注 1 个单位红细胞时间最长不超过 4h，洗涤及冷冻的红细胞必须在制备后 6h 内输用。在输注浓缩红细胞悬液前，须将血袋轻轻地反复颠倒数次，使结构紧密的红细胞充分混匀，也可注入 50～100ml 生理盐水稀释，以利于输入[23]。红细胞稀释后，在 24h 内输注完毕，不宜再保存。禁止向血袋内加入任何药物，特别是钙剂；也不许用葡萄糖、葡萄糖盐水液、林格氏液稀释，以免红细胞变性、凝集、溶血[24]。

2.3.2　FFP 输入：FFP 必须在 35℃～37℃水中快速融化，并不断地轻轻摇动血袋，直至完全融化（此过程常由血库执行）。肉眼检查 FFP 为淡黄色的半透明溶液，如发现颜色异常或有凝块，不能输注[24]。融化后应尽快输注，使用带滤网的输血器，输入速度 5～10ml/min，一次输完，不可放在大于 10℃环境中超过 2h；不可再冰冻保存，如未能及时输注，可在 4℃下暂时保存不超过 24h[23]。

2.3.3　浓缩血小板及机采血小板输入：刚制成的血小板轻轻摇动时呈现云雾状，必须先放在 20～24℃环境下静置 1h，待自然解聚后输注。如发现血小板凝块，可用手指轻捏，使其成均匀悬液后方可输入。输血前轻轻摇动血袋，使血小板悬起，切忌粗鲁摇动[24]。任何时候都不允许剧烈震荡，以免人为引起血小板破坏[25]。血小板保存在 (22±2)℃为宜，其功能随保存时间延长而降低，故应尽快用输血滤器，在血小板融化后 1.5h 内输注完毕[10]。输注速度要快，80～100 滴/min，在输注过程中护士不能离开患者，应随时进行观察及护理。因故未能及时输注的血小板，只能在室温下暂时存放，每隔 10～15min 轻轻摇动血袋。应放置在血库 22℃振荡器上水平震荡保存，震动频率60 次/min[25]，时间最长不能超过 12h，绝不能放在 4℃冰箱中保存[23]。根据卫生部"血站基本标准（2004）448 号"规定，血小板 pH 值在 6.2～7.4 为宜[26]。有研究显示，向新鲜血小板及保存血小板体系中加入乳酸后，血小板的损伤明显加重。如果新鲜血小板体系中 pH 低于 6.3，将导致血小板不可逆的损伤[27]。因此，应避免血小板与酸性液混合输入。

2.3.4　其他：大量输入库血应用孔径为 25～40μm 的过滤器，以除去血细胞碎屑、微聚物及微小凝块[1]。

2.4　重视复温护理

快速、大量输血时，应将库血加温。可将输血管通过 38℃～42℃温水，使血加温至 37℃左右再进入受者血循环内[1]。也可将血袋置于 35℃～38℃水浴中，轻轻摇动，并不断测试水温，15min 左右取出备用。加温的血液控制在 32℃～35℃，水温低于38℃[6]。有研究显示，血液在 37℃～38℃温水中加热 10min，红细胞内开始出现颗粒状物质；在 60℃～61℃水浴中加热 10～30min，红细胞便开始变形，发生溶血。这说明60℃～61℃为影响红细胞完整性的极限温度，37℃～38℃水浴加温后输血比较安全可靠[25]。有条件可使用大流量血液加温器，并避免室温过低[9]。还可以在患者的头部、大血管、肢体的输血静脉等处，用热水袋垫敷料局部加温，但应密切注意水袋温度，防止烫伤患者肢体。此外，还可使用加热的气体，通过包裹后的婴幼儿的头部和四肢，改善其低体温的状况。但这些方法在严重的低体温时并不奏效，有时需要通过体外循环或心肺旁路进行动静脉加温。最近有研究将传统的外部加温技术和体外血液加温技术进行比较后发现，后者在低体温创伤患者的体温恢复过程中效果更好[16]。

3 小结

大量输血引起的微血管出血会使患者原本危重的病情变得更加错综复杂，应引起护士高度重视。关于如何合理应用成分输血，采用个体化治疗提高临床输血的针对性；如何科学地补充凝血因子；以及使用枸橼酸钠为肝功能损害患者进行抗凝的安全性等，有待进一步的研究。综上所述，熟悉大量输血并发出血的诱因，掌握血液制品的保存与输入的科学方法，加强输血过程监护，是预防、控制大量输血并发症，提高救治成功率的有效途径。

致谢　感谢北京护理学会重症监护委员会帮助指导。

参考文献

1　张素芬．大量输血并发症及其处理．中国实用内科杂志，1999，19（7）：297.

2　杜静平，裴兆辉，马奎力，等．不同温度及时间对液状保存血液质量的影响．中国应用生理学杂志，2002，18（2）：186－188.

3　Smith JF，NessPM，MoroffG，et a. l Rertention of coagulation factors in plasma frozen after extended holding at1 −6℃. Vox Sang，2000，78（1）：28－30.

4　WeillEM，Neill EM，Rowley J，et a. l Effect of 24 hourwhole－bloodstorage on plasma clotting factors. Transfusion，1999，39（5）：488－492.

5　杜静平，邢天荣，马奎力，等．不同温度及时间对保存血液有效期和质量的影响．中国应用生理学杂志，2002，18（4）：362－364.

6　任宪玲．大量输血的并发症及处理体会．中国热带医学，2004，4（4）：600－601.

7　滕本秀，王竹筠．库存血红细胞流变特性的变化．临床与输血检验，2000，2（4）：11－12.

8　吴惠平．急性失血患者单纯输注红细胞后凝血功能障碍的原因分析及护理．中华护理杂志，2004，39（10）：749－751.

9　赵绥民．大量输血时病理性出血的原因．中国输血杂志，2001，14（增刊）：3－4.

10　张紫绵，贾存荣．血小板的保存、发放与护理．河北医药，2003，25（9）：607.

11　程小林．时间、温度差对血小板计数检测影响的分析．中国煤炭工业医学杂志，2003，6（3）：972.

12　沈溪英，孙德英，李华，等．输注血小板后血小板抗体检出率与输注反应的关系．上海医学检验杂志，1997，12（1）：17.

13　张工梁．白细胞血型与输血反应．中国输血杂志，1998，1（3）：144.

14　刘达庄，陆萍，王健莲，等．血小板同种抗体与输血效果．中国输血杂志，1993，6（2）：76.

15　闫东河，李廷孝，孙福廷，等. 反复输血者血小板抗体对血小板输注效果的影响. 中国输血杂志，2003，16（1）：7 - 8.

16　聂咏梅，李志强，徐文皓. 大量输血时可能出现的代谢问题. 中国输血杂志，2003，16（5）：371 - 374.

17　周振海，原耀光，李娟，等. 获得性凝血因子抑制物的输血治疗. 中国输血杂志，2004，17（4）：259 - 260.

18　丁培芳，王潍，申法奎，等. 获得性凝血因子Ⅷ缺乏10例. 山东医科大学学报，2001，39（5）：478.

19　龚德华，季大玺，徐斌，等. 枸橼酸钠抗凝在重危患者连续性血液净化治疗中的应用. 中华内科杂志，2003，42（2）：121 - 122.

20　BuchholzDH, Borgia JF, WardM. Comparison ofAdsolandCPDAL blood preservatives during simulated massive resuscitation after he morrhage in swine. Transfusion，1999，39（9）：998.

21　陈治平. 出血、凝血与止血（5）———外科输血. 外科理论与实践，2000，5（2）：附17 - 20.

22　马士英，许晴华. 大量输血的并发症与护理. 中华中西医杂志，2003，7，4（13）：1 - 2.

23　田建衡，方咏梅. 成分输血的临床护理. 实用临床医学，2002，3（5）：117.

24　朱小红. 成分输血的技术及护理要点. 中国实用护理杂志，2004，20（6）：46.

25　耿淑琴，孙颖，郝美璞，等. 库血加热对红细胞完整性的影响. 中华护理杂志，1997，32（10）：573 - 574.

26　费小英，陆关珍. 血小板输注无效的原因及其护理对策. 护理研究，2003，17（2）：130 - 131.

27　BertohniF, PorrettiL, LanuriE, eta. l Role of lactate in plateletstorage lesion. Vox Sang，1993，63：194.

（摘自中华护理杂志，2006，41（2）：167～169）

【简析】该例文是一篇关于大量输血患者并发出血的护理进展的综述性文章，对大量输血并发出血的原因及其预防和护理采用小标题形式进行综述，提出自己的见解。论点明确、证据充足、书写规范，实用性强，具有很重要的临床指导价值。

第六节　医学写作中常见的问题

1. 科研设计的选题与立题中存在的问题

（1）标题太长，主题不突出。

（2）标题与内容不符，或题目太大而内容贫乏。

（3）标题单调，主题不明确。

2. "构成比"与"率"的问题

在医学文献写作中有些作者对患病率、发病率、死亡率、感染率等概念不清，造成错把"构成比"当作"率"。

3. 研究中对照设立存在的问题

（1）疗效评价不设对照组 有比较才能有鉴别，医学研究结果如无恰当的对照比较，就难以得出可靠的结论。

（2）即使有了对照组，若两者之间没有可比性，同样不能得出确切的结论。因此对照组与实验组一定要在性别、年龄、病情、病期、病型、部位、疗程等条件大致相同的情况下，才有可比性，得到的结果才有科学价值。

4. 没有遵守双盲随机对照的原则

（1）病例资料经过有意无意的挑选。

（2）有些论文，对所谓"资料不全"、"疗程未满"、"未随访到"的病例剔除不计，人为放大了治疗效果，影响了结果的科学性。

（3）有的学者甚至对一些数据，主观臆断地以某种原因为理由加以剔除，使研究结果失真，得出了不可靠的结论。

5. 考核的方法和考核的指标不够科学

（1）无明确的客观指标、仅凭患者主诉进行考核。

（2）观察、研究人员的主观偏面性。

（3）考核标准过低。

（4）数据未经统计学处理。

（5）考核方法不够科学。

（6）统计学方法选用不当，造成统计误差。

第七节 医学写作中容易出现的错别字、错用词和不规范术语

一、医学写作中容易出现的错别字字意辨析

1. 辨、辩 辨有分别、分析的意思，如辨证论治，分辨是非。辩字中间是言字，指说明是非，如辩论、辩解。

2. 戴、带 一般把东西放在头、面、胸、臂等处用戴，如戴眼镜，戴红花，戴手表。带指随身拿着，如带干粮、带行李。

3. 叠、迭 二字音同，义不同。叠指一层加上一层，如重叠、叠加。迭指轮流、屡次，如更迭、迭次。常见错误是：把"重叠"写成"重迭"。

4. 副、付 医学写作中副字常用于第二的、次级的，如副主任、副作用；此外还可作量词，如一副手套。付有交给的意思，如付款、付诸实施。常见错误是：该用"副"字的却用了"付"字。

5. 候、侯 二字形似，音近。候音 hòu，如气候、症候、问候等。侯音 hóu，笔划少一竖，如侯爵、侯姓，并由其进一步构字如喉、猴等。

6. 急、亟、极 急与亟都有紧迫的意思，但用法不同。急在句中多作定语或谓语，如急病、急件、紧急。而亟字在句中多作状语，如亟待纠正、亟须解决。极则形容顶点、顶端，如极限、妙极。

7. 己、已、巳 这三字形体极为相似，不注意很容易混淆。己音 jǐ，如自己、己见，用它进一步构字如杞、纪、记、忌等。已音 yǐ，如已经、而已。巳音 sì，如巳时（指上午 9～11 时），用它进一步构字如祀、异、导等。

8. 棘、辣 棘即刺，棘手比喻事情难办。辣除了指味道外，还比喻凶狠、刻毒，如辣手汉。常见的错误是：将事情不好办写成很"辣手"。

9. 简、减 简有使简单的意思，如简化、精简。减则指由原来数量去掉一部分，如减少、删减。常见错误是：把"精简"写成"精减"。

10. 蓝、篮、兰 三字音同，义不同。蓝指颜色，或作姓氏，如蓝天、蓝姓。篮从竹字头，指用竹、藤之类编成的容器，如篮子。兰为花草名，也作姓氏，如兰花、兰姓。

11. 羸、赢、嬴 三字形似，但音、义却不同。羸音 léi，形容瘦弱，如羸弱。赢音 yíng，指得胜或有余，如输赢、赢余。嬴音 yíng，通"盈"，有满的意思，也作姓氏。

12. 盲、肓 盲从目部，指眼睛看不见，如雀盲、盲人。肓从月（肉）部，指心膈之间，如病入膏肓。

13. 凉、晾 凉指放一会儿使温度降低，晾指在太阳下晒或置通风处使干，所以在室温下让标本干燥应用"晾干"，而不宜用"凉干"。

14. 末、未 二字形体很相似，不注意很容易写错。末字的两横上长下短，指东西的梢，或不重要的事，如末梢、粉末、本末，由其进一步构字如抹、沫、茉等。未字的两横上短下长，有不或没的意思，如未必、未便、未来，由其进一步构字如味、妹、昧等。

15. 岐、歧 二字形似，音同。岐是山名，《黄帝内经》中的岐伯用此字，所以研习岐黄应用"岐"字。歧指岔道或不相同，如歧途、歧义、歧视。

16. 搔、瘙 搔从手旁，指抓痒的动作，如搔痒、搔挠。瘙字从病壳，指皮肤痒的症状，如浑身瘙痒。

17. 祟、崇 二字形体很相似，但字义相去甚远。祟从示部，指祸害或行动不光明，如作祟、鬼鬼祟祟。崇从山部，表示尊重或高的意思，如崇高、崇山峻岭。

18. 意、义 二字音同、义近，都有"意思"的含义，常联合使用。当需单独应用时，常感到难以区分，若分析其构字后，可能就不难了。意从心部，指主观的思想、心愿等，如意见、心意、旨意、意料。义指事物本身所含的内容，如含义、字义、歧义。常见的错误是：该用"义"字时常用了"意"字。

19. 戊、戍、戌、戎 四字形似，但音、义不同。戊音 wù，天干第五位，又作顺序第五。戍音 shù，守卫的意思，如卫戍。戌音 xū，地支第十一位，如戌时（指下午 7～9时）。戎音 róng，指军队，如从戎、戎装。

20. 线、限 二字都指边缘交界的地方。但限字还含有不许逾越的意思，所以"上线"与"上限","界线"与"界限"意义有区别。

21. 圆、园 圆形容像球一样的形状，如圆形，圆满。园指种植物或供人活动的地方，如菜园、公园。常见的错误是：将"圆形"写成"园形"。

22. 躁、燥 躁从足旁，表示人的举动，如躁动、烦躁、戒骄戒躁。燥从火旁，指干燥、燥热。

23. 症、证 二字都可指疾病的状态。症字应用较广，可用于中医或西医对疾病状态的描述，如症状、症候。证字只在中医术语中用，如证候、虚证、血瘀证。

24. 振、震 振指一般的搅动，如振动试管，振幅。震指迅速或剧烈的颤动，如地震、震惊。

25. 脂、酯 脂是油脂的统称，而酯专指有机化合物一类，是脂肪的主要成分，所以甘油三酯等有机化合物不应写成"甘油三脂"。

26. 坠、堕 坠音 zhuì，指落下或往下沉，如坠地、坠落。堕音 duò，多指思想行为变坏，如堕落，医用：堕胎。

二、医学写作中容易出现的错用词词意辨析

1. "暴发"与"爆发" 二者都有突然发生、发作的意思，但使用范围有所不同，"暴发"主要是指流行性疾病、洪水等，如南方暴发"甲流"新疫情。另外，"暴发"还可以指人突然发财或得势，如暴发户。"爆发"所指的对象可分为三类：一是自然现象，如火山爆发；二是个人情绪；三是社会运动、政治变故、战争等。

2. "报告"与"报道" "报告"：一是指把事情或意见正式告诉上级或群众；二是指用口头或书面的形式向上级或群众所做的正式陈述。如"××病监测（调查）结果（工作）报告。""报道"：一是指通过报纸、杂志、广播或其他形式把新闻告诉群众；二是指用书面或广播形式发表的新闻稿。如"×××等报道了维生素 E（VE）缺乏可加重小鼠的柯萨奇病毒感染。"

3. "必须"与"必需" "必须"：表示事理上和情理上的必要；加强命令性语气。如"外环境低硒这样的水土因素，必须通过膳食途径才能作用于人体。""必需"：表示一定要有的，不可缺少的，说明事物的特别需要。如"探讨鼠疫自然疫源地变化的原因，仅着眼于自然因素是不全面的，社会因素的影响也是必需加以考虑的。

4. "病死率"与"死亡率" 两者的区别在于所用的分子可能相同，但分母不同。某病病死率 = 死于某患者数 / 某病治疗人数 ×100 %；死亡率 = 某年内死亡总人数 / 同年平均人口数 ×1000 ‰。"病死率"表示受治疗患者中死亡的频率，反映疾病的严重程度和预后；而"死亡率"则提示该病对人群所造成威胁的严重程度，作为评价公众健康状况的一种指标。一般来说，对某一医院只能计算病死率，而不能计算死亡率。

5. "并发症"、"合并症"和"伴发病" 《现代汉语词典》中有"并发症"、"合并症"，但无"伴发病"；《汉英医学大词典》有"并发症"、"合并症"，译名"complication"，也有"伴发病"的译名"concomitant disease"。"并发症"其实是指一个新病或是旧病的新发展（第 2 个病），第 2 个病可由第 1 个病引起也可以由其他原因

引起，它们既可以同时发生也可以先后发生。"伴发病"是伴随某种病但与该病可有或没有因果关系而发生或同时发生的另一种疾病。由上可见，"伴发病"就是"并发症"的意思，又因中文词典、全国名词委公布的《医学名词》里没有"伴发病"一词，则建议不用"伴发病"。合并症"在对"complication"查阅的英汉字典里没出现，汉英词典、中文词典里出现时也只注明"同'并发症'"，因而，建议首选"并发症"，不用"合并症"。

6. "成形"与"成型" "成形"：①自然生长或加工后而具有某种形状，如浇铸成形。②医学上指修复受到损伤的组织或器官，如成形外科（整形外科）。③医学上指具有正常的形状，如大便成形。"成型"：工件、产品经过加工成为所需要的形状。二者共同点是，所描述的物体或图形最终呈现出来的是一定组合形式的外表；不同的是，"成形"强调自然生长，"成型"带有强烈的目的性。例如，对骨头内部的加工，如果是任意腔型就用成形，如果规定了形状，则要用成型。

7. "创见"与"创建" "创见"：是指独到的见解。"创建"：是指初次建立的。"创见"一般作名词用，指新的，不同于已有的看法、观点，主要指理论方面的见解。"创建"主要是作动词，其后面可以带宾语，指新的，过去不曾有过的事物、机构、组织等物质方面的建造。如"鼠疫菌的四步检验法是我们吉林省最先创建的，并在实践中逐步得到了完善的"。

8. "防治"与"防制" "防制"一词被广泛使用，甚至有的期刊的刊名即用"防制"。专业内人员解释为"预防和控制"：对于一些畜、禽的病毒性疾病，由于无特效治疗药物，多是采用综合控制的方法，故采用"防制"表达。但事实并非如此，"防制"这个词《现代汉语词典》中查不到，而且在《汉语主题词表》和《农业科学叙词》中也查不到，这是一个专业内自造词，"防制"这个词不能作为专业术语在科技期刊上使用。

9. "分辨率"与"分辨力" "分辨率"定义是指某种设备或材料在单位长度内能够分辨的点或线的数量。在《物理学名词》（1996 年版）中"分辨率"对应的英文为"resolution"，而没有"分辨力"，只有"分辨本领"一词，对应的英文为"resolving power"，也可解释为"分辨能力"。因此，应该用"分辨能力"或"分辨本领"来代替"分辨力"，而要对"分辨能力"进行定量分析时，可根据情况用"分辨率"或"分辨率极限"（指可分辨对象的最小极限）来表示。

10. "观点"与"观念" "观点"：是指从某一角度或立场出发对事物的看法。如"尽管鼠疫菌在自然界的长存之谜尚未揭开，但其延续是由于流行保存的观点已为大家所公认。""观念"：一是指思想、理性认识；二是指客观事物在意识中构成的形象。如"笔者对×××病的主要病因只存在于流行区的传统观念，提出了大胆的设想。"

11. "截至"与"截止" "截至"是及物动词，用于以某一时间为准，计算数量和程度。"截止"是不及物动词，到一定期限为止。故"截至目前"或"截止到目前"。

12. "偶联"、"耦联"、"偶合"和"耦合" 《辞海》中无"耦联"一词，而

《现代汉语词典》也未收入"耦联","耦联"属于自造词,因而可以先排除 1 个,涉及"耦联"者大多应为"耦合"。"耦合":《辞海》释义是,2 个（或 2 个以上）体系或运动形式之间通过各种相互作用而彼此影响的现象。《现代汉语词典》释义:物理学上指 2 个或 2 个以上的体系或运动形式间通过相互作用而彼此影响以至联合起来的现象。两种解释意思基本相近,此词较好判断,如《法斯通凝胶耦合超声波治疗腰背肌筋膜炎》。"偶合":《辞海》释义是,指重氮盐与芳胺或酚等作用生成偶氮化合物的反应,是生产偶氮染料等的重要过程,如《分散黄的合成及其与重氮化偶合》;而《现代汉语词典》中"偶合"的释义,指无意中恰巧相合,如《一起接种吸附白破联合疫苗偶合流行性感冒的报告》。"偶合"与"偶联"在《辞海》中同义,但建议将它们分开,释义独立。在实际应用中,科技文献还是应当使用"偶联"一词（勿用"耦联"）,因为全国名词委已将与此相关的词语审定为"偶联因子"、"偶联蛋白"、"偶联器"等。

13. "亲和力"与"亲合力" 全国科学技术名词审定委员会（全国名词委）公布的《免疫学名词》,"亲和力"（affinity）定义为:2 个分子在单一部位的结合力。"亲合力"（avidity）定义为:2 个分子在多个部位结合强度的总和。可见在免疫学中,"亲和力"是指抗体"结合部位"（Fab 段）与相应抗原决定簇的结合强度,而"亲合力"则是指"整个"抗体分子与抗原物质之间的结合强度。

全国名词委公布的有关"亲和"与"亲合"的部分科技名词如下:①生物化学名词:亲和层析、亲和色谱法、亲和标记、亲和素。②细胞生物学名词:亲和素生物素染色。③遗传学名词:核质不亲和性、配子不亲和性、双亲合子。④心理学名词:亲和 -（affiliation）。

14. "实验"与"试验" 《现代汉语词典》对"实验"的释义:为检验某种科学理论或假设而进行的某种操作或从事某种活动;如:"本次实验证明:测定性腺类固醇激素（T）对诊断慢性布病（男性）性功能减低很有价值。"对"试验"的释义:为查看某事的结果或某物的性能而从事的某种活动。如:"新办法要经过试验,取得成果后再行推广。"二者都主要是动词,有时也作名词,两者意义相近,都有实际做的意思。区别在于,"实验"是为了证实某种科学理论和假设。"试验"则是为了得到某种结果,进而提出新的理论。一般来说,"试验"比"实验"一词应用范围要广。

在科技论文写作或编校过程中,为了正确区分使用,提出以下参考原则:①当能分清某种操作或活动的出发点时,就按其是"验证"还是"试一试",若为前者便用"实验",若为后者便用"试验"。②操作或活动在较小的场所进行一般用"实验",在范围较大的场所进行一般用"试验"。③操作或活动所花时间相对较短一般用"实验",较长一般用"试验"。④"实验"通常需要在严格控制有关条件的情况下进行,而"试验"则通常是在自然条件下进行的。⑤"实验"往往需要对不同条件下的结果进行对比,并从中发现一般规律;而"试验"则主要关注特定条件下的结果,不需要寻找一般规律。⑥"实验"一般偏名词性,而"试验"一般偏动词性。⑦二者与别的词组合时,按约定的使用,可查比较权威的工具书,如全国名词委公布的各学科名词等。

15. "优秀"与"优异" "优秀"：指一个人品行、学问、成绩等都非常好。"优异"：指成绩特别好。二者都是形容词，都表示"好"的意思，但是程度不同。"优异"要比"优秀"更好些，在运用对象上，"优秀"可以形容人也可以形容事物；"优异"适用的对象较前者少，一般只跟"成绩"搭配。也就是说，"优异"是在优秀中更好、更突出的。

16. "己烯雌酚"、"乙烯雌酚"和"已烯雌酚" 在汉字手写体字形相似的情况下，临床医生开处方时"乙"与"己"容易被误写误认，久而久之，就产生了"乙"与"己"不分的现象。计算机输入时"已"与"己"也很不容易分辨，投稿时常错用。"己烯雌酚"又名乙蒎酚。化学药物命名原则中，"乙"代表"2"，"己"代表"6"，二者是不能互换的。因而，"己烯雌酚"、"6－氨基己酸"中"己"不能写成"乙"和"已"。

17. "运用"与"应用" "运用"：根据事物的特性加以利用。"应用"：即使用，直接用于生活和生产的。二者都是动词，它们第一层含义都有"用"的意思，但有差别，"运用"着重表示灵活使用的东西；"应用"则着重表示适应所施用的对象。

18. "瘀血"与"淤血" 目前，全国名词委和国家语言文字工作员会还没有统一规范标准。姜文熙认为，存用"瘀血"而废弃"淤血"。曹迎等认为，中医的"瘀"和"淤"在血行不畅或阻滞不通范围内可以通用，可以称为"瘀血"或"淤血"；西医学中的"瘀血"和"淤血"则不能混同，当区别使用。中国中医科学院研究员、中医药学名词审定委员会秘书长朱建平撰文对二者进行了辨析，给出"瘀血"定义为："血液滞留或凝结于体内，包括血溢出于经脉外而瘀积，也包括血脉运行受阻而滞留经脉腔内，既是病理产物，又可成为继发性致病因素"；"淤血"又称静脉性充血，因静脉血液回流受阻所引起的一种循环障碍。

"瘀血"、"淤血"除了个别混用的例子，总体来说"瘀血"用于中医，"淤血"用于西医；"瘀血"内涵大，外延广泛，而"淤血"内涵小，外延局限，"淤血"包括在"瘀血"之中，两者密切而有所交叉。

19. "以至"与"以致" "以至"表示时间、数量、程度、范围的延伸，有"到、直到"之义；"以致"用在下半句开头，表示上文的结果。有"以至于"，而无"以致于"。

20. "象"与"像" 2001年10月18日，全国科技名词委和国家语言文字工作委员会在中国科学院召开了"'象'与'像'用法研讨会"。"象"、"像"两字用法混乱主要在于词义，因此应对"象"、"像"两字的词义以及在词语中的使用作明确说明。"象"指自然界、人或物的形态、样子。例如：血象、骨髓象、危象、现象、形象、分裂象、印象、意象、迹象、假象、表象、物象、景象、气象、天象等。"像"指用模仿、比照等方法制成的人或物的形象，也包括光线经反射、折射而形成的与原物相同或相似的图景。例如：图像、影像、显像、成像、像素、人像、画像、遗像、镜像、实像、虚像、伪像、映像、镜像、潜像、叠像、原像、前像、后像、音像、声像、摄像、录像、视像、像片等。另外，取"象"的本义（一种哺乳动物大象）时，一般不会用错，如象皮肿、象鼻虫等。还有，在用"像样"时，均用"像"，如："武汉出现许多像吴天祥、张应天这样先进模范人物"。"像要下雨了"。"函数图象"时用"象"。

21. "作"与"做"

（1）"作"与"做"在句中所带宾语不同：①"作"所带的宾语是动名词，如："他作关于当前经济形势的报告"；②"做"所带的宾语是名词或代词，如："我做了一件漂亮的衣服"。

（2）"作"与"做"字构词不同：①"作"构词能力强，后面多带较抽象的、书面语色彩浓的名词宾语语素，如作弊、作风、作曲等；②"做"比"作"出现得要晚，构词能力弱，后面多带较具体的、口语化的名词宾语语素，如做生日、做手脚等。

三、医学写作中常见错别字词示例（括号中为正确的字）

A

阿酶（霉）素、阿斯（司）匹林、爱（艾）滋病、按步（部）就班、按（安）装、按（安）排、胺（氨）水、肮赃（脏）、敖敖（嗷嗷）待哺

B

疤（瘢）痕、白候（喉）、班（斑）点、斑（瘢）痕、板兰（蓝）根、办（瓣）膜、胞浆（细胞质）、报导（道）、爆（暴）发传染病、绷袋（带）、笔划（画）、溶（融）汇（会）贯通、便泌（秘）、辩（辨）证施治、变态反映（应）、标识（志）、扩（病）体康复、病源（原）体、并发证（症）、部份（分）、不惟（唯）实验结果、布（部）署、簿（薄）膜

C

採（采）集、参予（与）、草管（菅）人命、侧枝（支）循环、侧（测）定、曾（层）次、折（拆）线、偿（尝）试、长（常）年咳嗽、成份（分）、成象（像）、忱（沉）淀、处治（置）、传道（导）、传柒（染）、喘吸（息）、怆（疮）痂

D

大肠干（杆）菌、旦（蛋）白质、导菅（管）、颠（癫）痫、电子病例（历）、迭（叠）加、喋（蝶）吟、东崀（莨）菪碱、斗（窦）性心律、堵（杜）绝、锻练（炼）、多谱（普）勒

E

额斗（窦）、饿（铍）酸、象（像）常规一样、二氧化炭（碳）

F

发烧（热）、烦燥（躁）、蕃（番）茄、繁锁（琐）、返（反）胃、犯（范）围、

防（妨）碍、纺缍（锤）、肺原（源）性、分介（解）、分裂像（象）、分岐（歧）、分吸（析）、分支（枝）杆菌、粉沫（末）、份（分）子、丰福（富）、服贴（帖）、辐（幅）度、幅（辐）射、付（副）食、附（符）合、付（副）作用、复（覆）盖、副（附）睾、腹泄（泻）、肤（腹）腔

G

感染原（源）、膏盲（肓）、隔（膈）肌、膈（隔）离、隔（膈）疝、跟键（腱）、骨胳（骼）、关健（键）词、干予（预）、干躁（燥）、柑桔（橘）、岗（冈）上肌、高酯（脂）血症、革蓝（兰）阳性菌、勾（沟）通、枸橼（橼）酸钠、骨胳（骼）、骨拆（折）、咕咕（呱呱）坠地、观查（察）、菅（管）状、过渡（度）超载

H

海棉（绵）、海棉（绵）层、合并证（症）、横隔（膈）、红班（斑）狼疮、侯（候）诊、花了5年工（功）夫、华法令（林）、化（花）钱、化浓（脓）、环胞（孢）素、缓漫（慢）、黄胆（疸）、黄莲（连）、黄苓（芩）、活性碳（炭）、活血化淤（瘀）

J

畸型（形）、藉（籍）贯、急燥（躁）、继（既）往史、即（既）然、既（即）使、瘠（脊）髓、硷（碱）性、监（检）查、捡（检）验、建（健）全、键（健）康、健（腱）鞘、讲坐（座）、交义（叉）、胶元（原）纤维、脚指（趾）、结勾（构）、介（解）剖、禁忌证（症）、痉孪（挛）、精练（炼）、僸（镜）检、纠份（纷）、氿（酒）精、灸（炙）热、局限与（于）

K

喀（咯）血、抗元（原）、考马斯亮兰（蓝）、克丁（汀）病、狂燥（躁）

L

兰（阑）尾炎、兰（蓝）箭头、雷怕（帕）霉素、犁（梨）状窝、连（链）霉素、连结（接）、了（潦）草、鳞（磷）酸、磷（鳞）癌、硫（巯）基、卵园（圆）孔、抡（抢）救、罗（啰）音、髁（裸）露、咯（咳）痰、戮（戳）孔、氯化胺（铵）

M

麻疯（风）病、麻痺（痹）、脉博（搏）、脈（脉）搏、脉洛（络）、漫（蔓）延、迷（弥）漫、靡（糜）烂、秘（密）度、漫（蔓）延、毛细血管嵌（楔）压、冒（贸）然、酶元（原）、美兰（蓝）、摹（模）仿、膜尿生殖隔（膈）、末稍（梢）、莫（陌）生、未（末）次月经、末稍（梢）神经、姆（拇）指、母（拇）趾

N

难辩（辨）、囊（囊）肿、年令（龄）、挠（桡）骨、脑梗塞（死）、脲（尿）酶、孽（孳）生、脓（浓）度、浓（脓）肿、浓（脓）包疮、虐（疟）疾

O

耦（偶）联、耦连（偶联）、沤（呕）吐、殴（呕）血

P

排它（他）性、盆隔（膈）、泡（炮）制、庖（疱）疹、膨涨（胀）、片断（段）、破锭（绽）

Q

期未（末）、奇（畸）形、前驱（期）病变、其他（他）、气侯（候）、亲合（和）力、切切（窃窃）思（私）语、侵（浸）润、青眯（眯）、曲（屈）光度、取销（消）、痊俞（愈）、却（阙）如

R

饶（桡）骨、妊高证（症）、软高（膏）、韧（韧）带、揉（鞣）酸

S

鳃（腮）腺炎、搔（瘙）痒症、骚（瘙）痒、扫瞄（描）、摄象（像）、神经末稍（梢）、身分（份）、神经原（元）、神智（志）不清、石腊（蜡）、石绵（棉）、石碳（炭）酸、适应证（症）、书藉（籍）、俞（输）血、树酯（脂）、水份（分）、水蒸汽（气）、丝裂酶（霉）素、厮（嘶）哑、松驰（弛）、酸硷（碱）平衡、所必须（需）的

T

苔鲜（藓）、瘫换（痪）、探察（查）、炭（碳）酸、碳（炭）粉、碳（炭）疽、痰孟（盂）、糖元（原）分解、特证（征）、体症（征）、调济（剂）、挺（停）止、图象（像）、退（褪）色、退性（行）性、痛疼（疼痛）

W

完正（整）、5－羟色氨（胺）、午（舞）蹈病、网蓝（篮）、惟（唯）一、未尚（尝）不可、委糜（萎靡）、无炭（碳）复写纸、无须（需）

X

希（稀）释、像（相）机、相（镶）嵌、小儿囱（囟）门、心肌梗塞（死）、心

率（律）不齐、心介（界）、形像（象）、须（需）要、血菅（管）、循症（证）医学

Y

眼脸（睑）、眼框（眶）、药物反映（应）、予（预）防、予（预）后、愈（预）后、芽胞（孢）、亚甲兰（蓝）、夜（冶）游史、阳萎（痿）、一丝不苟（苟）、一贴（帖）药、已（以）往、异性（种）蛋白、轶（秩）和检验、罂栗（粟）碱、应急（激）性溃疡、盈（赢）得效益、萤（荧）光素酶、萤（荧）光灯、影（荧）光屏、影象（像）、瘀（淤）血、域（阈）值、元（圆）珠笔、园（圆）形、园（圆）满、圆孤（弧）菌、原（缘）故、匀桨（浆）、运做（作）、醞（酝）酿、引流并（瓶）

Z

噪音（声）、燥（躁）狂、沾（粘）连、粘（黏）膜、粘（黏）稠、粘（黏）蛋白沉淀、粘（黏）土、澹（谵）语、针炙（灸）、震（振）荡频率、振（震）颤、震（振）幅、蒸溜（馏）水、蒸汽（气）、整（正）骨、症侯（候）群、症侯（候）、征侯（候）、证（征）象、征（症）状、指证（征）、众所周之（知）、绉（皱）纹、注（著）录、转酞（肽）酶、紫外光（线）、综合症（征）、纵膈（隔）、组份（分）、坠（堕）胎、遵（尊）敬、左（佐）证

四、医学写作中常见不规范的医学术语（括号内为规范术语）

B

白血球（白细胞）、疤痕（瘢痕）、胞浆（胞质）、鼻出血（鼻衄）、扁桃腺（扁桃体）、冰冻切片（冷冻切片）

C

伤面（创面）、齿状线（肛皮线）

D

大脑皮层（大脑皮质）、大循环（体循环）、胆道（胆管）、胆道闭锁（胆管闭锁）、胆道扩张（胆管扩张）

E

俄狄括约肌（胆道口括约肌）

F

发绀（紫绀）、发烧（发热）

G

肝昏迷（肝性脑病）、肝硬变（肝硬化）、高血压病（原发性高血压）、革兰氏染

色（革兰染色）

H

合并症（并发症）、红血球（红细胞）、核黄素缺乏病（维生素 B2 缺乏病）、何杰金病（霍奇金病）、坏血病（维生素 C 缺乏病）

J

机理（机制）、机能（功能）、几率、机率或然率（概率）、肌肝（肌酐）、基因片断（基因片段）、记数法（计数法）、介质（递质）、禁忌症（禁忌证）、节段性肠炎（局限性肠炎）、晶体（晶状体）

K

抗菌素（抗生素）、考的松（可的松）

L

离体（体外）、淋巴腺（淋巴结）、淋巴节（淋巴结）、颅神经（脑神经）

M

弥漫性血管内凝血（播散性血管内凝血）

N

粘膜（黏膜）、脑梗塞（脑梗死）、脓疡（脓肿）

O

耦联（偶联）、耦连（偶联）

S

适应症（适应证）、食道（食管）、实验室检查（化验检查）、嗜酸性白细胞（嗜酸性粒细胞）、浮肿（水肿）、苏木素（苏木精）

T

糖元（糖原）

W

维生素 D 缺乏性佝偻病（维生素 D 缺乏病）

X

X 光（X 线）、细胞浆（细胞质）、小循环（肺循环）、心肌梗塞（心肌梗死）、心源性（心原性）、心输出量（心排出量）、胸水（胸腔积液）、血象（血常规）、血红素（血红蛋白）、血液动力学（心动力学、血流动力学）

Y

愈合期（恢复期）

Z

噪音（噪声）、指证（指征）、总胆管（胆总管）、综合症（综合征）、症候群（综合征）、皱壁（皱襞）、组织胺（组胺）

目标检测

1. 什么是医学论文？医学论文的种类有哪些？

2. 简述医学论文的特点和基本要求。

3. 什么是医学综述？基本结构是怎样的？简述常用的撰写方法。

4. 结合临床课，搜集资料，学写一篇与自己专业相关的医学论文。

5. 认真学习、同学之间互相提问、听写第七节的内容，杜绝医学写作中容易出现的错别字、错用词。

附录

附录一　党政机关公文处理工作条例

中办发〔2012〕14 号

第一章　总则

第一条　为了适应中国共产党机关和国家行政机关（以下简称党政机关）工作需要，推进党政机关公文处理工作科学化、制度化、规范化，制定本条例。

第二条　本条例适用于各级党政机关公文处理工作。

第三条　党政机关公文是党政机关实施领导、履行职能、处理公务的具有特定效力和规范体式的文书，是传达贯彻党和国家方针政策，公布法规和规章，指导、布置和商洽工作，请示和答复问题，报告、通报和交流情况等的重要工具。

第四条　公文处理工作是指公文拟制、办理、管理等一系列相互关联、衔接有序的工作。

第五条　公文处理工作应当坚持实事求是、准确规范、精简高效、安全保密的原则。

第六条　各级党政机关应当高度重视公文处理工作，加强组织领导，强化队伍建设，设立文秘部门或者由专人负责公文处理工作。

第七条　各级党政机关办公厅（室）主管本机关的公文处理工作，并对下级机关的公文处理工作进行业务指导和督促检查。

第二章　公文种类

第八条　公文种类主要有：

（一）决议。适用于会议讨论通过的重大决策事项。

（二）决定。适用于对重要事项作出决策和部署、奖惩有关单位和人员、变更或者撤销下级机关不适当的决定事项。

（三）命令（令）。适用于公布行政法规和规章、宣布施行重大强制性措施、批准授予和晋升衔级、嘉奖有关单位和人员。

（四）公报。适用于公布重要决定或者重大事项。

（五）公告。适用于向国内外宣布重要事项或者法定事项。

（六）通告。适用于在一定范围内公布应当遵守或者周知的事项。

（七）意见。适用于对重要问题提出见解和处理办法。

（八）通知。适用于发布、传达要求下级机关执行和有关单位周知或者执行的事项，批转、转发公文。

（九）通报。适用于表彰先进、批评错误、传达重要精神和告知重要情况。

（十）报告。适用于向上级机关汇报工作、反映情况，回复上级机关的询问。

（十一）请示。适用于向上级机关请求指示、批准。

（十二）批复。适用于答复下级机关请示事项。

（十三）议案。适用于各级人民政府按照法律程序向同级人民代表大会或者人民代表大会常务委员会提请审议事项。

（十四）函。适用于不相隶属机关之间商洽工作、询问和答复问题、请求批准和答复审批事项。

（十五）纪要。适用于记载会议主要情况和议定事项。

第三章　公文格式

第九条　公文一般由份号、密级和保密期限、紧急程度、发文机关标志、发文字号、签发人、标题、主送机关、正文、附件说明、发文机关署名、成文日期、印章、附注、附件、抄送机关、印发机关和印发日期、页码等组成。

（一）份号。公文印制份数的顺序号。涉密公文应当标注份号。

（二）密级和保密期限。公文的秘密等级和保密的期限。涉密公文应当根据涉密程度分别标注"绝密""机密""秘密"和保密期限。

（三）紧急程度。公文送达和办理的时限要求。根据紧急程度，紧急公文应当分别标注"特急""加急"，电报应当分别标注"特提""特急""加急""平急"。

（四）发文机关标志。由发文机关全称或者规范化简称加"文件"二字组成，也可以使用发文机关全称或者规范化简称。联合行文时，发文机关标志可以并用联合发文机关名称，也可以单独用主办机关名称。

（五）发文字号。由发文机关代字、年份、发文顺序号组成。联合行文时，使用主办机关的发文字号。

（六）签发人。上行文应当标注签发人姓名。

（七）标题。由发文机关名称、事由和文种组成。

（八）主送机关。公文的主要受理机关，应当使用机关全称、规范化简称或者同类型机关统称。

（九）正文。公文的主体，用来表述公文的内容。

（十）附件说明。公文附件的顺序号和名称。

（十一）发文机关署名。署发文机关全称或者规范化简称。

（十二）成文日期。署会议通过或者发文机关负责人签发的日期。联合行文时，署最后签发机关负责人签发的日期。

（十三）印章。公文中有发文机关署名的，应当加盖发文机关印章，并与署名机关相符。有特定发文机关标志的普发性公文和电报可以不加盖印章。

（十四）附注。公文印发传达范围等需要说明的事项。

（十五）附件。公文正文的说明、补充或者参考资料。

（十六）抄送机关。除主送机关外需要执行或者知晓公文内容的其他机关，应当使用机关全称、规范化简称或者同类型机关统称。

（十七）印发机关和印发日期。公文的送印机关和送印日期。

第十条 公文的版式按照《党政机关公文格式》国家标准执行。

第十一条 公文使用的汉字、数字、外文字符、计量单位和标点符号等，按照有关国家标准和规定执行。民族自治地方的公文，可以并用汉字和当地通用的少数民族文字。

第十二条 公文用纸幅面采用国际标准 A4 型。特殊形式的公文用纸幅面，根据实际需要确定。

第四章 行文规则

第十三条 行文应当确有必要，讲求实效，注重针对性和可操作性。

第十四条 行文关系根据隶属关系和职权范围确定。一般不得越级行文，特殊情况需要越级行文的，应当同时抄送被越过的机关。

第十五条 向上级机关行文，应当遵循以下规则：

（一）原则上主送一个上级机关，根据需要同时抄送相关上级机关和同级机关，不抄送下级机关。

（二）党委、政府的部门向上级主管部门请示、报告重大事项，应当经本级党委、政府同意或者授权；属于部门职权范围内的事项应当直接报送上级主管部门。

（三）下级机关的请示事项，如需以本机关名义向上级机关请示，应当提出倾向性意见后上报，不得原文转报上级机关。

（四）请示应当一文一事。不得在报告等非请示性公文中夹带请示事项。

（五）除上级机关负责人直接交办事项外，不得以本机关名义向上级机关负责人报送公文，不得以本机关负责人名义向上级机关报送公文。

（六）受双重领导的机关向一个上级机关行文，必要时抄送另一个上级机关。

第十六条 向下级机关行文，应当遵循以下规则：

（一）主送受理机关，根据需要抄送相关机关。重要行文应当同时抄送发文机关的直接上级机关。

（二）党委、政府的办公厅（室）根据本级党委、政府授权，可以向下级党委、政府行文，其他部门和单位不得向下级党委、政府发布指令性公文或者在公文中向下级党委、政府提出指令性要求。需经政府审批的具体事项，经政府同意后可以由政府职能部门行文，文中须注明已经政府同意。

（三）党委、政府的部门在各自职权范围内可以向下级党委、政府的相关部门行文。

（四）涉及多个部门职权范围内的事务，部门之间未协商一致的，不得向下行文；擅自行文的，上级机关应当责令其纠正或者撤销。

（五）上级机关向受双重领导的下级机关行文，必要时抄送该下级机关的另一个上级机关。

第十七条　同级党政机关、党政机关与其他同级机关必要时可以联合行文。属于党委、政府各自职权范围内的工作，不得联合行文。党委、政府的部门依据职权可以相互行文。部门内设机构除办公厅（室）外不得对外正式行文。

第五章　公文拟制

第十八条　公文拟制包括公文的起草、审核、签发等程序。

第十九条　公文起草应当做到：

（一）符合国家法律法规和党的路线方针政策，完整准确体现发文机关意图，并同现行有关公文相衔接。

（二）一切从实际出发，分析问题实事求是，所提政策措施和办法切实可行。

（三）内容简洁，主题突出，观点鲜明，结构严谨，表述准确，文字精炼。

（四）文种正确，格式规范。

（五）深入调查研究，充分进行论证，广泛听取意见。

（六）公文涉及其他地区或者部门职权范围内的事项，起草单位必须征求相关地区或者部门意见，力求达成一致。

（七）机关负责人应当主持、指导重要公文起草工作。

第二十条　公文文稿签发前，应当由发文机关办公厅（室）进行审核。审核的重点是：

（一）行文理由是否充分，行文依据是否准确。

（二）内容是否符合国家法律法规和党的路线方针政策；是否完整准确体现发文机关意图；是否同现行有关公文相衔接；所提政策措施和办法是否切实可行。

（三）涉及有关地区或者部门职权范围内的事项是否经过充分协商并达成一致意见。

（四）文种是否正确，格式是否规范；人名、地名、时间、数字、段落顺序、引文等是否准确；文字、数字、计量单位和标点符号等用法是否规范。

（五）其他内容是否符合公文起草的有关要求。

需要发文机关审议的重要公文文稿，审议前由发文机关办公厅（室）进行初核。

第二十一条　经审核不宜发文的公文文稿，应当退回起草单位并说明理由；符合发文条件但内容需作进一步研究和修改的，由起草单位修改后重新报送。

第二十二条　公文应当经本机关负责人审批签发。重要公文和上行文由机关主要负责人签发。党委、政府的办公厅（室）根据党委、政府授权制发的公文，由受权机关主要负责人签发或者按照有关规定签发。签发人签发公文，应当签署意见、姓名和完整日期；圈阅或者签名的，视为同意。联合发文由所有联署机关的负责人会签。

第六章　公文办理

第二十三条　公文办理包括收文办理、发文办理和整理归档。

第二十四条 收文办理主要程序是：

（一）签收。对收到的公文应当逐件清点，核对无误后签字或者盖章，并注明签收时间。

（二）登记。对公文的主要信息和办理情况应当详细记载。

（三）初审。对收到的公文应当进行初审。初审的重点是：是否应当由本机关办理，是否符合行文规则，文种、格式是否符合要求，涉及其他地区或者部门职权范围内的事项是否已经协商、会签，是否符合公文起草的其他要求。经初审不符合规定的公文，应当及时退回来文单位并说明理由。

（四）承办。阅知性公文应当根据公文内容、要求和工作需要确定范围后分送。批办性公文应当提出拟办意见报本机关负责人批示或者转有关部门办理；需要两个以上部门办理的，应当明确主办部门。紧急公文应当明确办理时限。承办部门对交办的公文应当及时办理，有明确办理时限要求的应当在规定时限内办理完毕。

（五）传阅。根据领导批示和工作需要将公文及时送传阅对象阅知或者批示。办理公文传阅应当随时掌握公文去向，不得漏传、误传、延误。

（六）催办。及时了解掌握公文的办理进展情况，督促承办部门按期办结。紧急公文或者重要公文应当由专人负责催办。

（七）答复。公文的办理结果应当及时答复来文单位，并根据需要告知相关单位。

第二十五条 发文办理主要程序是：

（一）复核。已经发文机关负责人签批的公文，印发前应当对公文的审批手续、内容、文种、格式等进行复核；需作实质性修改的，应当报原签批人复审。

（二）登记。对复核后的公文，应当确定发文字号、分送范围和印制份数并详细记载。

（三）印制。公文印制必须确保质量和时效。涉密公文应当在符合保密要求的场所印制。

（四）核发。公文印制完毕，应当对公文的文字、格式和印刷质量进行检查后分发。

第二十六条 涉密公文应当通过机要交通、邮政机要通信、城市机要文件交换站或者收发件机关机要收发人员进行传递，通过密码电报或者符合国家保密规定的计算机信息系统进行传输。

第二十七条 需要归档的公文及有关材料，应当根据有关档案法律法规以及机关档案管理规定，及时收集齐全、整理归档。两个以上机关联合办理的公文，原件由主办机关归档，相关机关保存复制件。机关负责人兼任其他机关职务的，在履行所兼职务过程中形成的公文，由其兼职机关归档。

第七章 公文管理

第二十八条 各级党政机关应当建立健全本机关公文管理制度，确保管理严格规范，充分发挥公文效用。

第二十九条 党政机关公文由文秘部门或者专人统一管理。设立党委（党组）的县级以上单位应当建立机要保密室和机要阅文室，并按照有关保密规定配备工作人员和必要的安全保密设施设备。

第三十条 公文确定密级前，应当按照拟定的密级先行采取保密措施。确定密级后，应当按照所定密级严格管理。绝密级公文应当由专人管理。公文的密级需要变更或者解除的，由原确定密级的机关或者其上级机关决定。

第三十一条 公文的印发传达范围应当按照发文机关的要求执行；需要变更的，应当经发文机关批准。涉密公文公开发布前应当履行解密程序。公开发布的时间、形式和渠道，由发文机关确定。经批准公开发布的公文，同发文机关正式印发的公文具有同等效力。

第三十二条 复制、汇编机密级、秘密级公文，应当符合有关规定并经本机关负责人批准。绝密级公文一般不得复制、汇编，确有工作需要的，应当经发文机关或者其上级机关批准。复制、汇编的公文视同原件管理。复制件应当加盖复制机关戳记。翻印件应当注明翻印的机关名称、日期。汇编本的密级按照编入公文的最高密级标注。

第三十三条 公文的撤销和废止，由发文机关、上级机关或者权力机关根据职权范围和有关法律法规决定。公文被撤销的，视为自始无效；公文被废止的，视为自废止之日起失效。

第三十四条 涉密公文应当按照发文机关的要求和有关规定进行清退或者销毁。

第三十五条 不具备归档和保存价值的公文，经批准后可以销毁。销毁涉密公文必须严格按照有关规定履行审批登记手续，确保不丢失、不漏销。个人不得私自销毁、留存涉密公文。

第三十六条 机关合并时，全部公文应当随之合并管理；机关撤销时，需要归档的公文经整理后按照有关规定移交档案管理部门。

工作人员离岗离职时，所在机关应当督促其将暂存、借用的公文按照有关规定移交、清退。

第三十七条 新设立的机关应当向本级党委、政府的办公厅（室）提出发文立户申请。经审查符合条件的，列为发文单位，机关合并或者撤销时，相应进行调整。

第八章 附　　则

第三十八条 党政机关公文含电子公文。电子公文处理工作的具体办法另行制定。

第三十九条 法规、规章方面的公文，依照有关规定处理。外事方面的公文，依照外事主管部门的有关规定处理。

第四十条 其他机关和单位的公文处理工作，可以参照本条例执行。

第四十一条 本条例由中共中央办公厅、国务院办公厅负责解释。

第四十二条 本条例自 2012 年 7 月 1 日起施行。1996 年 5 月 3 日中共中央办公厅发布的《中国共产党机关公文处理条例》和 2000 年 8 月 24 日国务院发布的《国家行政机关公文处理办法》停止执行。

附录二　病历书写基本规范

卫医政发〔2010〕11号

第一章　基本要求

第一条　病历是指医务人员在医疗活动过程中形成的文字、符号、图表、影像、切片等资料的总和，包括门（急）诊病历和住院病历。

第二条　病历书写是指医务人员通过问诊、查体、辅助检查、诊断、治疗、护理等医疗活动获得有关资料，并进行归纳、分析、整理形成医疗活动记录的行为。

第三条　病历书写应当客观、真实、准确、及时、完整、规范。

第四条　病历书写应当使用蓝黑墨水、碳素墨水，需复写的病历资料可以使用蓝或黑色油水的圆珠笔。计算机打印的病历应当符合病历保存的要求。

第五条　病历书写应当使用中文，通用的外文缩写和无正式中文译名的症状、体征、疾病名称等可以使用外文。

第六条　病历书写应规范使用医学术语，文字工整，字迹清晰，表述准确，语句通顺，标点正确。

第七条　病历书写过程中出现错字时，应当用双线划在错字上，保留原记录清楚、可辨，并注明修改时间，修改人签名。不得采用刮、粘、涂等方法掩盖或去除原来的字迹。

上级医务人员有审查修改下级医务人员书写的病历的责任。

第八条　病历应当按照规定的内容书写，并由相应医务人员签名。

实习医务人员、试用期医务人员书写的病历，应当经过本医疗机构注册的医务人员审阅、修改并签名。

进修医务人员由医疗机构根据其胜任本专业工作实际情况认定后书写病历。

第九条　病历书写一律使用阿拉伯数字书写日期和时间，采用24小时制记录。

第十条　对需取得患者书面同意方可进行的医疗活动，应当由患者本人签署知情同意书。患者不具备完全民事行为能力时，应当由其法定代理人签字；患者因病无法签字时，应当由其授权的人员签字；为抢救患者，在法定代理人或被授权人无法及时签字的情况下，可由医疗机构负责人或者授权的负责人签字。

因实施保护性医疗措施不宜向患者说明情况的，应当将有关情况告知患者近亲属，由患者近亲属签署知情同意书，并及时记录。患者无近亲属的或者患者近亲属无法签署同意书的，由患者的法定代理人或者关系人签署同意书。

第二章　门（急）诊病历书写内容及要求

第十一条　门（急）诊病历内容包括门（急）诊病历首页（门（急）诊手册封面）、病历记录、化验单（检验报告）、医学影像检查资料等。

第十二条　门（急）诊病历首页内容应当包括患者姓名、性别、出生年月日、民族、婚姻状况、职业、工作单位、住址、药物过敏史等项目。

门诊手册封面内容应当包括患者姓名、性别、年龄、工作单位或住址、药物过敏史等项目。

第十三条　门（急）诊病历记录分为初诊病历记录和复诊病历记录。

初诊病历记录书写内容应当包括就诊时间、科别、主诉、现病史、既往史，阳性体征、必要的阴性体征和辅助检查结果，诊断及治疗意见和医师签名等。

复诊病历记录书写内容应当包括就诊时间、科别、主诉、病史、必要的体格检查和辅助检查结果、诊断、治疗处理意见和医师签名等。

急诊病历书写就诊时间应当具体到分钟。

第十四条　门（急）诊病历记录应当由接诊医师在患者就诊时及时完成。

第十五条　急诊留观记录是急诊患者因病情需要留院观察期间的记录，重点记录观察期间病情变化和诊疗措施，记录简明扼要，并注明患者去向。抢救危重患者时，应当书写抢救记录。门（急）诊抢救记录书写内容及要求按照住院病历抢救记录书写内容及要求执行。

第三章　住院病历书写内容及要求

第十六条　住院病历内容包括住院病案首页、入院记录、病程记录、手术同意书、麻醉同意书、输血治疗知情同意书、特殊检查（特殊治疗）同意书、病危（重）通知书、医嘱单、辅助检查报告单、体温单、医学影像检查资料、病理资料等。

第十七条　入院记录是指患者入院后，由经治医师通过问诊、查体、辅助检查获得有关资料，并对这些资料归纳分析书写而成的记录。可分为入院记录、再次或多次入院记录、24小时内入出院记录、24小时内入院死亡记录。

入院记录、再次或多次入院记录应当于患者入院后24小时内完成；24小时内入出院记录应当于患者出院后24小时内完成，24小时内入院死亡记录应当于患者死亡后24小时内完成。

第十八条　入院记录的要求及内容。

（一）患者一般情况包括姓名、性别、年龄、民族、婚姻状况、出生地、职业、入院时间、记录时间、病史陈述者。

（二）主诉是指促使患者就诊的主要症状（或体征）及持续时间。

（三）现病史是指患者本次疾病的发生、演变、诊疗等方面的详细情况，应当按时间顺序书写。内容包括发病情况、主要症状特点及其发展变化情况、伴随症状、发病后诊疗经过及结果、睡眠和饮食等一般情况的变化，以及与鉴别诊断有关的阳性或阴性资料等。

1. 发病情况：记录发病的时间、地点、起病缓急、前驱症状、可能的原因或诱因。

2. 主要症状特点及其发展变化情况：按发生的先后顺序描述主要症状的部位、性质、持续时间、程度、缓解或加剧因素，以及演变发展情况。

3. 伴随症状：记录伴随症状，描述伴随症状与主要症状之间的相互关系。

4. 发病以来诊治经过及结果：记录患者发病后到入院前，在院内、外接受检查与治疗的详细经过及效果。对患者提供的药名、诊断和手术名称需加引号（""）以示区别。

5. 发病以来一般情况：简要记录患者发病后的精神状态、睡眠、食欲、大小便、体重等情况。

与本次疾病虽无紧密关系、但仍需治疗的其他疾病情况，可在现病史后另起一段予以记录。

（四）既往史是指患者过去的健康和疾病情况。内容包括既往一般健康状况、疾病史、传染病史、预防接种史、手术外伤史、输血史、食物或药物过敏史等。

（五）个人史，婚育史、月经史，家族史。

1. 个人史：记录出生地及长期居留地，生活习惯及有无烟、酒、药物等嗜好，职业与工作条件及有无工业毒物、粉尘、放射性物质接触史，有无冶游史。

2. 婚育史、月经史：婚姻状况、结婚年龄、配偶健康状况、有无子女等。女性患者记录初潮年龄、行经期天数、间隔天数、末次月经时间（或闭经年龄），月经量、痛经及生育等情况。

3. 家族史：父母、兄弟、姐妹健康状况，有无与患者类似疾病，有无家族遗传倾向的疾病。

（六）体格检查应当按照系统循序进行书写。内容包括体温、脉搏、呼吸、血压，一般情况，皮肤、粘膜，全身浅表淋巴结，头部及其器官，颈部，胸部（胸廓、肺部、心脏、血管），腹部（肝、脾等），直肠肛门，外生殖器，脊柱，四肢，神经系统等。

（七）专科情况应当根据专科需要记录专科特殊情况。

（八）辅助检查指入院前所作的与本次疾病相关的主要检查及其结果。应分类按检查时间顺序记录检查结果，如系在其他医疗机构所作检查，应当写明该机构名称及检查号。

（九）初步诊断是指经治医师根据患者入院时情况，综合分析所作出的诊断。如初步诊断为多项时，应当主次分明。对待查病例应列出可能性较大的诊断。

（十）书写入院记录的医师签名。

第十九条 再次或多次入院记录，是指患者因同一种疾病再次或多次住入同一医疗机构时书写的记录。要求及内容基本同入院记录。主诉是记录患者本次入院的主要症状（或体征）及持续时间；现病史中要求首先对本次住院前历次有关住院诊疗经过进行小结，然后再书写本次入院的现病史。

第二十条 患者入院不足24小时出院的，可以书写24小时内入出院记录。内容包括患者姓名、性别、年龄、职业、入院时间、出院时间、主诉、入院情况、入院诊断、诊疗经过、出院情况、出院诊断、出院医嘱，医师签名等。

第二十一条 患者入院不足24小时死亡的，可以书写24小时内入院死亡记录。内容包括患者姓名、性别、年龄、职业、入院时间、死亡时间、主诉、入院情况、入院诊断、诊疗经过（抢救经过）、死亡原因、死亡诊断，医师签名等。

第二十二条 病程记录是指继入院记录之后，对患者病情和诊疗过程所进行的连续性记录。内容包括患者的病情变化情况、重要的辅助检查结果及临床意义、上级医师查房意见、会诊意见、医师分析讨论意见、所采取的诊疗措施及效果、医嘱更改及理由、向患者及其近亲属告知的重要事项等。

病程记录的要求及内容：

（一）首次病程记录是指患者入院后由经治医师或值班医师书写的第一次病程记录，应当在患者入院 8 小时内完成。首次病程记录的内容包括病例特点、拟诊讨论（诊断依据及鉴别诊断）、诊疗计划等。

1. 病例特点：应当在对病史、体格检查和辅助检查进行全面分析、归纳和整理后写出本病例特征，包括阳性发现和具有鉴别诊断意义的阴性症状和体征等。

2. 拟诊讨论（诊断依据及鉴别诊断）：根据病例特点，提出初步诊断和诊断依据；对诊断不明的写出鉴别诊断并进行分析；并对下一步诊治措施进行分析。

3. 诊疗计划：提出具体的检查及治疗措施安排。

（二）日常病程记录是指对患者住院期间诊疗过程的经常性、连续性记录。由经治医师书写，也可以由实习医务人员或试用期医务人员书写，但应有经治医师签名。书写日常病程记录时，首先标明记录时间，另起一行记录具体内容。对病危患者应当根据病情变化随时书写病程记录，每天至少 1 次，记录时间应当具体到分钟。对病重患者，至少 2 天记录一次病程记录。对病情稳定的患者，至少 3 天记录一次病程记录。

（三）上级医师查房记录是指上级医师查房时对患者病情、诊断、鉴别诊断、当前治疗措施疗效的分析及下一步诊疗意见等的记录。

主治医师首次查房记录应当于患者入院 48 小时内完成。内容包括查房医师的姓名、专业技术职务、补充的病史和体征、诊断依据与鉴别诊断的分析及诊疗计划等。

主治医师日常查房记录间隔时间视病情和诊疗情况确定，内容包括查房医师的姓名、专业技术职务、对病情的分析和诊疗意见等。

科主任或具有副主任医师以上专业技术职务任职资格医师查房的记录，内容包括查房医师的姓名、专业技术职务、对病情的分析和诊疗意见等。

（四）疑难病例讨论记录是指由科主任或具有副主任医师以上专业技术任职资格的医师主持、召集有关医务人员对确诊困难或疗效不确切病例讨论的记录。内容包括讨论日期、主持人、参加人员姓名及专业技术职务、具体讨论意见及主持人小结意见等。

（五）交（接）班记录是指患者经治医师发生变更之际，交班医师和接班医师分别对患者病情及诊疗情况进行简要总结的记录。交班记录应当在交班前由交班医师书写完成；接班记录应当由接班医师于接班后 24 小时内完成。交（接）班记录的内容包括入院日期、交班或接班日期、患者姓名、性别、年龄、主诉、入院情况、入院诊断、诊疗经过、目前情况、目前诊断、交班注意事项或接班诊疗计划、医师签名等。

（六）转科记录是指患者住院期间需要转科时，经转入科室医师会诊并同意接收后，由转出科室和转入科室医师分别书写的记录。包括转出记录和转入记录。转出记录由转出科室医师在患者转出科室前书写完成（紧急情况除外）；转入记录由转入科室医师于患者转入后 24 小时内完成。转科记录内容包括入院日期、转出或转入日期，转出、转入科室，患者姓名、性别、年龄、主诉、入院情况、入院诊断、诊疗经过、目前情况、目前诊断、转科目的及注意事项或转入诊疗计划、医师签名等。

（七）阶段小结是指患者住院时间较长，由经治医师每月所作病情及诊疗情况总结。阶段小结的内容包括入院日期、小结日期，患者姓名、性别、年龄、主诉、入院情况、入院诊断、诊疗经过、目前情况、目前诊断、诊疗计划、医师签名等。

交（接）班记录、转科记录可代替阶段小结。

（八）抢救记录是指患者病情危重，采取抢救措施时作的记录。因抢救急危患者，未能及时书写病历的，有关医务人员应当在抢救结束后 6 小时内据实补记，并加以注明。内容包括病情变化情况、抢救时间及措施、参加抢救的医务人员姓名及专业技术职称等。记录抢救时间应当具体到分钟。

（九）有创诊疗操作记录是指在临床诊疗活动过程中进行的各种诊断、治疗性操作（如胸腔穿刺、腹腔穿刺等）的记录。应当在操作完成后即刻书写。内容包括操作名称、操作时间、操作步骤、结果及患者一般情况，记录过程是否顺利、有无不良反应，术后注意事项及是否向患者说明，操作医师签名。

（十）会诊记录（含会诊意见）是指患者在住院期间需要其他科室或者其他医疗机构协助诊疗时，分别由申请医师和会诊医师书写的记录。会诊记录应另页书写。内容包括申请会诊记录和会诊意见记录。申请会诊记录应当简要载明患者病情及诊疗情况、申请会诊的理由和目的，申请会诊医师签名等。常规会诊意见记录应当由会诊医师在会诊申请发出后 48 小时内完成，急会诊时会诊医师应当在会诊申请发出后 10 分钟内到场，并在会诊结束后即刻完成会诊记录。会诊记录内容包括会诊意见、会诊医师所在的科别或者医疗机构名称、会诊时间及会诊医师签名等。申请会诊医师应在病程记录中记录会诊意见执行情况。

（十一）术前小结是指在患者手术前，由经治医师对患者病情所作的总结。内容包括简要病情、术前诊断、手术指征、拟施手术名称和方式、拟施麻醉方式、注意事项，并记录手术者术前查看患者相关情况等。

（十二）术前讨论记录是指因患者病情较重或手术难度较大，手术前在上级医师主持下，对拟实施手术方式和术中可能出现的问题及应对措施所作的讨论。讨论内容包括术前准备情况、手术指征、手术方案、可能出现的意外及防范措施、参加讨论者的姓名及专业技术职务、具体讨论意见及主持人小结意见、讨论日期、记录者的签名等。

（十三）麻醉术前访视记录是指在麻醉实施前，由麻醉医师对患者拟施麻醉进行风险评估的记录。麻醉术前访视可另立单页，也可在病程中记录。内容包括姓名、性别、年龄、科别、病案号，患者一般情况、简要病史、与麻醉相关的辅助检查结果、拟行手术方式、拟行麻醉方式、麻醉适应证及麻醉中需注意的问题、术前麻醉医嘱、麻醉医师签字并填写日期。

（十四）麻醉记录是指麻醉医师在麻醉实施中书写的麻醉经过及处理措施的记录。麻醉记录应当另页书写，内容包括患者一般情况、术前特殊情况、麻醉前用药、术前诊断、术中诊断、手术方式及日期、麻醉方式、麻醉诱导及各项操作开始及结束时间、麻醉期间用药名称、方式及剂量、麻醉期间特殊或突发情况及处理、手术起止时间、麻醉医师签名等。

（十五）手术记录是指手术者书写的反映手术一般情况、手术经过、术中发现及处理等情况的特殊记录，应当在术后 24 小时内完成。特殊情况下由第一助手书写时，应有手术者签名。手术记录应当另页书写，内容包括一般项目（患者姓名、性别、科别、病房、床位号、住院病历号或病案号）、手术日期、术前诊断、术中诊断、手术名称、手术者及助手姓名、麻醉方法、手术经过、术中出现的情况及处理等。

（十六）手术安全核查记录是指由手术医师、麻醉医师和巡回护士三方，在麻醉实施前、手术开始前和患者离室前，共同对患者身份、手术部位、手术方式、麻醉及手术风险、手术使用物品清点等内容进行核对的记录，输血的患者还应对血型、用血量进行核对。应有手术医师、麻醉医师和巡回护士三方核对、确认并签字。

（十七）手术清点记录是指巡回护士对手术患者术中所用血液、器械、敷料等的记录，应当在手术结束后即时完成。手术清点记录应当另页书写，内容包括患者姓名、住院病历号（或病案号）、手术日期、手术名称、术中所用各种器械和敷料数量的清点核对、巡回护士和手术器械护士签名等。

（十八）术后首次病程记录是指参加手术的医师在患者术后即时完成的病程记录。内容包括手术时间、术中诊断、麻醉方式、手术方式、手术简要经过、术后处理措施、术后应当特别注意观察的事项等。

（十九）麻醉术后访视记录是指麻醉实施后，由麻醉医师对术后患者麻醉恢复情况进行访视的记录。麻醉术后访视可另立单页，也可在病程中记录。内容包括姓名、性别、年龄、科别、病案号，患者一般情况、麻醉恢复情况、清醒时间、术后医嘱、是否拔除气管插管等，如有特殊情况应详细记录，麻醉医师签字并填写日期。

（二十）出院记录是指经治医师对患者此次住院期间诊疗情况的总结，应当在患者出院后 24 小时内完成。内容主要包括入院日期、出院日期、入院情况、入院诊断、诊疗经过、出院诊断、出院情况、出院医嘱、医师签名等。

（二十一）死亡记录是指经治医师对死亡患者住院期间诊疗和抢救经过的记录，应当在患者死亡后 24 小时内完成。内容包括入院日期、死亡时间、入院情况、入院诊断、诊疗经过（重点记录病情演变、抢救经过）、死亡原因、死亡诊断等。记录死亡时间应当具体到分钟。

（二十二）死亡病例讨论记录是指在患者死亡一周内，由科主任或具有副主任医师以上专业技术职务任职资格的医师主持，对死亡病例进行讨论、分析的记录。内容包括讨论日期、主持人及参加人员姓名、专业技术职务、具体讨论意见及主持人小结意见、记录者的签名等。

（二十三）病重（病危）患者护理记录是指护士根据医嘱和病情对病重（病危）患者住院期间护理过程的客观记录。病重（病危）患者护理记录应当根据相应专科的护理特点书写。内容包括患者姓名、科别、住院病历号（或病案号）、床位号、页码、记录日期和时间、出入液量、体温、脉搏、呼吸、血压等病情观察、护理措施和效果、护士签名等。记录时间应当具体到分钟。

第二十三条　手术同意书是指手术前，经治医师向患者告知拟施手术的相关情况，并由患者签署是否同意手术的医学文书。内容包括术前诊断、手术名称、术中或术后可能出现的并发症、手术风险、患者签署意见并签名、经治医师和术者签名等。

第二十四条 麻醉同意书是指麻醉前，麻醉医师向患者告知拟施麻醉的相关情况，并由患者签署是否同意麻醉意见的医学文书。内容包括患者姓名、性别、年龄、病案号、科别、术前诊断、拟行手术方式、拟行麻醉方式，患者基础疾病及可能对麻醉产生影响的特殊情况，麻醉中拟行的有创操作和监测，麻醉风险、可能发生的并发症及意外情况，患者签署意见并签名、麻醉医师签名并填写日期。

第二十五条 输血治疗知情同意书是指输血前，经治医师向患者告知输血的相关情况，并由患者签署是否同意输血的医学文书。输血治疗知情同意书内容包括患者姓名、性别、年龄、科别、病案号、诊断、输血指征、拟输血成份、输血前有关检查结果、输血风险及可能产生的不良后果、患者签署意见并签名、医师签名并填写日期。

第二十六条 特殊检查、特殊治疗同意书是指在实施特殊检查、特殊治疗前，经治医师向患者告知特殊检查、特殊治疗的相关情况，并由患者签署是否同意检查、治疗的医学文书。内容包括特殊检查、特殊治疗项目名称、目的、可能出现的并发症及风险、患者签名、医师签名等。

第二十七条 病危（重）通知书是指因患者病情危、重时，由经治医师或值班医师向患者家属告知病情，并由患方签名的医疗文书。内容包括患者姓名、性别、年龄、科别，目前诊断及病情危重情况，患方签名、医师签名并填写日期。一式两份，一份交患方保存，另一份归病历中保存。

第二十八条 医嘱是指医师在医疗活动中下达的医学指令。医嘱单分为长期医嘱单和临时医嘱单。

长期医嘱单内容包括患者姓名、科别、住院病历号（或病案号）、页码、起始日期和时间、长期医嘱内容、停止日期和时间、医师签名、执行时间、执行护士签名。临时医嘱单内容包括医嘱时间、临时医嘱内容、医师签名、执行时间、执行护士签名等。

医嘱内容及起始、停止时间应当由医师书写。医嘱内容应当准确、清楚，每项医嘱应当只包含一个内容，并注明下达时间，应当具体到分钟。医嘱不得涂改。需要取消时，应当使用红色墨水标注"取消"字样并签名。

一般情况下，医师不得下达口头医嘱。因抢救急危患者需要下达口头医嘱时，护士应当复诵一遍。抢救结束后，医师应当即刻据实补记医嘱。

第二十九条 辅助检查报告单是指患者住院期间所做各项检验、检查结果的记录。内容包括患者姓名、性别、年龄、住院病历号（或病案号）、检查项目、检查结果、报告日期、报告人员签名或者印章等。

第三十条 体温单为表格式，以护士填写为主。内容包括患者姓名、科室、床号、入院日期、住院病历号（或病案号）、日期、手术后天数、体温、脉搏、呼吸、血压、大便次数、出入液量、体重、住院周数等。

第四章 打印病历内容及要求

第三十一条 打印病历是指应用字处理软件编辑生成并打印的病历（如 Word 文档、WPS 文档等）。打印病历应当按照本规定的内容录入并及时打印，由相应医务人员手写签名。

第三十二条 医疗机构打印病历应当统一纸张、字体、字号及排版格式。打印字迹应清楚易认，符合病历保存期限和复印的要求。

第三十三条 打印病历编辑过程中应当按照权限要求进行修改，已完成录入打印并签名的病历不得修改。

第五章 其 他

第三十四条 住院病案首页按照《卫生部关于修订下发住院病案首页的通知》（卫医发〔2001〕286 号）的规定书写。

第三十五条 特殊检查、特殊治疗按照《医疗机构管理条例实施细则》（1994 年卫生部令第 35 号）有关规定执行。

第三十六条 中医病历书写基本规范由国家中医药管理局另行制定。

第三十七条 电子病历基本规范由卫生部另行制定。

第三十八条 本规范自 2010 年 3 月 1 日起施行。我部于 2002 年颁布的《病历书写基本规范（试行）》（卫医发〔2002〕190 号）同时废止。

参 考 文 献

［1］徐中玉. 应用文写作. 3 版. 北京：高等教育出版社，2000.

［2］杨巧云. 现代应用文写作. 北京：清华大学出版社，2010.

［3］傅宛菊. 现代应用文写作. 北京：化学工业出版社，2008.

［4］万金淼，郑民. 医学应用文写作. 济南：山东人民出版社，2009.

［5］王峰. 医学应用文写作. 北京：人民卫生出版社，2012.

［6］杨文丰. 现代应用文写作. 北京：中国人民大学出版社，2006.

［7］王峰. 医学应用文写作. 南昌：江西科技出版社，2008.

［8］孙洪文，刘重光. 医学写作. 北京：中国商业出版社，1989.

［9］邱小林，杨秀英，冷超群. 新应用文写作. 北京：北京理工大学出版社，2011.

［10］张文田. 新编公文写作. 北京：中国和平出版社，1995.